[美国]乔纳森·卡勒 著　陆赟 译

罗兰·巴特

牛津通识读本·

Barthes

A Very Short Introduction

译林出版社

图书在版编目（CIP）数据
罗兰·巴特/（美）卡勒（Culler, J.）著；陆赟译.
—南京：译林出版社，2014.9（2019.4重印）
（牛津通识读本）
书名原文：Barthes: a very short introduction
ISBN 978-7-5447-4798-1

I.①罗… II.①卡… ②陆… III.①巴特，R.（1915～1980）
－人物研究 IV.①B565.59

中国版本图书馆 CIP 数据核字（2014）第 124296 号

著作权合同登记号　图字：10-2011-716 号

罗兰·巴特［美国］乔纳森·卡勒／著　陆　赟／译

责任编辑　於　梅
责任印制　董　虎

原文出版　Oxford University Press, 1983
出版发行　译林出版社
地　　址　南京市湖南路 1 号 A 楼
邮　　箱　yilin@yilin.com
网　　址　www.yilin.com
市场热线　025-86633278
排　　版　南京展望文化发展有限公司
印　　刷　江苏凤凰通达印刷有限公司
开　　本　635 毫米 × 889 毫米　1/16
印　　张　19.5
插　　页　4
版　　次　2014 年 9 月第 1 版　2019 年 4 月第 4 次印刷
书　　号　ISBN 978-7-5447-4798-1
定　　价　39.00 元

序言

汪民安

今天，罗兰·巴特的盛名似乎已经过去了。这使我们可以冷静地对待他的遗产。巴特当初是作为一个理论家引起世人关注的。他是作为一个文学批评家，一个符号学家，一个结构主义者，最后也是作为一个后结构主义者而获得了巨大的声誉。巴特的时代，正好是文学批评的时代。那个时候，人们急于摆脱先前的老式的文学研究方法，寻找各种各样的文学阐释方式，以至于文学批评成为显赫的学科。而巴特始终是这个潮流中的先行者，他总是将各种各样的哲学观念（尤其是他的法国同行的哲学观念）引入到文学批评中来，他将文学批评进行花样翻新，他在这个行当不断地挑衅、刺激和发明。作为一个文学研究者，他野心勃勃，他相信文学批评值得倾注全力。他由此成为他那个时代最为著名的文学批评家（他和老派批评家的一场热闹而尖锐的争论加剧了他的名声）。巴特最重要的文学意图，是尝试确定一个关于文学的理论，一门文学的普遍知识，一门文学科学——为此，他先是建立符号学理论，后是建立叙事学理论。即便是他操持的反体系的解构主义批评，他也尝试建立一种解构的技术范式——而所有这些，都同旧的批评方案针锋相对，他甚至也不断地同自己的过去针锋相对。他作为新派批评的开拓者和代言人而广受注目。他在学院里面，在文学课堂上被大量地阅读和讨论。

这样的结果是，他的这些理论遗产在今天已经被完全消化了，以至于人们有时候忘记了哪些是批评的常识，哪些是巴特当年的历史发明。就像德里达的解构如此之为人们所熟知，以至于人们忘却了他是解构的发明者一样。另一方面，文学批评的显赫时代已经过去了。一个单纯的文学研究者可能会被历史所抛弃。但幸运的是，在20世纪的批评家中，人们还能想起罗兰·巴特的身影——或许是寥寥无几的身影之一。可以肯定地说，这不是，或者说不仅仅是因为他当年文学研究的成就，而更多地是因为他特有的写作方式。他的研究和批评本身已经是一门艺术：一门写作和语言的艺术。在这方面，也许只有本雅明像他这样追求一种语言的炼金术。他的批评家的成就也是他作为作家的成就，也就是说，他是一个以批评家面貌出现的作家。一个热爱语言的作家。一个心灵敏感和目光锐利的作家。一个能够单凭文章就能不朽的作家。

作为一个作家，除了文学批评之外，他还细致地写下他所见所闻的一切。他热爱细节更甚于热爱思想，热爱文学更甚于热爱哲学，热爱普鲁斯特更甚于热爱萨特，热爱经验更胜于热爱抽象。但是，他津津乐道于前者的时候，从来没有将后者抛弃到脑后。他总是将文学转向哲学，将单一性转向普遍性，将经验转向抽象。反过来也是如此，他用文学驯化哲学，用细节驯化整体性，用形象驯化抽象，用经验驯化理论。他总是从细节和经验着手，然后将它们塞进总结性的格言和理论中。但是，马上又对这种总结和理论进行质疑，用细节和经验对它们进行摧毁。哲学家说他太世俗，老派批评家说他太荒谬，普通读者有时候则觉得他太艰深。但是，今天回过头来看，似乎只有他同时赢得了学院内外的广泛读者。

这当然是因为他对细节和经验的书写。他在各种经验和现象的表面停留，在人们总是熟视无睹的现象面前驻足。事实上，当人们总是将目光对准各种各样的大事件的时候，巴特注意到的是各种各样的小细节。他注意细节，人的细节，物的细节，日常生活的细节。他很早就提到了生活方式（这个词如今被可笑地滥用）的问题。人们也称他为社会批评家。尽管同是在思考生活方式，但是，他的方法同社会学家的调查方案截然不同。后者对数据的依赖，对一个广泛人群的科学考察对于他来说是一件极其乏味的事情。罗兰·巴特的出发点是自己的经验，他确信的也只是自己经验到的东西。他总是能够对这些经验——许许多多人或许都曾感受过的经验——说出一些特殊的专属于他自己的体会。这是他最有魅力的地方。他致力于揭示这些经验，而且，这些个人化的经验相对于普遍化经验而言并非无关紧要，因为个体经验就是他的全部存在感。每个人的经验都是每个人的存在感。对于他来说，个人生活或许就是由这些看上去平庸无聊的日常细节构成，而不是被各种各样的战争、政治运动、暴力和激情所控制。他喜欢中性而不是歇斯底里的状态。尽管他的生活经历过了一个天翻地覆的时代，但是，他努力让这个时代变得中性（他晚年在法兰西学院的一门课就是“中性”）。巴特从少年时期开始，就一直处在动荡的状态：孩童时的丧父，少年时代的战争和疾病，青年时期的海外漂泊，中年时期1968年的动荡。也就是说，他经历了许多“事件”，但是，这一切好像没有击中他的内心。他谈论了一切，唯独没有谈论战争，也很少谈及政治，仿佛这些离他很远。即便是他写过被左派推崇的具有批判意义的《神话学》，这种批判也是奠定在日常生活经验上的资产阶级的神话学。与其说他要批判，不如说他真正追求的是快乐，来自个人经验的快乐。一旦这种快乐消失了，他就会感到真正的悲哀。对快乐的追求是不可能停止的，但是，快乐的获取随着年岁的增长则越来越困难。这或许是他晚年郁郁寡欢的原因。晚年的日记表明，他孤独，无助，缺乏爱情，濒临崩溃——他失去了快乐。这个一辈子追求快乐的作家，一旦快乐眼睁睁地离他远去，他想抓住快乐的愿望就变得极其强烈。但是，快乐，一种绝对意义上的快乐，总是落空，这是他的晚年悲剧。这不是战争和政治的悲剧，而纯属个人意义上的悲剧——在某种意义上，这也是人类的悲剧。

这种快乐的追求，一方面来自身体，另一方面来自语言。巴特热爱语言，这甚至是他最强烈的也是最显而易见的风格标志。他用美妙语言讲述一切。即便是粗陋的现实、毫无意义的对象、种种不快乃至于一些难以启齿的生理习惯，他都能通过语言赋予它们一些特殊的风格。他从没有因为推崇文学科学，没有因为谈论那些所谓的学院主题而杀死语言的微妙感性（看看从美国到中国愈演愈烈的学院八股文吧，这种语言官僚主义越来越令人感到窒息。人们正以严谨、科学和研究的名义在杀死语言的无限性）。巴特在语言中找到了快乐——既在伟大作家的语言中，也在自己的写作语言中。正是这一点，这一“文本的快乐”，让巴特获得了统一性和稳定性。事实上，他没有流派（他没有学术上的追随者），没有体系（人们总是说他善变），没有原创性理论（人们只是说他运用理论和消费理论），但他有朋友（他一直在思考如何同朋友一起共同生活），有非凡的洞见，有革新一切事物的目光，有追求快乐的永恒意志——最重要的是，他有一个安置这种快乐的语言国度。理论、体系和流派总是转瞬即逝，但是，一个语言的美妙国度却是永恒的，也是唯一的。或许，罗兰·巴特将不是作为一个理论家，而是作为一个作家而不朽。

目录

前言 I

1 多面手 1

2 文学史研究者 16

3 神话研究者 24

4 批评家 32

5 论战者 51

6 符号研究者 59

7 结构主义者 67

8 享乐主义者 78

9 作家 89

10 文人 101

11 巴特身后的巴特 113

注释及参考书目 135

索引 140

英文原文 147

前言

罗兰·巴特于1980年猝然离世，当时他是文化与批评领域内的大人物：他具有强大的影响力，评点世间一切，并且以显著的先锋姿态极大地改变了人文学科（尤其是文学研究）。二十年过去了，他的地位变得更加扑朔迷离。对于我们来说，巴特如今意味着什么？他是个什么样的作家，或者说，什么样的知识分子？也许应该问：如今我们要读巴特的哪些作品？为什么要读？长期出版巴特著作的门槛出版社已经推出了他的全集，厚厚的三卷本，共计数千页。其中不仅囊括了他的代表作，还收录了数以千计的短篇文字及应酬之作。巴特的最后一部作品《明室：摄影札记》畅谈了个人对于摄影的看法，颇多创见，不落俗套，因而被广泛引用、赞扬和讨论。他的早期作品《神话学》是文化研究领域的奠基之作，研究者在讨论这一领域时多援引此书。在以上两部作品之间的许多著作和文章——尤其是《S/Z》和《文之悦》——在大学里被选为文学批评或文学理论课程的阅读书目。那么，巴特是文学理论家吗？作为一名从未在生前公开性取向并且在遗作中也很少谈及本人性生活的同性恋者，巴特引起了同性恋研究者的兴趣。他的自传体作品《罗兰·巴特自述》是一部极为诱人、极具创意的著作，是关于思想和写作的冒险最动人的论述之一。要是只考虑“该读些什么”这一问题，现在就更迫切需要评估巴特和他的贡献了。

本书原本为丰塔纳出版社推出的现代大师系列而写，在巴特去世不久后出版。书中分析了他的成就，并且描绘了他的多重身份，针对的读者群体是那些认为巴特有用、有趣和富有创意的人。巴特的作品涉及如此广泛的领域——他的情绪和文体也同样如此——以至于每个人都能从巴特身上找到适合自己的一面，但关键的问题是，巴特能带领我们走向何方和他的魅力产生了什么样的影响。在这个新的版本中，我只对主体文本做了些许修改，一方面因为我对于巴特的绝大部分看法依然成立，另一方面也因为太多的干预可能会创造出一个不均衡的文本，导致年轻时的我和中年的我这两种声音在其中相互争执。除了稍加阐释之外，我还加入了新的研究书目，但最重要的是，我增添了最后一章来描述巴特去世后的地位变化，并且对于他在当今时代的价值提出了我自己的看法。

伊萨卡市，纽约州

2001年6月

凡涉及巴特的作品，本书使用的引文格式如下：（第154/136页）。前一个数字为法文原版的页码，后一个数字为英译本的页码，在“推荐阅读”部分列出了英译本的具体信息。

图1 巴特在高等实用研究院的研讨会上，1973年。

第一章

多面手

罗兰·巴特于1980年去世，享年65岁。当时他任职法兰西学院教授，这是法国学术体系的最高位置。他曾以对法国文化做出切中肯綮、蔑视权威的分析而闻名，但到了去世的时候他自己也已经成为了现行文化体制的一部分。他的讲座吸引了人数众多、背景各异的听众，从外国旅游者到退休中学教师再到知名学者。他在报纸上撰写专题文章，对日常生活的各个方面进行了深入思考。他的《恋人絮语》作为一种恋爱"修辞"，不仅成为畅销书，还被搬上了戏剧舞台。

在法国之外，巴特继萨特之后，成为法国知识分子的标志性人物。他的著作被翻译到多个国家，并拥有众多读者。他的论敌之一韦恩·布斯称他为"或许是对当前的美国批评产生最大影响力的人"，但他的读者群体远远超出文学批评家的范畴。[1]巴特是具有国际声望的大人物，是一位现代大师。但他究竟擅长什么？他以什么而知名？

事实上，巴特的声誉源自几个相互矛盾的方面。对于许多人来说，他首先是个结构主义者，或许是**唯一纯正**的结构主义者，他提倡对文化现象进行系统、科学的研究。他同时也是符号研究（对于符号的科学研究）最知名的倡导者，勾勒出了一种结构主义式的"对于文学的科学研究"。

不过，对于另一些人来说，巴特代表的不是科学，而是愉悦：阅读的愉悦，以及读者为了获取可能得到的愉悦而进行个性化解读的权利。巴特反对以作者为中心的文学批评，那种批评一心想要复原作者的思想或意图；巴特提出读者的重要性，并且提倡那种为读者提供了积极的创造性角色的文学。

另外，巴特素以支持先锋派文学而闻名。法国的批评家们抱怨阿兰·罗伯-格里耶以及其他**新小说**的实践者所写的小说难以卒读——他们认为这些作品只是把一些令人困惑的描述胡乱堆砌在一起，缺少可以辨识的情节，也没有引人瞩目的角色。但巴特不仅称赞这些小说，把他本人的前途和这些作品的前途联系在一起，而且还提出，正是这些向我们的预期发起挑战的"难以卒读"的作品最完美地体现了文学的目的。巴特提出了"可读"文本和"可写"文本这两个相对立的概念。前者指顺从传统代码和可理解性模式的作品，后者指实验性作品，我们不知道该怎么去阅读这类作品，只能（实际上必须）在阅读的时候去写作这些文本。

然而，令巴特对于先锋派的支持变得广为人知的几部著作并没有讨论当代的实验性作家，而是探讨了经典的法国作家，如拉辛和巴尔扎克。巴特最爱的是"从夏多布里昂到普鲁斯特的法国文学"，而普鲁斯特是他最挚爱的作家。人们甚至怀疑，他宣扬先锋派并且公然否定早期文学的做法是一种明智的策略，这一策略（有意或无意地）创造出一种批评氛围，由此他能够在后来把关注的焦点重新转回到那些早期作家身上，并且以新的方式来解读他们的作品。

最后，巴特还以"作者之死"的代言人形象而知名，所谓的"作者之死"是巴特提出的一个说法，其目的在于消除作者在文学研究和批判性思维中所处的核心位置。他在1968年写道："我们现在知道，一个文本并非释放出单一的'神学'意义（一位作者-上帝想要传递的'讯息'）的一连串词语，而是一种多维度的空间；在这个空间中，多种写作（均非原创）相互混合、碰撞"（《意象、音乐、文本》，第146页）。他特别强调，我们应该研究文本，而不是作者。

然而，这位广大作者的公敌却是一位著名的作者，他的各种著作展现出了个人风格和眼界。许多作品非常特别，很难用现有的文体类型来归类：比如，《符号帝国》把他在日本旅行期间的见闻与他对于日常生活中的符号及其伦理意义的思考结合在了一起；《罗兰·巴特自述》回避了自传的种种惯例，以怪异的疏远姿态描述了一个名叫"罗兰·巴特"的人，描述他的生活及其作品；《恋人絮语》更像是恋人之间谈话的样本和程式，而不是对爱情的研究；《明室：摄影札记》是巴特对于他所钟爱的相片的思考，而不是对于摄影艺术的分析。这些独特而动人的作品是一位**作者**想象力的产物，写出这些作品的人不仅是位法语散文大师，而且也具有独特的生活体验。

这就是罗兰·巴特，一个矛盾的人物，他提出了各种错综复杂的理论和立场，对此我们必须加以阐述。我们该如何来评估这样一位人物？当被问到巴特究竟擅长什么的时候，人们往往回答"文学批评"。（在法兰西学院，他自命为"从事文学符号研究的教授"。）但这一头衔并不能涵盖他的成就，他的声望并非源自文学批评领域内的权威性成果。他的影响力来自他所勾勒和支持的多个研究设想，这些设想促使人们改变了思考各种文化客体的方式，从文学、时尚、摔跤和广告，到自我、历史和自然等概念。

人们或许可以称赞巴特是许多学科的创始人，是许多研究方法的倡导者，但这种说法同样不能令人满意。每当巴特强调某种新的、具有远大目标的理论设想时——比如，关于文学的科学研究、符号研究、关于当代神话的科学研究、叙事学、文学语义的历史、关于分类的科学研究、文本愉悦的类型学——他又迅速地转向了其他设想。他不断地抛弃他曾经推动发展的研究内容，时常以挖苦或轻视的态度来评点他本人之前的想法。巴特是一位对他人产生了深远影响的思想家，但他却试图把他的影响消除在萌芽状态。他的一些理论设想取得了蓬勃发展，但这种发展却是在没有他参与，甚至是在他的反对之下获得的。

对于那些读过巴特的某一部作品并且被它预见的理论前景所激励的人们来说，巴特的做法让他们颇为恼火。他拒绝固定自己的立场，不断变换着自己的兴趣和态度，其目的不是在于纠正错误，而是在于试图回避过去。人们想要谴责巴特缺乏毅力，并且赞扬那些在葡萄园里苦干实干的人，他们没有回避艰苦工作去追求天边出现的诱人的新希望。但巴特之所以吸引我们，正是因为他能激发我们的思考，我们很难把他作品中的诱人之处与他不断采取新视角和放弃惯性感知的尝试区分开来。如果巴特长期致力于某些理论建设，他就不可能成为如此多产的思想家。

意识到这一点，巴特的铁杆支持者往往称颂他乐于改变和拒绝被固化的态度，他们没有把巴特的写作当成需要我们来评价的分析性研究（评价的依据是这些作品对于我们的理解力所做出的贡献），而是把这些文本看作是一次次的个人冒险。实际上，为了应对巴特的各种作品所表现出来的自相矛盾，他们采取的办法是在这些作品中寻找一种个性，一种个人化的学术风格。

他们称赞他不断改变的做法，而不是他的结构性分析；他们称赞他敢于追随自己的兴趣和愉悦，而不是他在这个或那个领域内所取得的成就。

在法兰西学院的就职演说中（通常一位新任职的教授会阐述他的研究方法），巴特没有谈论如何发展一种文学符号研究，也没有说要拓展知识，而是谈到了**遗忘**："我承诺要让自己负载起任何生命都具有的那种力量：遗忘"（《就职演说》，第45/478页）。他提出，他不打算传授他所知道的内容，而是要强调"**消除已有知识**，顺从不可预见的变化，遗忘将这些变化强加给了人们所积淀的知识、文化和信仰。"巴特借用了拉丁语中意为"智慧"的词"sapientia"，用来指称这个遗忘的时刻，这种消除已有知识的行为；他用自己的话来界定这个词："sapientia：没有权力，有些许知识，些许智慧，还有尽可能多的情调"（《就职演说》，第46/478页）。

巴特总是显得情调十足，尤其是他那些出人意料的表述方式，似乎让他失去了保护。巴特在本质上是个有着特别情调的名人，这一看法得到了公认，因为它迎合了两类有影响力的人群：首先是巴特的崇拜者，对于他们来说，他的每一部作品都是一首《罗兰之歌》；其次是记者，他们可以更加自如地谈论一位名人，而不是一个理论家。巴特"消除已有知识"的说法以及他放弃之前立场的做法，让法国新闻界可以套用一个陈旧的模式——愤青转变为绅士——来描述巴特的职业生涯：在厌倦了体系、原则和政治之后，他决定与社会和平共处，从而享受社会带来的愉悦，并追求一种个人的满足。他在早期和中期所采取的政治立场和社会批判只是他的众多情调中的一部分，成熟后的巴特自然忽略了这些情调，他回避各种理论，从而养成了自己的个性。他对于先锋派文学的“教条主义式”的倡导可以被视为一种青年人的热情，随着年岁渐长，他自然就转向了经典法语文学。“消除已有知识”的做法推动巴特超越了每个立场和每个理论设想，这被看作是为法国文化和法国社会所具有的终极价值提供了佐证，巴特最终还是接受了这样的价值观。到他去世的时候，这位资本主义社会及其神话的批评家已经被政治家称赞为法国文化的温和的代表人物了。

法国以外的读者或许没那么在意媒体如何看待巴特的转变，也不在意他的政治立场，他们甚至不关心他与先锋派的确切关系。巴特于1971年声称，他的历史位置“在先锋派的后场”（《回应》，第102页）。既然本项研究旨在阐述巴特多变的理论立场和相应的贡献，这些问题当然是研究的首要任务。但如果人们打算阅读巴特的作品，就必须面对一个根本性的问题：该如何看待他的思想。巴特的崇拜者总是把他的作品看作是一种欲望的表述，而不是有待思考、发展和反驳的观点，这种做法导致他们低估了这些作品的重要性；与此同时，巴特本人嘲讽自己过去的做法也推动了这种倾向。比如，在《罗兰·巴特自述》中，他对一些二元对立的术语（比如**可读**与**可写**、**内涵**与**外延**、**隐喻**与**转喻**等）进行了反思，这些术语的区分在他的早期研究中曾起过重要作用。在一段题为“伪造”的文字中他把这些对立术语称为让他得以持续写作的“生产的修辞”。“这种对立被**铸造成形**（就像一枚硬币），但人们并不想**兑现**它。那么它有什么用？很简单，它的作用在于**说出某些内容**”（第96/92页）。在题为“写作机器”的段落中，巴特谈到了他对于寻求对立概念的热情。“就像魔术师的手杖，概念，尤其是成对的概念，**催生**了一种写作的可能。”他说，在这里存在着说出某些内容的可能性。“因此，作品靠着概念带来的冲动、持续不断的兴趣和短暂的狂热向前推进”（第114/110页）。

和《罗兰·巴特自述》中的许多内容一样，这种反讽性的自我揶揄十分诱人；在成熟后的巴特的鼓励下，人们觉得自己比年轻时候的巴特更加厉害，因为后者把自己的狂热误当成有效的概念。但是，在智识方面充满好奇的读者至少应该停下来提出疑问：这是否就是解读巴特的最佳方法？巴特对于自己以往作品的去除神秘性的做法是不是反倒产生了重新神秘化的结果——一种机敏的、个性化的回避？考虑到对某个作者采用的概念进行评估所涉及到的困难，人们往往武断地宣称这些概念纯属一时冲动，或者体现了一种想要写作的潜在欲望，这种欲望将某位作者与其他作者联系在一起。巴特嘲讽自己过去立场的做法或许创造了一种巴特式的神话。《罗兰·巴特自述》中的片段甚至可以被解读为一种炫耀的形式，就像一个骑自行车的年轻人大喊着：“妈，快看！没用手！”巴特也在大喊：“妈，快看！没用概念！”一个作家完全可以愉快地宣称，他的作品并没有依靠重要的理论来支撑，而是依赖短暂的狂热；作品的声望不取决于其认知价值，而是取决于概念带来的冲动和持续不断的兴趣。

即使巴特真的这样来看待他本人的作品——他的写作过于戏谑，难以得出确定性的结论——我们也不必同意他的看法，不必把他的作品当作是一系列的冲动，并且认为它们的重要性比不上它们所表达的基本欲望。虽然怀着发现“真实的巴特”的希望去寻找作品中统一的、潜在的欲望，对于研究者来说是一种挑战，但更忠实于巴特的做法——忠实于他的全部作品，忠实于他和他所处的世界之间的关系——是保持他的变色龙形象，他怀着活力和创造力加入到一系列相去甚远的批评实践中。人们不该寻求一种简化的一致性，而是该让巴特保持他的活力，他的真正形象应该是个多面手，参与各种有价值的总体性的理论建设，这些理论未必具有共同的特性。

如果我们必须寻找一致性，如果我们依然觉得有必要用一个短语来总结巴特，我们或许可以（像约翰·斯特罗克在一篇有用的文章中所做的那样）称他为“无与伦比的激活文学头脑的人”。[2]或者我们用一个更好的说法，借用巴特本人对于作家的总体评价：我们可以称他是“一个公共实验者”（《文艺批评文集》，第10/xii页）。他以公开的方式，为了公众，对各种思想和体系进行实验。一篇以《何为批评？》为题的文章进一步发展了这一想法。巴特认为，批评家的任务不是发现作品的秘密意义——关于过去的真相——而是要为我们所处的时代来建构一种可理解性（《文艺批评文集》，第257/260页）。要想“为我们所处的时代来建构一种可理解性”就是要发展若干概念框架来处理过去和现在的各种现象。可以说，这就是巴特最主要的活动，也是他最持久的关注。在一次访谈中，他这样说道：“在我的一生中，最吸引我的是人们如何让他们的世界变得可以理解”（《访谈录》，第15/8页）。他的写作试图向我们展示，我们如何做到这一点，特别是我们**正在**这样做：那些对我们来说看似自然的意义实际上是文化的产物，是概念框架造成的结果，我们对于这些概念框架太过熟悉，以至于忽略了它们的建构本质。巴特对现有的观念发起挑战，提出新的视角，从而揭示出让世界变得可知的习惯方式，并且尝试加以修正。把巴特当作一位公共实验者，把他的写作看作是在建构我们所处的时代所需的可理解性，这样的看法有助于解释他的作品中许多令人困惑的内容，同时又能够保留其中包含的各种立场和视角。接下来，我将描述巴特所探讨的各种研究设想，以便来支持上述说法。

不过，我还是先来概述一下巴特的生平，有了相应的参照点，我们的后续讨论才能顺利进行。在巴特成名之后，采访者频繁问及他的私人生活，起初他拒绝回答，但很快就打开了话匣子，并且一直强调“任何传记都是不敢说出名字的小说”（《回应》，第89页）。在后面的章节中，我会讨论巴特的传记小说展现的文学品质（例如，在《罗兰·巴特自述》中）。但现在，我们所关心的是情节和一些醒目的主题。

巴特于1915年出生于一个中产阶级新教家庭。他的父亲是一位海军军官，在他未满周岁的时候死于一次军事行动，他从小由母亲和外祖父母抚养，在巴约纳市长大，这是法国西南部大西洋沿岸的一座小城。《罗兰·巴特自述》（书的序言警告说“所有这一切必须被视为小说中的人物所说的话”）中对于这段童年生活的论述强调了三点：音乐（巴特的姨妈是位钢琴教师，只要钢琴空着，他就会练习弹奏）、资产阶级闲谈（例如，来喝茶点的贵妇之间的交谈）和带着一丝怀旧心情回想起的童年见闻。在他九岁那年，巴特随母亲移居巴黎，她靠着装订书籍获得一份微薄的收入，而巴特的生活环境则换成了学校（定期放假，到了假期他总是回到巴约纳市）。在他十二岁那年，母亲爱上了巴约纳的一位艺术家，并且产下一子，也就是巴特同母异父的弟弟。终其一生，巴特一直和母亲及弟弟住在一起，但他从没有提及这个弟弟。巴特没怎么谈论他的学校生活，但他是个好学生。1934年，他完成高中毕业会考后，曾计划报考巴黎高等师范学校，法国最好的学生都在那里接受大学教育。但他感染了肺结核，被送往比利牛斯山脉进行治疗。一年后他回到巴黎，开始大学生活，他学习法语、拉丁语和希腊语，同时他协助创办了一个剧团，并花费大量时间来演出古典戏剧。

1939年战争爆发的时候，巴特被豁免兵役，他在比亚里茨和巴黎两地的公立中学里教书，但到了1941年，由于肺结核复发，他被迫中断教学。随后的五年里（大体上就是德军占领法国的时段），他的大部分时间都在阿尔卑斯山的疗养院里度过，他在那里过着规律的生活，读了许多书。等到疗养结束的时候，他变成了（用他本人的话来说）萨特的支持者兼马克思主义者。回到巴黎后，他逐渐恢复了健康，并且获得在国外教授法语的职位，最初在罗马尼亚，随后到了埃及，那里的一位同事A.J.格雷马斯向他介绍了现代语言学的研究成果。

回到法国后，他在政府文化服务部门负责海外教学的分部工作了两年。1952年，他获得一笔研究资金，用于写作一篇词汇学论文，主题是19世纪早期社会辩论中所用的词汇。他的论文研究没有取得进展，他却出版了两部文学批评作品：《写作的零度》（1953）和《米什莱》（1954）。失去研究资助后，他为一个出版商工作了一年，其间写了大量文章，其中有多篇文章对当代文化进行了简要研究，后来以《神话学》（1957）为题，结集出版。1955年，朋友帮他拿到了另一笔研究资金，这次需要他对时装进行社会学分析，最终他写出了《流行体系》（1967）。1960年，在他的研究资金用完之际，他在高等实用研究院（这所学校在法国的大学体系中处于边缘位置）获得了一个教职，1962年起成为这里的固定教师。与此同时，他发表了以新小说和其他文学主题为研究对象的多篇论文，后来以《文艺批评文集》（1964）为题，结集出版。他试图在《符号学原理》（1964）中勾勒出一种关于符号的科学研究。此外，他还写了一部引发巨大争议的作品《论拉辛》（1963）。

1965年之前，巴特在法国的知识圈中是个十分积极却又处于边缘的人物，但就在那一年，索邦大学的一名教授雷蒙德·皮卡尔出版了一本著作，题为《新批评还是新欺诈？》，书中对巴特批评尤多；这些指责随后被法国新闻界一再炒作，使巴特变成了文学研究领域内激进、不当、蔑视权威等做法的代表人物。虽然皮卡尔的首要目的在于反对巴特以精神分析话语来讨论拉辛的作品，但争论迅速演变为一场广义上的古今之争，巴特的“恶”名由此变得众人皆知。在《批评与真实》（1966）中，巴特答复了皮卡尔的质疑，并且提出要建立一种结构主义式的“对于文学的科学研究”；在之后发表的论修辞和论叙事的文章中，巴特对这一研究进行了初步探讨。随后两年里，他又出版了另外两本与结构主义研究相关的著作：《萨德、傅立叶、罗犹拉》（1971）和《S/Z》（1970）。前者出人意料地把这三位思想家放在一起，将他们视为话语体系的共同创始人；后者是巴特最为详尽的文学分析作品。与此同时，前往日本的旅行造就了《符号帝国》（1970）这本小书，巴特声称，他在写作此书时所获得的快乐远胜过其他作品。

到了20世纪60年代后期，巴特已经成为巴黎名流，与克劳德·列维–斯特劳斯、米歇尔·福柯和雅克·拉康齐名。各个国家和地区都争相邀请他讲学，起初他接受了一些邀请，前往旅行并演讲，他想享受异国他乡带来的新鲜感受以及别国语言的朦胧感觉，同时又无须与不相识的人进行交谈。但他从来都不是像福柯那样热情的表演者，也不像拉康那样喜欢别人用恭顺的态度来关注他。巴特很快就厌倦了旅行演讲，宁愿待在巴黎附近，他在这里度过了大半生，在高等实用研究院主持研讨课，并不时与

图2 结构主义的时髦人物：福柯、拉康、列维–斯特劳斯和巴特。

朋友们见面聚会。

在他作为结构主义者的名望如日中天之际，巴特出版了给他的名声带来巨大改变的两部著作：《文之悦》（1973）和《罗兰·巴特自述》（1975）。前者就阅读和愉悦的思考澄清了巴特思想中的伦理层面；后者对于日常经验进行了优雅的理论化分析，并且采取了自我贬低的口吻，这些做法使他以作家的新面目出现在公众面前。1976年，他被任命为法兰西学院教授；1977年在瑟里西举办了为期一周的研讨会，专门讨论他的作品。但巴特拒绝沾染学究气，迅速推出了《恋人絮语》（1977），对情人之间的感性语言进行探讨。在文学界和理论界的先锋派看来，这是最不值得关注的话题，但这部非正统的作品却备受欢迎，在它的推动下，巴特的公众形象拓展到了学术领域之外。

1978年，巴特作为作家的地位再次得到巩固，但原因却让他感到不快：一部名为《轻松学会罗兰·巴特》（类似于《轻松学会法语》）的戏仿之作于当年出版，它宣称以十八节简易课程的形式，教会读者如何使用罗兰·巴特所用的语言，一种似是而非的法语。巴特现在已经是个值得模仿的文体名家。采访者一再询问，他是否打算写一部小说。虽然巴特通常都予以否定，但他还是在法兰西学院花了几堂课的时间来谈论自己“小说的准备工作”，讨论的内容包括作家如何从视觉上想象他们正在创作的内容，以及他们如何以各种方式来实现这些内容。在巴黎，精神分析理论是知识界的时髦话语，但巴特却成了传统文学价值的主要倡导者，同时也是以非精神分析模式对日常生活进行研究的主要理论家。《明室：摄影札记》（1980）是巴特向母亲致敬的作品，他的母亲于1977年11月去世，这对于巴特而言是个重大打击，由此他写了这部论摄影的作品。下一步他将做什么？他的天赋将引领他走向何方？这些都是引起人们关注的谜团。

1980年2月，巴特与一些社会党成员和知识分子一起用完午餐后出门，穿过马路前往对面的法兰西学院，就在此时他被一辆洗衣店的卡车撞倒在街头。虽然他一度有所恢复，能够与来访者见面，但最终他还是在四周后去世。巴特的猝然离去让他的职业生涯变得更加令人困惑。虽然这不是那种某个学者在某个伟大项目的进行过程中被意外夺走生命的悲剧性死亡，但人们无法确信，究竟巴特是否已经写出了他最好的作品。谁又能预见，他下一步打算做什么？他又会带给我们什么样的实验作品？

如他本人所言，三个因素在巴特的一生中起到了重要作用。首先是在窘迫的环境中，一个中产阶级家庭所面临的寻常无奇、令人忧虑的贫困状况。巴特在自述中这样写道：“对他的一生产生重大影响的问题，毫无疑问是金钱，而不是性”（《罗兰·巴特自述》，第50/45页）。巴特并没有谈论悲惨的生活，而是提到了财政问题带来的窘困——比如，省吃俭用以购买课本和鞋子——他把这种早期生活的体验与他后来对于**安逸**生活的喜好联系在一起，因为安逸正是窘迫的反面（对于巴特来说，愉悦意味着安逸，而不是奢靡）。

第二个因素是肺结核，在他的学术道路上，肺结核两次阻碍了他的发展；更重要的是，这种疾病把一种特殊的生活强加给他。巴特说，他的身体属于托马斯·曼在《魔山》中描绘的那个世界，在那里，肺结核的治疗真的是一种生活方式。巴特逐渐适应了一种有规律的生活，时刻注意着自己的身体状态。在这样的生活里，闲谈多，大事少，好在还有朝夕相处产生的友情。

第三，巴特委婉地谈到了一段“职业动荡”时期：从1946年到1962年，他一直靠着短期收入来维持生活，既没有明确的方向，也没有稳定的工作。后来，当他名声鹊起，有机会获得明确的公共角色和职业角色时，他却没有如人们所料，充分利用他的知名度。他谈到了对于情调（而不是权力）的渴望，并且真的在

图3 疗养院举办的化装晚会。巴特在最右边，他装扮的人物是法兰西文学院成员巴雷斯。

设法回避他可能获取的权力——虽然他的谦逊本身具有一种特别的力量。

人们可以把巴特生活中的这几个方面与他的写作联系起来，从他的生活经历中推断出他所采取的立场。巴特本人有时也会做此类尝试，但结果却难以令人信服：每种所谓的原因——贫困、肺结核、职业动荡——都可能产生无数的结果；对于巴特的写作来说，最主要的影响还是来自每部作品所涉及的理论设想。巴特具有惊人的创造性，但他首先对于周围正在发生的事有着敏锐的观察，能够捕获讯息，加以思考，最后创造性地把它用作新的理论设想中的关键概念。他具有超人的识别力，知道什么事物让人惊奇同时又充满诱惑，知道该**利用**什么样令人震惊的悖论或矛盾。因此，他写作的背景（不管是他自己的处境，还是他要反对的内容）至关重要。他展现出特殊的技艺，特别适合对我们这个时代的可理解性进行实验。

第二章

文学史研究者

出于几点原因，巴特总是对历史颇感兴趣。首先，历史起到与自然相反的作用。文化竭力装作是人类状况和实践的自然特征，但实际上这些特征具有历史性，它们是历史力量和利益作用下的结果。巴特写道："历史遭到否认的时刻，恰恰是它发挥作用的时候"（《写作的零度》，第9/2页）。历史研究能够说明各种文化实践形成的时间和方式，从而消除该文化意识形态的神秘性，并且揭露它作为意识形态的伪装。

其次，因为其他时代能够带给我们陌生感，并且帮助我们理解当前时代，所以巴特看重历史。在《文艺批评文集》中写到17世纪的伦理学家拉布吕耶尔时，巴特提出，我们应当"重点关注将他的世界和我们的世界分隔开来的距离，以及这种距离教给我们的东西；这就是我们在此想做的事：让我们一起来讨论拉布吕耶尔作品中与我们关系很少甚至无关的内容。或许只有这样我们才能抓住他的作品所具有的当代意义"（第223/223页）。我们觉得历史有趣、有价值，恰恰是因为历史不属于我们这个时代。

第三，历史有用，因为它能提供一个帮助我们理解当前时代的故事。这就是巴特在他最早的批评作品《写作的零度》中所寻求的目标。他勾勒出一段写作的历史（关于文学观念和秩序的历史），以帮助我们定位并且评价当代文学。当时最伟大的文学知识分子让-保罗·萨特在1948年出版了一本影响深远的小册子《何为文学？》，他用一段浓缩的历史回答了标题中提出的问题。他认为当代文学为了实现它的承诺，应当摆脱唯美主义和语言游戏，转向社会和政治问题。对此，巴特写了一段很有趣的回应（虽然他没有提及萨特的名字），他提供了另一个版本的故事，并以此对当代文学做出了不同评价。

在萨特鲜活、有力的描述中，18世纪晚期的法国作家最后才确立了自己恰当而实际的地位，因为他们在一群强大的听众面前说出了自己对于这个世界的进步看法，这一看法同时也是他们整个阶级的共同立场。但自1848年之后，随着资产阶级发展出一套意识形态来保护并支持他们新近获得的统治地位，作家们——简单地说——要么屈从资产阶级的意识形态，要么对此加以谴责，并且选择了在政治上无所作为的自我放逐。从此，政治上最"先进"的文学变成了一种没有合适听众的边缘化行为。福楼拜和马拉美选择了一种特殊的"无政治倾向"的文学，而20世纪的超现实主义者选择了一种在萨特看来是徒劳的和理论化的否定行为，回避了严肃的现实世界。

萨特认为，与他同时代的作家在第二次世界大战和抵抗运动期间感受到了强烈的"历史性"，因此他们明白政治倾向的重要性，并且让文学回归"它的本质，即一种选择立场的行为"。"作为作家，我们的任务是表征世界，并且为它作证。"在萨特看来，诗歌或许能玩弄语言游戏，或者进行语言实验，但散文才是在**使用**语言：命名、描述、揭示。

> 作家的作用就在于直言不讳。如果词语患病，我们就有责任治疗它们。然而，许多作家非但没有这样做，反而依赖

这种疾病。在许多时候，现代文学是词语的一种癌症……我认为，尤其可悲的是一种被人称为“诗性散文”的文学实践，它使用词语来取得朦胧的音乐和声效果，在词语周围不断回响；构成诗性散文的词语所表达的都是含糊的感觉，和清晰的意义正好相反。[3]

作家应该使用一种有效、透明的语言，用事物在这种语言中的名字来称呼它们。

萨特区分了散文语言（不存在模糊意义的、透明的语言）和诗歌语言（意义模糊的、容易引发联想的语言），这意味着自福楼拜以来先锋派文学用来处理语言的全部手法都应该被归入诗歌领域，文学的故事（从福楼拜、马拉美到超现实主义及其他）是一段充满错误和衰落的故事。巴特赞同萨特的两点看法：文学与历史、社会之间具有重要联系，以及18世纪作家具有令人羡慕的处境（参见他论伏尔泰的文章《最后一个快乐的作家》，收录在《文艺批评文集》中）。他也同意萨特的说法（相比其他地区，这一看法在法国显得更为合理），认为1848年是历史的转折点（巴特认为，自福楼拜之后，文学就意味着对于语言的思考，以及和语言之间的冲突）。但巴特不同意萨特对语言和文学的另一些看法，他并不认为具有自我意识的现代主义文学如萨特所言是一种可悲的、缺乏道德意义的错乱，或者说，是“词语的一种癌症”。[4]

因此，巴特从一开始就对萨特的说法（政治上有效的语言必然是直接的、透明的、按照字面意义来理解的语言）提出了大胆挑战。

> 埃贝尔[法国大革命时期的一位积极分子，担任一份报纸的编辑工作]所写的每一期《老头迪歇纳》都以“干”、“混蛋”这样的骂人话开头。这些低俗的词没有字面意义，但它们具有意指效果。它们指向整个大革命的局势。这个例子向我们展示了一种写作模式，它的功能不再只是交流或表达，而是引出语言之外的某个对象，这个对象既包括历史，也包括我们在历史中的立场。
>
> 《写作的零度》，第9/1页

所有的写作都包括符号，就像埃贝尔所用的低俗词语，这意味着一种社会模式，一种与社会的关系。仅仅通过页面上的位置安排，一首诗歌就可以产生意指效果，“我是诗歌，你不要按照阅读其他语言的方法来解读我。”文学具有不同的意指方式来告诉读者“我是文学”，而巴特的著作是关于这些“文学符号”的简明历史。没有哪种散文是萨特希望看到的透明的语言。即便是最简单的小说语言——比如海明威或加缪的作品——也以间接的方式意指一种与文学以及与世界的关系。一种去除修饰后的语言并不是自然或中性的语言，也不是透明的语言，而是刻意地被加入到文学机制当中；表面上，它拒绝了文学性，但实际上这变成了一种新的文学写作模式，用巴特的话来说就是，一种可辨识的**书写**。作家的**语言**是他从前人那里继承下来的用法，而他的**风格**则是一种个性化的（或许也是潜意识的）用词习惯和偏好所形成的网络，但他的**写作模式**或者说**书写**则是他个人从所有的历史可能性中做出的选择。它是“一种想象文学的方式”，是“文学形式的一种社会性用法”。

巴特认为，从17世纪开始到19世纪中期，法国文学采取了一种单一的**古典书写**模式，主要特点是相信语言的表征功能。当拉法耶特夫人写道，汤德伯爵在得知他的妻子怀上了另一个男人的孩子时，“想到了一切在这种情况下人们自然会想到的事”，她对写作功能的理解和近两个世纪后的巴尔扎克的理解完全一致。后者写道，欧也纳·德·拉斯蒂涅是“那些被不幸遭遇逼着努力的年轻人之一”，他还写道，于洛男爵是“那些一看到漂亮女人就两眼放光的男人之一”。这种**古典书写**所依赖的前提是，存在一个熟悉的、秩序井然的、可以理解的世界，文学就指向了这样的世界。此处，写作具有政治效果，因为它以某种方式蕴含着普遍性和可理解性。

古典书写在思想和风格方面存在巨大差异。巴特认为，虽然巴尔扎克和福楼拜这两位几乎是同时代的作家在思想方面只存在次要差异，但他们的**书写**有着明显不同。他认为，1848年后资产阶级意识形态的**倾向性**开始显露出来。之前作家曾假定内容具有普遍性，而现在写作不得不对它自身（作为一种写作）进行反思。写作就是要自觉地与文学进行争辩。对此，巴特解释说：

> 大致的发展阶段如下：首先是一种文学创作的技艺意识，对作品的精心要求到了痛苦的自我约束的地步（福楼拜）；接着是一种英雄般的意愿，想要在同一个创作题材中把文学和文学理论融为一体（马拉美）；接着是希望能避免文学性的同义反复，办法是不断地推迟对文学的界定，宣布将要创作的内容，并且将这种创作宣言融入文学本身（普鲁斯特）；接着是有意地、系统性地增延词语的意义直至无穷，但并不遵从任何一种对于被意指对象的理解，以此来检验文学

图4 《写作的零度》（1953）出版时的巴特。

的真诚性（超现实主义）；最后是一种反向操作，削减这些意义，努力捕获文学语言的**此在**，一种写作的中性（但并不是一种清白）：说到这里我想到的例子是罗伯-格里耶的作品。

《文艺批评文集》，第106—107/97—98页

这是巴特在1959年所做的一番解释。但在1953年出版的《写作的零度》中，巴特用到的例子并不是阿兰·罗伯-格里耶，而是阿尔贝·加缪，后者尝试采用中性的、不带情感的方式来写作，巴特称之为“写作的零度”。萨特把加缪的**空白书写**看作是拒绝表露政治倾向，但对于巴特来说，加缪的写作和从福楼拜开始的自觉性文学的其他例子一样，都在另一个层面具有历史性：它们对于“文学”的反抗以及它们对于意义和秩序的假定。严肃的文学必须质疑它自身以及文化借以规范世界的惯例，那里有它巨大的潜力。但“没有哪种写作能一直保持革命姿态”，因为违反语言和文学常规的做法最终将被复原为一种新的文学模式。

巴特的第一部著作《写作的零度》是一本怪异的批评论著。它很少提及文学作品，几乎没有任何相关的例子——唯一的引言来自共产主义知识分子罗杰·加洛蒂所写的一部小说（名字没有被提及）。后来，在收录于《论拉辛》里的一篇关于文学史的评论文章中，巴特批评文学史家，认为他们空有历史研究方法，却忽视了研究对象自身的历史本质。我们在这里看到了一个正好相反的问题：巴特强调了他的研究对象——写作，或者说，文学功能——的历史性，但他缺少一种历史方法。他没有具体解释**古典书写**这一说法，读者必须自己来寻找例子。巴特既不分析，也不展示。他甚至都没有**答复**萨特（他没有提到萨特的书）。[5]他似

乎是在实验萨特的文学故事：对其进行修改，从而产生一种新的思路，以便思考文学史并评价福楼拜之后的文学写作。

巴特在文学史领域的短暂涉足达到了三个目的。首先，他提出了“文学语言的政治和历史影响”。写作的政治重要性不仅在于政治内容或者作者明显的政治倾向，而且也体现在文化对于世界的文学性规范过程中该作品所起到的作用。不过，巴特并没有通过详尽的分析向我们展示，人们如何才能确定实验性写作潜在的政治效果，但他提出，文学对于语言的探索以及对于既定代码的批判释放出了一种宝贵的乌托邦式的质疑力量。他最令人信服的说法是，既然连政治手册也要通过间接的方式来产生作用，那么对写作的政治重要性进行评估就不会是件简单的事。

其次，《写作的零度》确立了一种总体性的历史叙事，为思考文学提供了便利。巴特提出，一种非自觉的、表征性的文学在1848年之后被一种自觉的、不易理解的实验性文学所取代；后来，他把自己所建立的叙事脉络变得更加复杂。在《S/Z》中，他区分了**可读**与**可写**：可读文本是我们知道该如何进行阅读的文本，它具有一定的透明性；可写文本则体现出自觉意识，并且抗拒阅读。这种新的历史性区分与当代的阅读实践（而不是历史事件）的联系更加明显，但它的思想萌芽还是在古典**书写**和现代**书写**的**区分**中，巴特正是通过这一区分试图来理解当代的文学创作的。

最后，巴特关注的是文学的符号——写作如何暗指某种文学模式，这让我们（同时也让他自己）注意到意义弥散而强大的次级层面，之后他将继续对此进行研究，只不过变换使用多种不同的说法。他把这种次级的意指行为称为“神话”，而正是作为一名神话研究者，巴特开始在学界崭露头角。

第三章

神话研究者

在1954年至1956年间，巴特为《新文学》杂志撰写了一系列专题文章，每月一篇，题为《本月神话研究》。他写道："在关于当代生活的描述中，自然和历史总是被混为一谈，我痛恨这种做法。"在讨论大众文化的各个方面时，他试图分析那些假装成自然现象的社会惯例，揭开"习以为常的现象"背后潜藏的意识形态。《神话学》收录了这些专题文章，并且加上了一篇题为《当今神话》的长文作为结尾。这是巴特最有趣和最容易理解的作品，但它提出了一个巨大的难题：巴特所说的"神话"究竟指什么？

在许多例子中，巴特揭示了在看似自然的现象背后潜藏的意识形态因素，他在这些例子中所用的"神话"一词，指的是一种有待曝光的欺骗。以《人类家族》为题对一些照片进行分析的一篇文章就是个很好的例子。巴特写道，"其目的在于说明，世界各国的日常生活中人类行为所具有的普遍性"，同时提出，"出生、死亡、工作、知识、游戏，总是在施加同一种类型的行为"，因此他要描述人性作为一个庞大家族的各种表现形式（第173/100页）。这一神话把它所宣扬的人类行为的多样性比作是相貌和形体特征在家族内的变化，从而掩盖了社会和经济条件的显著差异，而人们正是在这些条件下出生、工作和死亡的。"这里的一切……都致力于压制历史的决定性因素"，所采取的办法是在人类相貌、制度和环境等表面差异底下设置一种共同的人类本性。巴特认为，进步思想“必须一直牢记要颠倒这场古老骗局所使用的术语，不断地凿开自然及其‘法则’和‘限制’，从而在那里挖掘出历史，并最终确立作为历史的自然”（第175/101页）。

展出的每一张照片都代表着一幕人类场景，以这种方式聚集起来，它们获得了次级的神秘意义，而这一意义正是巴特要曝光的对象。其他客体和实践，甚至是那些最具功利主义色彩的做法，都以同样的方式发挥作用，被社会惯例赋予了次级意义。例如，葡萄酒在法国不仅仅是一种饮料，而且是“一种图腾加饮料，就像英国王室喝的荷兰牛奶或茶，具有仪式性质”。它是“一种依靠胁迫达成的集体性道德准则的根基”。对于法国人来说，“对葡萄酒的信仰是胁迫之下的集体行为”，而喝酒则是一种社会融合的仪式（第75—76/58—59页）。通过制造神话意义，文化试图让它们的规范以自然事实的面目出现。

> 整个法国沉浸在这种无名的意识形态中：我们的出版社、电影、低俗文学、仪式、司法、外交、日常交谈、对于天气的谈论、谋杀案的审判、感人的婚礼、渴望品尝的菜肴、穿的衣服。可以说，我们日常生活中的一切，都取决于人与世界之间的关系如何被表征，而这正是资产阶级**拥有并且迫使我们也拥有**的表征……资产阶级规范被当作了一种自然秩序的不证自明的法则。
>
> 第127—128/140页

但是，如果“日常生活中的一切”都变成了神话研究者的领域，那么神话就不仅仅是有待揭露的幻想，就像"人类的伟大家族"的神话那样。虽然"葡萄酒的优点"是个神话，但它并不完全是种幻想。巴特注意到神话研究者的两难境地："葡萄酒客观上是好的，但**与此同时**，葡萄酒的优良属性是一种神话"（第246/158页）。神话研究者关注的是葡萄酒的形象——不是酒的属性或效果，而是由社会惯例附加在它身上的次级意义。巴特起初将神话视为一种幻想，但很快他就强调，神话是一种交流形式，一种"语言"，一种次级意义的体系，类似于他之前著作中讨论的**书写**。例如，埃贝尔的粗俗词语作为语言符号具有初级意义，但更为重要的是它们的神话意义：粗俗被当作一种革命符号。《神话学》提供了另一个例子：一个学生打开他的拉丁语法课本，发现了一个出自伊索寓言的句子，说到狮子要求得到最大份额，**因为我的名字是狮子**，他明白这些词的初级意义远不如这句话所传递的次级意义来得重要，即"我是一个在语法上用来说明谓语一致的例子"（第201/116页）。我们或许会说，在文化中，一切都可以被当作例子：一条法国面包同样意指法国性。

正如巴特此时所强调的那样，《写作的零度》不仅是一种文学史上的尝试，同时也是"对文学语言的一种神话研究。我在书中把写作界定为文学神话的能指，也就是说，一种业已充满[语言]意义的形式，它从这个时代的文学概念中获得了一种新的意义"（《神话学》，第221/134页）。不管写作的语言内容是什么，它意指一种对于文学形式的态度，因而也是一种对于意义和秩序的态度；它倡导一种文学神话，通过这一神话，它在这个世界获得了一个角色。通过探讨大量不太重要的行为所具有的意识形态作用，《神话学》向我们展示了文学神话是如何产生社会意义的。

巴特在这些文章中的目标各不相同。有时他把注意力转向了某些产品，广告宣传赋予了这些产品相应的神话意义。他谈到雪铁龙汽车的最新款式、20世纪50年代出现的塑料的形象，以及以肥皂粉和清洁剂为主角的特殊的戏剧场景：清洁剂“杀死了”污垢和细菌，而肥皂粉则让污垢消散，把物品从难以察觉、难以捕捉的敌人手中解救出来。“说奥妙能做到深度清洁就是假定那块亚麻布具有深度，之前没人想到过这一点”（第39/37页）。巴特讨论的内容还包括：“《旅游指南》所珍藏的世界”这一构想、媒体对待忠诚的态度、飞碟、爱因斯坦的大脑，以及其他神话事物。巴特把习以为常的意义写出来，用嘲讽的语气强化这些意义或者思考它们的潜在影响，然后用简短的一句话收尾；他会提到政治或经济方面的关键问题，从而把我们从神话中硬拽出来。

巴特给人留下最深刻印象的关于次级文化意义的分析出自《神话学》的第一篇文章《摔跤世界》。为了说明类别和区分（通过这些类别和区分，文化得以将意义赋予各种行为），人们可以比较在肢体方面相近的两种活动，比如摔跤和拳击。比较的结果显示，不同的惯例分别在这两种运动中起作用，从而产生不同的神话意义。我们可以想象，这两种运动在另一种文化里可能属于同一种神话，人们以同样的方式来观看这两种运动。但在我们的文化里，这两种运动之间显然存在观念差异，这种差异有待解释。为什么人们就拳击比赛（而不是摔跤比赛）的结果打赌？为什么当一个拳击手像摔跤选手那样大声叫喊并且痛苦地打滚时，会显得很怪异？为什么在摔跤比赛中，选手总是违反规则，而在拳击比赛中却不会出现这种情况？要想解释这些差异，就需要一整套复杂的文化惯例，这些惯例把摔跤比赛变成了一种景观，而不仅仅是一种竞赛。

巴特认为，拳击是一种詹森主义运动，其基础是证明自身的优秀性：观众的兴趣在于最终结果，他们把拳击手表露的外在痛苦仅仅解读为一种即将临近的失败的符号。摔跤则正好相反，它是一种戏剧表演，每个时刻都必须作为景观来解读；摔跤选手本身是以道德角色出现的夸张形象，出于这个原因（即这场表演的戏剧性意指行为），观众才会关注比赛结果。因此，在拳击比赛中，规则外在于比赛，对比赛加以限制；而在摔跤比赛中，规则很大程度上内在于比赛，作为惯例，它增加了可能产生的意义。规则存在的目的就是为了让人违反，扮演“混蛋”角色的摔跤选手看起来更加狂暴，同时观众也带着报复和愤恨的情绪投入了比赛。选手当着观众的面违反规则（虽然裁判会转过身去）：不让观众发现的违规行为毫无意义。痛苦必须被夸大。事实上，正如巴特向我们展示的那样，把摔跤和拳击区分开来的主要因素就是可理解性和公正的观念，这些观念让摔跤变成一种浮夸的表演，从根本上确保它以一种景观的面目出现。

出于几点理由，巴特对摔跤特别感兴趣：它是一种大众娱乐，而不是资产阶级的消遣行为；它偏好场景，而不是叙事，它沉迷于那些戏剧化的意指姿态；而且，它毫不掩饰自己的人为特质，不仅在于那些痛苦、愤怒和悲伤的符号，就连它的结果也是如此：听到比赛被操纵的消息，没有人会感到震惊。此后，在他关于东方的神话研究（即《符号帝国》）里，巴特称赞日本的日常生活中所展现出的人为特质——礼仪精致，偏好表面胜过深度，拒绝（至少在一个西方人眼中如此）把自然作为实践的根基。“如果语言也有‘健康’，那么它的根基就是符号的任意性。神话的病症在于求助于一个虚假的自然”（《神话学》，第212/126

页)。

神话随时都准备好了“借口”:它的实践者一再否认有次级意义牵涉其中,他们声称,穿某些衣服是因为舒适或耐穿,不是因为意义。但不管他们如何否认,神话意义一直在起作用。巴特举了一个更富政治色彩的例子,在《巴黎竞赛》杂志某一期的封面上,他看到一个黑人士兵穿着法军制服,目光紧盯着国旗,正在敬礼。这是意指行为的第一个层面:封面上的形体和色彩被解读为一个黑人士兵穿着法国军服。巴特写道:“但或许我有些天真,我清楚地意识到了这幅照片向我传递的意指效果:法国是个巨大的帝国,她的所有子民,不分肤色,都在她的旗帜下忠诚服役;这个年轻的黑人在为所谓的压迫者服役时展示出的热忱,就是对于那些殖民主义的批评者最好的回应”(第201/116页)。法国军队里确实存在黑人士兵,这一事实让这张照片显得更自然,或者说,更无辜;为它辩护的人可以说,这只是一张黑人士兵的照片,仅此而已;就像穿皮衣的人坚持认为,他们只是想着保暖而已。这个惯用借口反映出一种狡诈,巴特认为,这是神话中我们最需要反对的内容之一。

一个糟糕的事实让巴特对此更加厌恶:当神话研究者分析那些习以为常的事物并且指明神话意义的时候,他本人和他所攻击的对象却是在合谋。巴特把现代汽车称为“足以与伟大的哥特教堂相提并论的事物:我的意思是,它们都是一个时代的伟大创造;无名艺术家满怀激情构思出这样的事物;所有人都把它们看作是一种纯粹的魔幻事物,人们消费的是它们的形象,而不是使用价值”(第150/88页)。巴特对我们所处的时代展开批评,但同时他也为神话做出了贡献。1971年,巴特注意到,仅仅对神话加以分析和谴责并不够:人们要做的不是提倡一种健康的使用符号的方法，而是设法消灭符号本身（《意象、音乐、文本》，第167页）。这样做是否更为有效？我们可以根据《神话学》出版后产生的影响来做出判断——消除神秘性的努力并没有真的消灭神话，而是赋予了它更大的自由。过去，当人们指责政治人物想方设法宣传自身形象时，政治人物会感到尴尬，但随着消除神话的尝试日渐频繁，他们面对这种指责的时候不再觉得那么尴尬了。现在一位候选人的助手甚至公开谈论，他们正如何试图改变政治领袖的公共形象。再举个例子，一些专题文章把某些事物当作特定生活风格的符号，这种揭示并不会消除它们的神话效果，反而在总体上让它们变得更吸引人。巴特描述了这种文化机制在文学中的运作方式：最坚决的反文学性运动并没有消灭文学，而是形成了一种新的文学流派。非文学领域也有着同样的机制。揭露一位总统如何操纵事件来创造形象并无法消灭这一形象，反而产生了次级意义的新的可能性：我们可以不把总统的行为或决定当作一个政策符号，甚或为巩固他的形象所做的努力，而是将其看作一个表明他在意自身形象的符号。神话变化多端，或许它根本就是不可战胜的。

巴特的《神话学》开创了消除神话的先河，他曾希望这样的努力能产生政治效果。1953年，他提出，分析神话“是知识分子采取政治行动的唯一有效途径。”[6]虽然他后来更倾向于放弃神话研究者的反讽或嘲弄，改为对符号进行彻底批判，但是他在20世纪70年代所写的作品依然保留了神话研究者对于次级意义的迷恋；日常生活的神话成了一种写作资源，而不是采取政治立场的机会。他在接受采访时谈道：“在日常生活中，我对于见到和听到的一切都感到好奇，可以说这是一种智识上的偏好，同时也是准小说期望得到的结果”（《访谈录》，第192/203页）。

对于巴特来说，准小说等于小说减去故事和人物：由敏锐的观察所组成的片段对世界（作为次级意义的载体）所作的详细描述。这种准小说式的对于细节的关注让《神话学》显得生气盎然，在后来的《恋人絮语》和《罗兰·巴特自述》中，巴特再次采取了这种方法：前者描述了爱情神话（即作为模式化文化表述的恋人话语），后者对日常生活进行了反思。巴特注意到，就连谈论天气都具有神话性的次级意义：在和面包房的妇女谈论天气的时候，巴特说"光线如此美丽"，但对方没有回应，由此巴特意识到天气才是最能体现文化特色的细节："我意识到**觉察到光线**与一种阶级性的鉴赏力有关，或者说，面包店的那个女人当然也会喜欢某种'迷人'的光线，这么说来，受到社会标记的就是'模糊'的景色，没有轮廓、没有对象、**没有成形**的景色，即透明的景色"（第178/176页）。人们或许会说，光线在客观上是美的，但光线的美感是一种神话，在某个文化群体所秉持的惯例中，弥漫着这样的神话。这就是神话研究者的发现：关于日常世界的最"自然的"评论其实取决于文化代码。正如帕斯卡所言，如果习俗是第二天性，因为它公然出现在这些装成自然的文化之中，那么或许可以说，天性只不过是第二习俗。

第四章

批评家

尽管有着许多离经叛道的行为，巴特还是花费了大量时间去完成批评家的传统任务——对作家的成就进行阐释和评估。他写了许多前言和导论，点评的对象既有当代的实验性写作，也有经典的法语作品。他最重要的批评作品可以分为两大类：一类是他的著作，他在书中分析了某个作家（比如，米什莱、拉辛和萨德）的全部作品；另一类是他为了宣扬先锋派作家（比如，布莱希特、罗伯-格里耶和索尔莱斯）所写的文章，他在这些文章中满怀激情地提出了文学在当代的特定任务。

巴特向来善于制造惊奇，他早期所写的关于米什莱的著作展示了他在这方面的天赋。《写作的零度》称赞了具有自觉意识的现代主义文学，人们因此以为巴特接下来会转向加缪或者布朗肖——在他的同时代人中，这两位一直都在尝试他所描述的反文学性的文学。然而，巴特却选择了儒勒·米什莱，19世纪早期一位多产的通俗历史作家。米什莱是个风格多变的作者，同时也是个热忱的爱国者兼法国大革命的崇拜者。此外，他对于古怪神秘的中世纪也情有独钟，在他所创作的多卷历史作品中记录了这一时期的故事。在米什莱的作品中，找不到任何巴特倡导的自觉约束，但他却是巴特最喜欢的作家之一（另两位是普鲁斯特和萨德）。巴特自称，他在疗养院的时候读了米什莱的全部作品——这是个艰巨的任务——并且摘抄了所有让他感到愉悦或者给他留下深刻印象的句子。“排列这些卡片的时候，有点像人们在玩一副牌，我忍不住想要描述这些主题”（《回应》，第94页）。

这些描述最后变成了《米什莱》(1954)，书中探讨了巴特在《写作的零度》中所说的**风格**：在米什莱的虚构世界中呈现出的“各种痴迷情形所组成的有序网络”。他没有理睬米什莱的思想，而是偏好他所谓的“存在主义主题”，即他的写作对于某些物质和属性的强调，包括鲜血、温暖、冷淡、丰富、平滑、液化（论法国大革命的一个著名片段把冷淡的、了无生气的罗伯斯庇尔与温暖的、充满活力的暴民进行了对比）。巴特写道，“把米什莱的存在主义主题去除之后，就只剩下一个小资产阶级”，不值得关注（第88/95页）。

《写作的零度》强调文学形式的意识形态功能，而《米什莱》则抛开这样的问题，转而描述一个由对立的属性和物质所组成的宇宙。因此，巴特所写的这部著作与法国批评的发展有着紧密联系：当时，加斯东·巴什拉提出了通过对于四种元素（土、气、火、水）的“精神分析”，可以总结出一套范式，用来讨论物质对于诗学和非诗学思维的重要性。巴特声称他没有读过巴什拉（这的确很有可能），但巴特的作品可以看作是日渐壮大的现象学批评的一部分，这一批评不是把文学作品看作有待分析的人工制品，而是看作意识的呈现：对于世界的意识或者体验，读者被邀请加入其中。当时，乔治·布莱的《人类时间研究》(1950)和《内在距离》(1952)刚出版不久。让·斯塔罗宾斯基刚刚出版了《孟德斯鸠》(1953)，这本书与巴特正在写作的《米什莱》属于同一套丛书。次年，现象学批评中所谓的“日内

Notes

in bed . . .

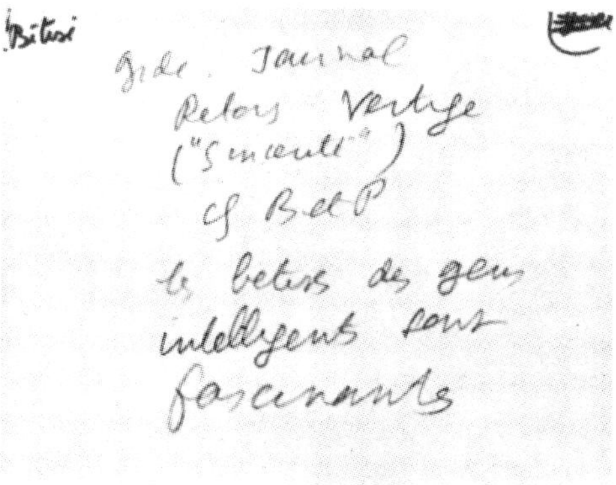
Bêtise

Gide. Journal
Retour Vertige
("Sincérité")
cf B et P
les bêtises des gens
intelligents sont
fascinants

Reversal: of scholarly origin, the note follows the various twists and turns of movement.

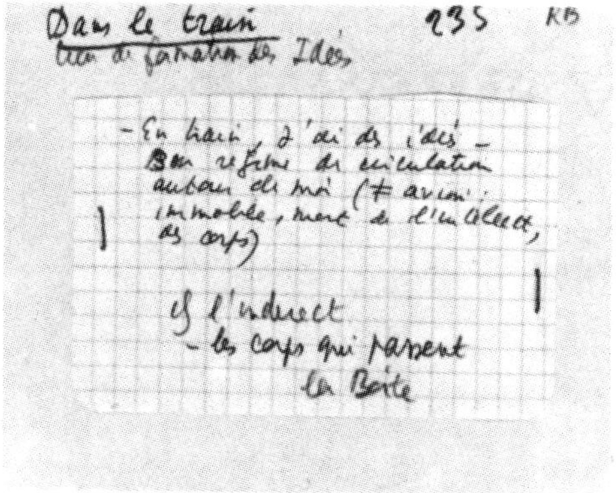
Dans le train
lieu de formation des Idées
235 RB

– En train, j'ai des idées – Bon système de circulation autour du moi (≠ avion: immobile, mort à l'intellect, des corps)

cf l'indirect
– les corps qui passent
la Boîte

. . . outside . . .

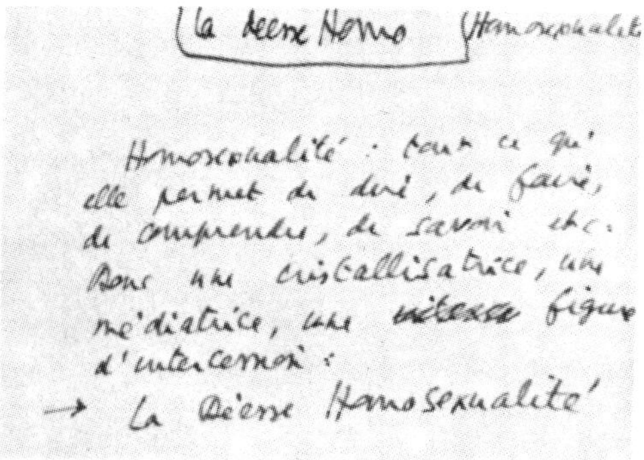
La scène Homo (Homosexualité

Homosexualité : tout ce qu'elle permet de dire, de faire, de comprendre, de savoir etc. Donc une cristallisatrice, une médiatrice, une figure d'intercession :
→ La Déesse Homosexualité

. . . or at a desk

图5 笔记。

瓦学派”的另一位成员阿尔贝·贝甘出版了这套丛书中的另外两本（论帕斯卡和贝尔纳诺斯）。或许最为重要的是，同期出版的让-皮埃尔·理查德的《文学与感知》公开提出了《米什莱》所隐含的假设：“一切事物始于感知，肉体、客体和氛围构成了对于自我来说最为重要的空间。”正是在这里，在身体感知中，出现了文学形式、主题和意象。

《米什莱》的推出似乎是现象学批评所掀起的新浪潮的一部分，但是从巴特的后期作品来看，《米什莱》有两个显著特点值得注意。首先，巴特所采取的方法使他能够将米什莱的写作变成一系列视觉片段，他没有把写作的兴趣与连贯性、发展和结构相联系——这些都是米什莱（作为一名历史学家）的作品不容否认的特征——而是把它与文本片段的愉悦，与读者从零星的句子及其意象中能够得到的愉悦联系在一起。其次，这种文本愉悦（它引导巴特把这些文本作为研究对象，以间接的方式来评论）与身体有关。写作与身体对于空间和物质的经验之间产生了联系。

后来，巴特尤其关注他本人的写作与身体经验之间的关系，仿佛身体感知可以被当作起源或依据。[7] 虽然现象学批评关心的是体验或现象的**显现**（世界作为它呈现在意识面前的样子），它却使批评家把他们要讨论的身体感受当作了一种自然依据。经过高度加工的人工制品被追溯到基础的、前反思的感知，后者被当作一种自然起源。巴特最锐利、最有成效的作品反对那种将文化变成自然的神秘化倾向。考虑到他在后期作品中策略性地将身体作为写作的依据，我们就不得不提出这样的问题：这是否也是同一种类型的神秘化操作？表面看来，《米什莱》与巴特在1954年所显露的文学与政治倾向相去甚远，但它所探寻的立场在他后来的作品中将再次出现。

和《米什莱》一样，《论拉辛》也把重点放在一个虚构的世界，但它既不是一种痴迷于句子和片段的写作，就像《米什莱》那样，也不是一种以物质和属性为重点的现象学描述。相比拉辛的语言和想象，巴特对于束缚人物的悲剧性宇宙更感兴趣，他用“一种温和的精神分析语言”，展开了“对于拉辛笔下人物的人类学研究”。他问道：什么样的生物居住在这个悲剧性的宇宙中？他把这些戏剧叠合在一起，把它们看作是拉辛的悲剧体系所呈现出的不同面貌，并且试图辨认出其中的根本关系，正是这种关系创造了戏剧处境和人物。他特别强调权威、敌对和爱这三种关系的结合，这些关系可以在原始人群的神话中找到，弗洛伊德等人已经对此有所论述：儿子们团结起来，杀死了统治他们并且不许他们娶妻的父亲，他们最终建立了一种社会秩序（以及乱伦禁忌）来控制他们之间的敌对状态。“这个故事，虽然是虚构的，却是拉辛戏剧作品的全部”（第20/8页）。把所有的戏剧作品组合在一起，构成一部宏大的悲剧，“你就会发现这个原始人群中的人物和行为……只有在这个古老寓言的层面上，拉辛的戏剧作品才能找到它们的一致性。”在表层之下，“陈旧的基石就在那里，随手可得”，这些人物正是根据他们在力量的总体分布中所占据的位置来获取他们各自的属性的。

在《文艺批评文集》中，巴特提出，作家“假定意义的存在，也就是说，作家创造形式，由世界来填充其中的内容”（第9/xi页）。这种看法把批评当作一种填充的艺术，或者我们应该说，为了和巴特把作家视为公共实验者的看法保持一致，批评家以填充的方式进行实验，以作家或作品为对象，尝试各种可能的语言和背景。这就是巴特在《论拉辛》中所持的观点：“让我们以拉辛为对象进行尝试，得益于他的沉默，我们可以尝试本世纪所有可供使用的语言”（第12/x页）。拉辛保持“沉默”，因为他创造了形式，这些形式假定但并不决定意义。他的戏剧是“一个空洞的场所，永远向意指意义开放”。如果说他是最伟大的法国作家，那么“他的天赋并不在于让他获得成功的那些长处，而是在于独一无二的保持无限可能的技艺，这种技艺让他永远停留在任何批评语言的应用范围之内”（第11/ix页）。

把伟大的法国经典称为“一个空洞的场所”，这是一种刻意为之的无礼举动，就像巴特尝试用精神分析语言来描述这位作家一样，要知道后者通常被认为是纯正、端庄和智巧的典范。这样做的结果就是，巴特为我们奉上了一种极具争议的、混杂的解读，他把自己感兴趣的三种方法（对于虚构宇宙的现象学描述、对于体系的结构性分析，以及对个别作品进行新的主题性阐释时对于当代“语言”的利用）生硬地结合在一起。结果，他对“陈旧的基石”的描述变成了结构性分析，他寻找的不是属性，而是差异和关系，这样一来，他对于虚构世界的描述就丧失了许多现象学的特色。同样，他试图利用神话和精神分析的语言对每部戏剧进行不同寻常的主题性解读，但这种尝试破坏了他的结构主义分析，后者把这些戏剧当作一个由形式规则所组成的体系的产物。《论拉辛》是一部充满争议的作品，每个读者都会从中得出自己关于拉辛的想法；同时它向公众展示，文学批评（或者至少说**新批评**，即受到理论启发的批评作品）也可以成为迷人的阅读体验，但对于巴特或其他人来说，这并不是一个理想的范式。

在《萨德、傅立叶、罗犹拉》中，巴特再次把作家的全部作品当作一个体系，他强调并修改了《论拉辛》曾经尝试过的两个方面。巴特认为人们可以总结出一个作家全部作品的“语法”，找出其中的基本要素和结合法则，这是他从语言学借鉴来的想法，但在《论拉辛》中，这个想法变得相对不太重要，它体现了作品背后潜藏的简化倾向。在《萨德、傅立叶、罗犹拉》中，语言学类比完全发挥了自身的作用：这三位作家被当作“logothetes”，或者说，特殊“语言”的创造者。萨德对于性冒险不厌其烦的叙述，傅立叶创造的乌托邦社会，罗犹拉对于精神修炼的提议，都展示了对于区分、排序和分类的癖好；它们建立起类似语言的体系，在它们所表述的领域中产生意指行为。

巴特写道：“在萨德的作品中有一种情欲的语法，一种色情兼语法体系，包括色情要素和结合规则”（第169/165页）。对于萨德来说，情欲想要“根据精确的规则，把特定的邪恶行为结合在一起，以便从这些行为系列和行为集合中创造出一种新的‘语言’，这种语言不再是口头的，而是通过行为来表达，这是一种罪行的语言，或者说，一种新的爱情代码，和优雅的爱情代码一样精致”（第32/27页）。情欲代码的最小单位是**姿态**，“最小的可能性结合，因为它联系的对象只有一个行为和它的身体作用点”。除了性姿势之外，还有多种“操作因素”，比如：家庭关系、社会等级和生理变量。姿态可以相互结合，构成各种“操作”，或者说，构成复合性的情欲场景。当运作随着时间流逝而发生变化时，它们就变成了“人生片段”。“所有这些单位，”巴特继续写道，

> 都要遵循结合或复合的规则。这些规则能够很轻松地将情欲语言形式化，就像语言学家所用的“树状结构”一样……在萨德的语法中，有两条基本规则；此外，还有常规步

骤，叙述者根据这些步骤来调用他的“词汇”（姿态、形体、片段）的基本单元。第一条规则是穷尽原则：在一次“操作”中，应该尽可能地同时实现最大数量的姿态……第二条规则是互惠原则……所有的功能都可以交换，每个人都可以并且应当轮流充当施动者和受害人，轮流充当鞭打者和被打者，轮流充当喂粪者和食粪者。这是一条核心原则，一方面因为它让萨德的情欲语言真正变成了一种形式语言，在这种语言中只有行为类别，没有人的分类，这极大地简化了语法；另一方面因为它让我们无法根据性角色来划分萨德的社会。

第34—35/29—30页

除了让语言学范式发挥更充分的批评作用，《萨德、傅立叶、罗犹拉》修改了《论拉辛》的另一个方面。在前一部作品中，巴特使用性语言或者精神分析语言来分析拉辛及其剧中的人物，这种做法可以看作是一种尝试，他想让崇尚拉辛式典雅风格的法国公众感到震惊。但在《萨德、傅立叶、罗犹拉》中，巴特表明他特别感兴趣的是当不协调的语言相互接触时所产生的效果，比如语言学的专业术语与萨德的性欲描写相互摩擦时所出现的情形。这不是对文化丰碑的嘲弄，而是对不同语言相结合的效果进行实验。[8]

与《米什莱》和《论拉辛》一样，《萨德、傅立叶、罗犹拉》表明，尝试用本世纪的语言来分析某位作者，并不是要说明他的作品关系到当前的实际问题，从而使这些作品变得与我们“相关”。那种做法属于主题性研究，比如关注拉辛的爱情心理学或者米什莱的政治观点。与此相反，巴特对于当代语言的实验在总体性上强调了他所研究的写作文本的怪异特质——米什莱的迷恋，拉辛的幽闭宇宙，萨德、傅立叶、罗犹拉三人对于分类的狂热。巴特写道，最后这三个人没有一个“能让人忍受，他们每个人都使愉悦、快乐和交流取决于一种没有变化的秩序，或者（更糟糕的情况下）取决于一种结合的体系”（第7/3页）。巴特在对这些作品进行分析时并没有找出相关的主题，而是想要把文本从不同作者（傅立叶、罗犹拉、萨德）的视野和目的（社会主义、信仰、邪恶）中“解放出来”，并且**盗用**它的语言，“把文化、知识和文学的旧文本变成碎片，并且将它的特征散布到难以辨认的表述中去，就像人们在掩饰盗窃来的物品时所做的那样”（第15/10页）。这显然是一项不同寻常的批评计划，它对于怪异的特质远比熟悉的内容更感兴趣，并且在碎片中找到了愉悦。引人注意的是，巴特无意去描述个别作品的轮廓或架构。他盗用这些作家的语言，目的不是在于阐释和评价这些业已完成的作品，而是在于阐明写作的实践以及这些实践对于意义和秩序的潜在影响。

在巴特身为批评家所从事的另一项主要活动（即他对于某些先锋文学实践的宣扬）中，这一点也很明显。他的最初事业是一种戏剧**书写**，20世纪50年代，他在布莱希特身上发现了文学形式的社会用途。在大学里，巴特创立了一个演出希腊戏剧的团体。战后，他又协助创办了《大众戏剧》杂志，抨击当时的商业剧，倡导关注社会和政治话题的戏剧。萨特曾写过政治戏剧，但巴特试图构想出一种在语言和形式上并不简单化的政治戏剧。1954年，当布莱希特带着他的柏林剧团来到巴黎的时候，巴特找到了他心目中的英雄。据他透露，“《大胆妈妈》的现场演出以及节目单中布莱希特论戏剧的一段话让他热血澎湃”（《访谈录》，第212/225页）。1971年，巴特写道：“布莱希特对于我依然极为重要，现在他不怎么流行了，他一直都没有成为先锋派的一员，虽然人们曾经想当然地以为他会加入，但这反而让他变得更为重要。我之所以把他视为典范，不是因为他的马克思主义文艺观，也不是因为他的审美观念（虽然这两点都很重要），我所看重的是这两者的结合，也就是将马克思主义分析与关于意义的思考结合在一起。他是一个对**符号的效果**进行过深入思考的马克思主义者：这非常罕见”（《回应》，第95页）。

布莱希特提供了巴特一直在寻找的新的戏剧实践，同时也提供了一种理论视角，帮助巴特来解释西方传统戏剧的问题所在。虽然巴特历年来关于戏剧的论述中没有提及布莱希特的名字，但这些文字体现了布莱希特的陌生化（或者说，异化）概念。巴特的基本看法是，戏剧要想产生效果，需要的不是与主要人物产生移情性认同，而是要保持一定的批评距离，使我们可以判断和理解他们的处境。巴特认为，在布莱希特的《大胆妈妈》中，“重点就在于告诉那些把战争当作命中劫数的人们，比如大胆妈妈，其实战争就是一种人类现象，不是宿命……因为我们**看到了**大胆妈妈缺乏理性判断，我们**看到了**她没有看到的潜在因素……通过这种戏剧化的吸引观众的手段，我们就明白，正是她所没有看到的潜在因素让大胆妈妈成为了受害者，而这个潜在因素是一种可以挽救的罪恶”（《文艺批评文集》，第48—49/334页）。

另一个例子：在伊利亚·卡赞导演的电影《码头风云》中，观众对于主演马龙·白兰度的认同减弱了这部影片的政治力量，虽然腐败的工会被挫败，大人物也被加以嘲讽，但到了电影末尾，当白兰度站到雇主和体系一边时，我们也和他一起站了过去。巴特写道：

> 这里我们应该采取布莱希特所提出的去除神秘性的方法，来分析我们与影片的主角取得认同所产生的后果……正是这幕场景中的**参与**性在客观上使它成为神秘化过程的一部分……现在，布莱希特提出异化方法，正是为了要抗拒这样的机制所带来的危险。如果是布莱希特担任导演，他会让白兰度**展现出**他的天真，让我们明白，虽然我们可以哀其不幸，但更为重要的是，要察觉导致这些不幸遭遇的原因，并且找出补救措施。
>
> 《神话学》，第68—69页/《埃菲尔铁塔》，第40—41页

从布莱希特身上，巴特学到了三点。首先，布莱希特从认知（而不是情感）的视角来看待戏剧（这可以推及到他对待整个文学的态度），因此他强调意指意义的机制。他质疑统一场景这个概念，告诉巴特"表述的代码必须相互分离，从胶着的有机状态（这是传统西方戏剧所秉持的观念）中松脱开来"（《意象、音乐、文本》，第175页）。"戏剧艺术的责任并非在于表述现实，而是在于意指现实"（《文艺批评文集》，第87/74页）。在道具、服装、姿态和演出手段方面，不要想着"自然表达"。用几面旗帜来意指一支军队胜过用数千面旗帜来真实地表现。

其次，戏剧应当探索符号的任意性，让观众注意到符号的人为性质，而不是对其加以掩饰。这是布莱希特提出的**陌生化**原则的巴特版本。演员们在演出拉辛的戏剧时，应该像朗诵诗歌一样来念他们的台词，而不是让这种形式化的、高度有序的语言看起来像是心理状态的自然表露。巴特引述并赞同布莱希特的想法，认为演员在念台词的时候，不要装作他们就是人物本人在即

兴发言，而是要演得"像是在引用别人的话"。他赞赏许多大胆表露虚构本质的戏剧实践，从《神话学》中描述的职业摔跤的场景到《符号帝国》中大肆赞扬的日本歌舞伎和文乐木偶戏表演。他提出，任何戏剧作法只要放弃了以人物和心理状态为重点的戏剧理念，转而将人物处境和外在表现作为重点，都会具备消除神话的政治潜力。演员、剧作家和制作人应该注意巴特最喜欢的口号：我指着我的面具前进。

第三，"布莱希特**肯定**了意义，但没有加以**填充**"（《文艺批评文集》，第260/263页）。他的陌生化技巧被用来创造"一种意识（而非行动）的戏剧"，或者更确切地说，他的戏剧是关于"**无意识的意识**，那些遍布舞台的无意识的意识——那就是布莱希特的戏剧"，让观众意识到问题，但不像政治宣传那样提倡某种解决方案。即便这种看法不完全符合布莱希特的戏剧观，这至少反映了巴特本人的文学设想，重要的不是告诉我们，某些事物意味着什么，而是让我们注意到意义如何产生。巴特的戏剧评论体现了这一看法，他使用的语言采用了一些根本性的对比：表面与深度，外在与内在，轻与重，批评距离与移情性认同，面具与人物，符号与现实，不连贯性与连贯性，空洞或含混与意义的充实，虚构性与天然性。能够以轻巧的风格来获取政治效果吗？布莱希特似乎为我们提供了这种可能性。

就在布莱希特让巴特感到"热血澎湃"的同时，他也成为了小说家阿兰·罗伯-格里耶的坚定支持者，《文艺批评文集》中有四篇文章以罗伯-格里耶作为评论对象。巴特宣称："终我一生，让我感到痴迷的是人类如何让世界变得可以理解。"罗伯-格里耶的小说探索了这一过程，他的作品以一种英勇但徒劳的方式，想要消灭意义，从而让我们注意到我们已经习以为常的、让事物变得可以理解的方式。在《写作的零度》中，巴特提出，采取一种**书写**——“一种想象文学的方式”，“文学形式的一种社会性用法”——具有潜在的政治影响。形式实验可以成为一种承诺的模式，就像尝试写作反文学性的文学，并取得写作的零度那样。加缪对于文学的反叛并没有走多远，因为他把世界的无意义变成了一个**主题**。事物依然具有意义：它们意指“荒诞性”，读者和评论家迅速采纳了这个词。在巴特看来，罗伯-格里耶在尝试一种更为激进的做法，想要破坏我们关于可理解性的假定并且阻挠我们的常规阐释步骤，从而达到清空意义或者将其暂时搁置的目的。那些没有必要的详尽描写、空洞的人物和不确定的情节乍看之下难以卒读，换句话说，根据我们对于小说和世界的传统假设，这些内容难以理解。但是罗伯-格里耶“拒绝故事、逸事、动机心理学和事物的意指意义”，在巴特看来，这样的做法向我们的经验秩序发起了强有力的挑战。

> 既然……事物被掩埋在各种意义之下，而人们通过鉴赏力、诗歌和[语言的]不同用法把这些意义渗透到每个客体的名字中，那么某种意义上，小说家的工作就是为清除意义而努力：他把人们不断施加在事物之上的不恰当的意义从事物那里清除。如何做到这一点？显然是通过描述。因此，罗伯-格里耶对于物体的描述非常精确，足以阻止诗性意义的引入；同时他的描述也非常详尽，破坏了叙事的魅力。
>
> 《文艺批评文集》，第199/198页

这段论述强调了两点。首先，巴特把罗伯-格里耶的作品，连同作品中以阻止意义为目的的描述，看作是完全表面的文本。

传统上，深度和内在性被认为是小说的领域，小说要深入人物内心，潜入社会内部，以获取其中的本质，并相应地选择细节。罗伯-格里耶的读者试图揣摩人物的心理和动机，并且对细节进行阐释，但这对于深入理解作品并无帮助：只不过让这些文本变得平常乏味罢了。

其次，巴特称赞罗伯-格里耶，因为后者采取了一种特殊的**书写**，"破坏了叙事的魅力"。通常小说都包含故事：读小说就是要遵循某种故事发展。令人惊讶的是，巴特对于故事毫无兴趣。他喜欢狄德罗、布莱希特和爱森斯坦，因为这些人都偏好场景胜过故事，偏好戏剧场面胜过叙事发展。巴特喜欢片段，设计了各种方式把具有叙事连贯性的作品变成片段。不过，在罗伯-格里耶的小说中，巴特找到了抗拒叙事秩序的文本。例如，要想把一个故事拼凑起来，从而判断出哪些是"真正发生"的事，哪些是记忆、幻觉或叙事者的插叙，这往往很难。读者花费了很大力气来组合一个故事，这一过程迫使他们意识到达成叙事秩序的困难；但如果人们真的组成了一段叙事，就等于否定了对叙事的挑战，没有抓住其中的关键。

巴特对这两种策略（消除深度和打乱叙事）尤其感兴趣。他早年所写的文章《客观文学》和《没有想象力的文学》极力称赞喜欢描写琐碎事物的罗伯-格里耶，认为后者完全投身于对事物进行客观的、非人性化的描述，而那些事物就简简单单地**在那里**存在着。但随着读者逐渐熟悉罗伯-格里耶的小说，他们显然能够把这些文本复原成文学作品，并且得出它们的意义，尤其是通过设想一位叙事者。如果作品中的片段被看作是一位受到困扰的叙事者的思绪，那么那些最机械化的描述，最令人困惑的反复或脱漏，都具有了某种意义。带有精确的重复描述的《嫉妒》可以被看作是一位患有妄想症的、痴迷的叙事者对于周围世界的感知。《在迷宫里》可以被解读为一位患有健忘症的叙事者所说的话。在他的作品里，我们得到的不是"客观文学"，而是一种关于主体性的文学，整部作品完全发生在一位精神不正常的叙事者的头脑里。

巴特曾接受邀请，为一本关于罗伯-格里耶的研究著作撰写序言——这本书恰恰做了巴特在文章里强调的不该做的事：重构情节、假定叙事者、辨认象征模式和提供主题性阐释——巴特采取了一个不同的立场。他在《罗伯-格里耶的位置？》一文中提出，有两个罗伯-格里耶：一个是客观主义者，另一个则是人文主义者（或者说，主体论者）。他可以从任何一个方面来解读，"最终起作用的是这种含混性，这关系到我们，这承载着他的全部作品中的历史意义，虽然这些作品看似拒绝历史。这种意义是什么？就是意义的对立面，也就是说，是**疑问**。事物究竟意指什么？这个世界究竟意指什么？"（《文艺批评文集》，第203/202页）。"罗伯-格里耶的全部作品成了某个社会所经历的意义的磨难"，社会与这些作品之间的关系变化说明了这一点。

巴特在《文艺批评文集》的序言中写道，文学的任务并非如人们通常以为的那样，要**把不可表述的内容表述出来**，那样的文学将沦为他所鄙夷的"灵魂文学"。文学应该尝试"**把可以表述的内容变得难以表述**"，要质疑我们自动传递或接受的意义。因此，罗伯-格里耶对于巴特来说具有典范性，后来收录在《作家索尔莱斯》中的多篇文章又把另一位先锋派散文的创始人菲利普·索尔莱斯塑造成同样的角色，认为他试图**反书写**在之前的话语里被写就的世界。作家竭力"要从世界给予他的初级语言的泥泞中区分出一种次级语言"（《文艺批评文集》，第15/xvii

页）。这种次级语言——或许秩序井然，或许典雅得体——在巴特的设想中，应该是轻盈且干净的，而不是沉重笨拙或充满意义的。

在巴特对于先锋派文学的倡导中，语言的伦理性具有核心地位，这或许能解释他的批评所呈现出的令人困惑的特点。虽然巴特有着广泛的文学品味——他欣赏现代作家，同时也欣赏老派文人；他喜欢文风简洁的作者，却也喜欢浓墨重彩的写法——但他对于诗歌毫无兴趣。除了拉辛，他从来没有评论过诗歌，而他对于拉辛的诗作也只是几笔带过。没有哪种全面的诗歌理论能解释他忽略诗歌的做法，但各种连带的点评以及《写作的零度》其中一章“存在诗歌写作吗？”或许能让我们对这个令人好奇的谜团有所了解。

有几处点评表明，巴特把诗歌与象征以及意义的丰富性联系在一起，同时认为诗歌试图创造出有理可据的符号（而不是任意的符号），因此他将诗歌看作是文学性的某个方面，而这个方面正是布莱希特、罗伯-格里耶和索尔莱斯等英雄试图攻击的对象。不过，在《写作的零度》中，他采取了不同立场，提出不存在**诗歌写作**，因为古典诗歌并不基于语言的特殊用法（它是无所不包的**古典书写**的一部分），而同时，现代诗歌是“一种[特殊]语言，在其中一种强烈的驱动力为了寻求自治，摧毁了所有伦理范围”。人们或许会期待巴特热衷于他所说的“充满了裂缝和闪光，充满了缺位和饥渴的符号，但没有固定或稳定意图的话语”，但他接下来却把注意力转到其他地方，他认为现代诗歌试图摧毁语言，并把话语简化为“作为静态事物的词汇”（第38—39/48—51页）。在《神话学》中，他提出，诗歌试图取得一种前符号状态，在这种状态下，它能够呈现事物本身。

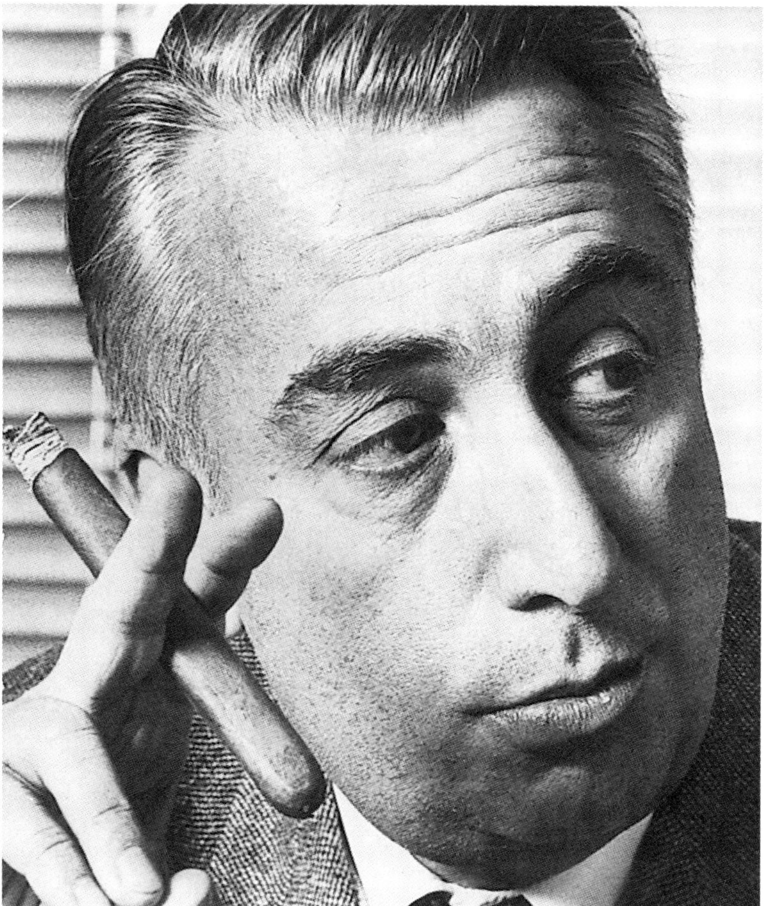

图6 拿着雪茄的巴特。

巴特不相信诗歌呈现出一种未经中介的现实，而且他把一种可疑的抱负强加在诗歌之上，这看上去和喜欢描写琐碎事物的罗伯-格里耶的抱负非常相似。因此，人们觉得还有其他因素在起作用，在巴特的批评实践中有其他原因导致他忽视了诗歌。虽然《写作的零度》否认存在**诗歌书写**，把诗歌搁置起来，但我们也可以争辩，事实上存在一种**诗歌书写**，它具有丰富的内涵、浓度和意义的深度，这些因素具有强大的影响力，甚至能破坏那些最坚决的反诗性的诗歌作品。像“我昨天去了镇上，买了一盏灯”这样的句子，在被当作诗歌来解读的时候，就利用了象征代码（照明、商业）和对于意义的惯性设定，从而创造出丰富的意指可能性。（如果这首诗只有这样一个简短的句子，我们可以在缺乏其他陈述这一事实中发现意义。）在《符号帝国》中，巴特写道，对于西方人来说，俳句是一种诱人的形式，因为你记录单个印象，“你的句子（不管什么样的句子）都会道出一种经验，释放一个象征符号，你轻易就能造成一种思想深邃的印象，而你的写作也将变得充实”（第92/70页）。我们西方的**诗歌书写**假定了象征的丰富性，并且引领我们对俳句进行相应的解读（而巴特却设想，在他的乌托邦式的日本，这些俳句一直保持着空无状态）。对于西方人来说，很难在诗歌中避免意指的充分性，而在长篇散文的形式中，象征意义带来的压力就没那么大了。巴特把诗歌排除在他的批评领域之外，试图把文学从与之相关的意义的丰富性中解脱出来。

巴特还以另一种方式把诗歌当作替罪羊。在《神话学》的结尾处，他写道：“在广义上，我对于诗歌的理解是，寻找事物不可剥离的意义”（第247/151页）。他让诗歌以神秘的方式成为（对于他来说）对前符号的自然或真相的追寻，由此他可以通过搁置诗歌，把这种追寻驱逐出文学领域。在《何为文学？》中，萨特区分了诗歌（和语言一起游戏）和散文（使用语言来描述世界），从而通过忽略诗歌，把语言游戏排除在外。巴特在区分这两者时所采用的术语完全不同于萨特的用法——对于巴特来说，**散文**进行着语言实验，而诗歌则试图超越或破坏语言——但从结构上讲，巴特所做的是同一码事：把文学的某些重要的总体方面等同于诗性（这种做法值得商榷），从而可以拒绝讨论诗歌，并进而忽略这种与诗歌相关的属性或设想。

此外，还有一个因素。在法兰西学院的就职演说中，巴特宣称："我所理解的**文学**，不是一类或一系列作品，甚至不是一个商业化的教学领域或范围，而是对于一种实践的痕迹所进行的复杂的铭刻：那种实践就是写作"（《就职演说》，第16/462页）。他感兴趣的是写作实践，而不是完成的形式，因此他不怎么重视十四行诗，更喜欢长篇散文，这样他就可以从中选出自己喜欢的部分，创造出强有力的、可以在他的批评话语中调用的片段。他没有去解释那些具有精致结构的形式，而是宣扬一种符号活动。毫无疑问，这就是为什么他所写的许多关于文学的作品采取了种种非正统形式的原因。

第五章

论战者

1963年，巴特在《泰晤士报·文学增刊》和美国的《现代语言笔记》杂志上发表了若干文章。他告诉读者，在法国有两种批评，一种是枯燥的实证型的学院派批评，另一种是充满活力、多样化的阐释型批评（不久后就被冠以“新批评”的名号），从事阐释型批评的评论家对于论证作品的具体信息不感兴趣，而是致力于以现代理论或哲学的视角来探讨作品的意义。次年，这些论战性的文章被收录在《文艺批评文集》中结集出版，学术界对此颇为恼火。《世界报》（1964年3月16日那一期）刊登了由索邦大学教授雷蒙德·皮卡尔所写的书评，书评对这本书的其他方面不予理会，全力批评这种“徒劳且不负责任的诽谤行为”，认为这或许会给一位不知情的外国读者留下关于法国大学的错误印象。

但或许这种印象不完全是错误的。在法国的大学体系中，教师要想升职，就必须在国家博士论文（篇幅较长的学术性论文，很少能在十年之内完成）上取得明显进展，而这种论文的目标是掌握坚实的文献知识。这种研究并不鼓励在方法论、理论思考或非正统的阐释方面进行创新。在法国，那些对于推动和促进文学研究做出重大贡献的批评家大部分活跃在大学体系之外；他们为获得经济来源，或从事写作（让-保罗·萨特和莫里斯·布朗肖），或到国外教书（乔治·布莱、勒内·基拉尔、路易·马林、让-皮埃尔·理查德），或在特殊机构工作（巴特、热拉尔·热奈特、茨维坦·托多罗夫、吕西安·戈德曼），这些机构在任命他们担任教职时采取了其他标准。1968年后，大学里的这种情况有所改观，但在20世纪60年代早期，巴特对于两种批评所做的区分不无道理。

巴特对于学院派批评的不满主要在于两个方面。阐释型批评家在哲学或意识形态方面寻求盟友——存在主义、马克思主义、现象学、精神分析、符号学——而学院派批评家却声称自己保持客观，装作他们没有意识形态。在未经理论探讨的情况下，学院派批评声称自己知道文学的本质，并且以常识的名义，折衷地接受或者干脆拒绝具有意识形态倾向的批评所提出的一切观点。它拒绝弗洛伊德流派或者马克思主义的阐释，认为这些阐释过于夸大或牵强（巴特说，它本能地踩下了刹车），但它却不承认，拒绝阐释这一行为本身隐含着另一种心理学或社会学理论，而这种理论需要确切的表述。事实上，传统批评所秉持的温和的折衷主义是最肆无忌惮的意识形态，因为它声称自己知道什么时候其他方法是对的，同样也知道什么时候其他方法是错的。巴特最强烈反对的就是意识形态伪装成常识。

其次，巴特认为学院派批评拒绝接受的是内在阐释——这一点对于英美读者来说或许不太熟悉。学院派批评想要用作品之外的事实，比如作者所处的世界或者他的素材来源，来解释文学作品。由于这种批评把文学作品看作是对某个外在物的再生产，因此在某些情况下，如果它利用作者的过去来解释某个作品，它会接受精神分析解读，认为后者是合理的解读，但失于片面；如果它利用历史现实来解释作品，它也会承认马克思主义的解读。巴特认为，学院派批评不愿意接受的观点是，“阐释和意识形态可以在完全属于作品内部的某个领域内发挥作用”。巴特认为，使用理论语言来研究作品结构完全不同于试图在作品之外寻求解释的方法。一种内在解读可能会使用精神分析概念来说明作品的内在动力，但这完全不同于精神分析解读，后者试图把作者解释为作者心灵的产物。巴特说，法国的学院派批评对于内在分析持敌视态度，因为学院派批评把知识与因果分析联系在一起，同时也因为评估学生的知识比评估他们的阐释更加简单。学院派批评提倡的文学理论以作者的生平和时代为重要依据，这种做法适合测验和评分。

或许，皮卡尔会对他没有提及的另一篇文章《历史或文学》（收录在《论拉辛》中）同样感到恼火，这篇文章着重探讨了以拉辛为研究对象的几部批评著作的失败之处，其中就包括皮卡尔的博士论文《让·拉辛的职业生涯》——许多“令人钦佩的”作品都服务于“一项令人困惑的事业”，这篇论文就是其中之一（第167/172页）。巴特认为，致力于文学史研究的教授们痴迷于研究作者及其所作所为，却忽视了真正需要历史答案的问题——在拉辛所处的时代，文学功能或者文学制度有着什么样的历史？对于皮卡尔来说，“历史依然是——这一点是致命的——人物画的原始素材。”“如果想写文学史，人们必须放弃作为个人的拉辛，转向技巧、规则、仪式和集体心态等层面”，讨论这一时期文学生涯的整体模式（第154/159页、第167/172页）。当批评家专注于拉辛，把他本人的经历作为他创作的悲剧的源泉时，这实际上是一种阐释，而不是历史。这些批评家总是想“踩下刹车”，仿佛“这一假设所体现的怯弱和陈腐就足以为它提供合理依据”（第160/166页）。在联系作者和作品的时候，他们必须依赖一种心理学。在他们应该大胆宣布他们所依赖的心理学理论时，他们恰恰变得极度胆怯。

> 在所有以人类为研究对象的方法中，心理学是最难以验证和最受时代影响的方法。这是因为，对内心深处的自我的**了解**实际上只是一种幻觉：真正存在的只有不同的表述方式。拉辛引用了几种语言——精神分析、存在主义、悲剧、心理学（其他语言可以被创造出来，也将会被创造出来），这些语言都不纯粹。但承认无法**讲述**关于拉辛的**真相**，就等于最终承认文学的特殊地位。
>
> 第166/171页

这种观点是皮卡尔无法接受的，他在名为《新批评还是新欺诈？》的小册子中清楚表明了这一点。借助次年出版的这本小册子，他与巴特展开了论争。他声称："存在关于拉辛的真相，每个人都会同意这一点。尤其是依靠语言的确定性、心理统合力的潜在作用和文体类型的结构要求，耐心而谦逊的研究者能够提供无可辩驳的事实，这些事实在某种程度上决定了客观性的范围（从这些范围开始，他可以——非常谨慎地——冒险进行阐释）。"[9]皮卡尔抨击了巴特在文章中所说的阐释型批评家，尤其是巴特本人的《论拉辛》，他试图与新批评带给文学研究的"威胁"以及带给清晰、连贯、合乎逻辑等原则的"威胁"作斗争。他提出了四条罪名：(1) 巴特将印象主义与意识形态的教条结合在一起，对于拉辛的戏剧提出了某些不负责任、毫无根据的看法；(2) 他的理论导致了一种相对主义，在这样的理论里，批评家什么话都说得出来，因为它只要求批评家承认他的观点的主观性；（3）巴特的品味极其糟糕，他在这些戏剧里注入了“持续纠缠、毫无节制、愤世嫉俗的性”，以至于“人们必须重读拉辛的作品才能说服自己，他笔下的人物不同于D.H.劳伦斯的人物”；（4）巴特使用了一套神秘的、伪科学的术语，以显示他的理论的严密程度，而事实上这种严密并不存在。

虽然皮卡尔令人信服地证明了，巴特关于拉辛人物的看法只适用于其中几个角色，但引起广泛关注并引发关于文学的强烈论争的，是皮卡尔的坚定立场，他要维护文化遗产，反对挑战正统的意识形态及其术语。看过那些热情赞颂《新批评还是新欺诈？》的书评，人们不难判断，在这些混乱但坚定的信念中，表现出两个深藏的原则：（1）国家文化遗产的荣耀取决于意义的确定性和历史的真相（人们所研究的拉辛，其意义不应该发生变化）；（2）质疑艺术家的自觉掌控或者忽视作者的意图就是要在总体上挑战主体把握自身和把握世界的能力。《世界报》上的一位作者公然提出之前巴特在《神话学》中曾经嘲讽过的资产阶级对待批评的态度（它的任务就是要宣布，拉辛就是拉辛）。这位辩论者写道，真正的批评就是为了要理解过去而去理解，“拒绝对过去加以修正……这种批评在拉辛本人中寻找**拉辛**，而不是要寻找拉辛在沾染了各种意识形态或术语之后所经历的变形。”[10]在“拉辛就是拉辛”这样的表述中，巴特注意到，虽然这种同义反复只是虚幻的，因为不存在真正的拉辛，只有拉辛的不同版本，

> 但至少，我们明白，这样的空洞定义为那些挥舞着这一定义的人提供了有力支持：一种次要的伦理救赎，一种满足感（努力追寻拉辛的真相，同时又不用承受任何真正的研究必

图7 难受、厌倦。

然遇到的风险）。同义反复省去了我们的麻烦，不用自己提出想法，但与此同时，它又以自己为荣，因为它把这种许可变成了一种严苛的道德态度：它的成功就在于此——懒惰被提升到严苛的层面。拉辛就是拉辛：虚无得到了令人钦佩的保障。

《神话学》，第98页/《埃菲尔铁塔》，第61页

皮卡尔的攻击使得巴特成为新批评的代言人，卷入这一争端的人对他褒贬不一。在《批评与真实》中，巴特没有回应皮卡尔关于拉辛的不同看法，而是探讨了在这次争端中所提出的总体问题。他的主要观点是，皮卡尔所采用的依据（语言的确定性、心理统合力的潜在作用和文体类型的结构要求）本身就是基于某种意识形态的阐释，学院派批评家希望把这种意识形态改头换面，使其以理性的面貌出现。巴特认为，主要问题在于学院派批评不愿意承认语言的象征本质，尤其是语言的含混性和言外之意。很显然，当皮卡尔拒绝各种形式的言外之意时，他在竭力维持着某种规范性："人们没有**权利**把'回到港口'这样的表述看作是对于水的召唤，同样也不能把'原地休息'看作是对于呼吸系统的暗指"（第66—67/20页）。巴特强调，这样的说法需要理论支持，要对文学语言和批评的惯例与目的提出相应观点。这些说法不能被视作理所当然，虽然**旧批评**的全部倾向就是求助于习以为常的思想，并且指责**新批评**走得太远。

对于巴特来说，阐释当然要超过限度。如果不敢超出现有观念，批评就缺少了意义和乐趣。巴特的写作总能引发争议：宣言式的简明风格激怒了持不同看法的人。但巴特很少参与由他所引发的争论，到了后期他变得（用他自己的话来说）更加宽

容：他不肯在观点上做出妥协，但同时又无意挑战他人，也无意为自己辩护。得益于成功的眷顾，他可以沉浸在（用他在就职演说中的话来说）“一种个人倾向中，通过探究个人愉悦来避开智识上的困境”（《就职演说》，第8/458页）。

不过，在《批评与真实》中，巴特却身不由己地卷入到论战之中。在此书的第二部分，他提出了关于文学研究的设想，这是他本人最清晰、最具说服力的表述。他提出，一个国家文学批评的任务应当是“周期性地把过去的事物作为评论对象，从新的视角对它们加以描述，从而发现**这些事物能够对批评起到什么作用**”。巴特区分了批评和**对于文学的科学研究**（或者说，诗学理论）：前者担负起风险，把作品放在某个情境之中，并且阐发作品的意义；后者分析意义的条件，把作品看作是一种空洞的形式，在阅读的时候才被赋予意义。批评家同时也是作家，他试图用自己的语言来涵盖作品，并且通过从作品本身获取意义来创造出作品的意义。诗学理论则正好相反，它并不阐释作品，而是试图描述阅读的结构和惯例，这些结构和惯例使作品具有可读性，并且使它们对于不同时代、不同信仰的读者来说都具有一定的意义。

在皮卡尔的逼迫下，巴特说出了自己的立场，这一立场不仅合乎逻辑，而且也站得住脚，但他本人并没有遵循他所提出的区分。由于他深信文学是对于意义的一种批评，他不喜欢把时间花费在填充意义上，但与此同时，他又对尝试用自己的语言来分析过去和当代的作品很感兴趣，这种兴趣使他没法将自己局限于仅仅分析结构和代码。《批评与真实》并没有告诉我们巴特的立场，但它对于批评做了精彩的描述，同时也提出了结构主义式的关于文学的科学分析（或者说，诗学理论）的清晰设想。

第六章

符号研究者

符号研究是关于符号的总体科学，现代语言学的创始人费迪南德·德·索绪尔于20世纪初期最早提出这一设想，但直到60年代，符号研究依然只是一个概念。到了20世纪60年代，一些人类学家、文学批评家和其他研究者为语言学取得的成功所倾倒，试图从语言学的方法论中吸取经验，开始发展索绪尔所设想的符号科学。[11]巴特是符号研究的早期倡导者之一。多年之后，他在选择法兰西学院的教职头衔时，以符号研究作为研究领域，虽然他在就职演说中强调，他个人的符号研究与当前不断壮大的这一学科（之前他曾积极推动它的发展）只有间接联系。

要想讨论巴特作为一名符号研究者的所作所为，不仅需要确认他对于这一领域的持续关注，而且要特别注意他对于新方法的态度。他看重这些方法，因为它们具有阐释力，并且能造成陌生化的效果，但是一旦出现正统化的苗头，他立即就开始反叛。最初吸引他转向符号研究的原因很清楚。在《神话学》中，他发现各种语言学术语使他能够从新的视角来观察文化现象，于是他满怀热情地接受了这一设想，把人类的全部行为看作是一系列“语言”。“对我来说，一种符号科学能够刺激社会批评，在这一理论设想中，萨特、布莱希特和索绪尔可以携手合作”（《就职演说》，第32/471页）。吸引他的部分原因在于，他希望一种需要人们对能指和所指加以命名的形式研究能够令人信服地展示各种行为所隐含的意识形态特征。但一种新的学科或者一套新的词汇的重要意义，首先在于迫使人们重新审视习以为常的现象，并且揭示人们潜在了解的内容：为了应用新的术语或者实施新的操作，人们必须重新思考熟悉的实践行为。

新的方法具有**陌生化效果**，随着这一学科变成正统的一部分，这种效果也将就此消失。只有把符号研究界定为对其他业已确立的学科提出质疑的一种观点，巴特才能继续将他本人视为一名符号研究者。在《就职演说》中，他开玩笑说，希望把“文学符号研究教授”变成一把轮椅，一直保持移动，成为“当代知识的通配符”（第38/474页）。他把自己的符号研究描述为对语言学的“消解”，或者更确切地说，对意指行为各个方面的研究，这些方面不属于纯粹的语言现象，因此被科学性的语言学搁在一旁。他的符号研究要“努力汇集语言中的杂质，语言学中的废弃物，任何讯息的即时变化：欲望、惧怕、表达、恐吓、进步、讨好、抗议、辩解、侵犯和旋律，积极的语言正是由这些内容所构成的”（第31—32/470—471页）。在他的职业生涯里，巴特一直保留着符号研究这个概念，用它来揭示意义的各种层面，而这些意义层面正是正统的学科研究所忽略的内容。随着符号学变成一个正式的学科领域，巴特的符号研究发生了转变，从倡导一种符号科学，变成在这种符号科学的边缘位置进行活动。

在《符号学原理》（1964）中，巴特试图确立一种规范做法，他提出了这门新兴学科的若干基本概念——区分了**语言**和**言语**，**能指**和**所指**，**横组合关系**和**纵聚合关系**——并且思考了如何将这些术语用于分析语言之外的现象。他认为，符号研究必须先“实验自身”。他扮演了公共实验者的角色，尝试了各种在他看来有助于研究其他意指现象的语言学概念。

在索绪尔所做的各种区分中，最重要的一对是**语言**和**言语**。前者指语言体系，也就是人们在学习语言时所掌握的内容；后者指人们说的话，即无数的实际表达，包括口语和书面语。语言学和（通过类比关系确立的）符号研究试图描述潜藏的规则体系和区分，这些要素使得意指成为可能。符号研究的前提是，既然人类行为和客体具有意义，那么就必然存在某种由区分和规约所组成的（有意识或无意识的）体系，能够产生意义。对于想要研究某种文化中的食物体系的符号研究者来说，言语由各种饮食事件所构成，而语言则是潜藏在这些事件背后的规则体系。这些规则规定，什么是可以吃的，哪些菜肴之间可以搭配，哪些菜肴之间形成鲜明对照，以及这些菜肴如何组合构成一顿饭菜。简而言之，这些规则和规定决定了哪些饭菜在文化意义上是合乎正统的，哪些不是。餐馆的菜单是一个社会的"食物语法"样本，其中包括了"句法"位置（汤、开胃菜，主菜、色拉、甜食）和不同项目所组成的纵聚合类别，用来填充每个位置（供人们选择的各种汤）。在一顿饭菜中，各道菜的句法次序有惯例可循（汤、主食、甜食，这是正统的次序；甜食、主食、汤，这样的次序则不合语法）。在各个类别（比如主食或甜食）中，不同的菜肴之间所形成的对比具有意义：汉堡和烧野鸡有着不同的次级意义。符号学家借用语言学范式来处理这样的素材，他的任务很明确：重构由各种区分和惯例所组成的体系，这些区分和惯例使得某些现象对于某个文化的成员来说，具备一定的意义。

巴特的论述有一个鲜明特点，那就是他声称语言不仅是符号体系的重要范例，而且也是符号研究者所依赖的现实：事实上，除了语言，不要研究其他事物。他甚至提出，索绪尔把语言

图8 1978年1月7日，法兰西学院：巴特的就职演说。

学当作符号研究的一个分支，这是种错误的做法；符号研究才是全面语言学的一个分支：它研究的是语言如何表述世界。符号研究者调查某个特定文化的食物体系或者服饰体系，试图找出其中的意指单位和差别，他们所能找到的最佳线索就来自语言，来自人们用于谈论食物和服饰的语言，来自这一语言命名和没有命名的事物。巴特问道："谁能确信，当我们从全麦面包转到白面包的时候，或者从无边女帽转到无边男帽的时候，我们从一个所指转到了另一个所指？在多数情况下，符号研究者有一些制度性的中介物，或者说元语言，能够为他提供变换所需的所指：关于美食的文章或者时尚杂志"（《符号学原理》，第139—140/66页）。

虽然语言是符号研究者拥有的唯一证据，但这并不会让符号研究成为语言学的一部分，就像历史学家对于书面文献的依赖不会让历史研究成为语言学的一部分一样。但符号研究者不能只依赖语言，他们不能假定被命名的一切都是重要的，没有被命名的一切就是不重要的，尤其是在研究习以为常的现象时。然而，对于巴特来说，语言证据在《流行体系》（他的大规模符号研究）中是不可或缺的方法。时装是一种体系，它通过区分各种服装来创造意义，使细节具有意指功能，并且在服饰的某些方面和世俗行为建立联系。巴特写道："真正销售的是意义"（第10/xii页）。为了描述这一体系，巴特选取了两本时装杂志一年内配发的照片说明文字作为研究对象。他的设想是，这些文字把人们的注意力吸引到让服装显得时尚的某些方面，由此他可以辨认出在这个符号体系中起作用的区分。

巴特找出意指行为的三个层次，有两个例子可以很好地说明这种层次划分："印花布在竞争中取胜"和"细长的花边让人印象深刻"。在巴特所说的"服装代码"（即界定时尚的代码）层面上，**印花布**和**花边**是能指，它们的所指是**时尚**。在第二个层面上，把印花布和竞争放在一起意味着这些服饰适合在某种社会场合下穿着。最后，还有"一种新的符号类型，它的能指是说出口的时尚言论，而它的所指是这本杂志拥有或者想要传递的关于世界和关于时尚的形象"（第47/36页）。这些说明文字暗示，花边不仅被视为优雅的装饰，事实上它生产了优雅这一品质，而印花布则是取得社会成功的关键的、积极的要素（人生是一场竞争，你的服饰将决定你的胜败）。

服装代码很重要，但解读起来并不有趣。巴特辛勤工作，研究了大量时尚杂志的说明文字，分析了时尚所依赖的各种变化。在方法上，他遇到了一些困难：尤其是，要想清楚地对时装加以分析，就需要指出哪些结合是不可能的，或者说，是不时尚的。[12] 对于巴特和他的读者来说，更吸引人的是修辞体系，即时尚的神秘层面。时尚遵循神话原则，它试图把它背后的惯例伪装成自然事实。**今年夏天服装将采用丝质面料**，说明文字这样告诉我们，仿佛在宣布一个不可避免的自然事件；**现在的裙子正变得越来越长**，必然如此。说明文字告诉读者，这些服饰多么有用——**正适合清凉的夏夜**——但某些用法的特定性让人困惑。比如，为什么要说，**适合在夜间沿着加来码头漫步时穿着的雨衣**？巴特注意到：

> 正是以外部世界为参照的精确性让这一功能变得不真实：我们又一次遇到了小说艺术所产生的悖论：任何细致入微的功能都变得不真实；但与此同时，这种功能越是偶然，它看起来就越"自然"。时尚书写因此回到了现实主义风格所设定的前提，即不起眼的、精确的细节在累积起来之后增添了所表征事物的真实性。
>
> 第268/266页

时尚积极有效地把它的符号自然化，因为它必须充分利用这些细小差别，并提出细微变化的重要性。**今年绒毛布料取代了粗毛布料**。重要的不是内容，而是区别本身。时装"就是这样一种景观，人们从中发现自己有能力让微不足道的细节进行意指"（第287/288页）。或者，就像巴特在《文艺批评文集》中所说的："时装和文学强烈地、精妙地进行意指，这一行为有极端艺术所具备的全部复杂性，但也可以说，它们意指的对象是'虚无'，它们就存在于意指行为中，而不是存在于被意指的对象中"（第

156/152页）。

巴特最系统化的符号研究所得出的结论却是要拒绝"关于符号的科学研究"这一设想，他后来的作品反复强调这一结论。"我经历过对于科学性的美好梦想"，他后来对自己在20世纪60年代早期的思想持否定态度（《回应》，第97页）。他把符号研究界定为关注一切使意指行为的科学变得不可能的研究，这样他就把自己拒绝符号科学的态度与意指行为优先于被意指对象的观点联系在了一起，并且刻意忽略了下列事实：他现在所否定的系统性视角产生并支持这种关于意义的一贯看法。只有通过揭示时装或文学其实是一种体系，一种不停制造意义的机制，巴特才能继续维持意指行为相对于被意指对象的优先地位。在体系的视角之外单独而论，关于时装的陈述具有意义，并且其意义远比其他意指过程更加重要。只有通过令人信服地辨认出符号机制的系统化运作，人们才能证明时装说明文字的具体内容与此无关，从而让巴特提出的设想更具说服力，即时尚或文学作为符号体系，暗中破坏或清空了它们大量制造的意义。

虽然巴特后来希望把他的符号研究看作是对于科学性分析起到抗拒作用的各方面意义的关注，但他在后期作品中关于意义的看法很有趣，因为他对于意指行为的更多层面提出了总体

图9 符号研究的历史。

看法。比如，他注意到，他和面包店里的女人所说的关于光线美感的话体现出一种阶级品味，这当然不是科学，但这很有趣，而且颇有见地，因为这个例子告诉我们，对于起到区分阶级作用的符号进行调查需要涵盖多大的范围。又如，巴特认为学术讨论的惯例要求人们注意对方提出的问题的表面内容，而不是它所表达的潜在态度。当他持这一观点时，他就为调查指明了一个主题：言语行为的特定内容与基本力量之间的关系，以及不同的惯例如何导致不同的回应。牢牢地坐在他的“轮椅”里，巴特不再需要一门符号科学，不再需要用后者的力量来扩展和运用他本人的洞察力。他可以畅谈自己的愿望，他要生产一种没有权力的话语，这种话语不会把它自身强加于人，而是成为一种令人愉快的对于新鲜事物的体验（《就职演说》，第42/476页）。然而，他的话语依然将兴趣放在它所激发的对于符号和意义的潜在的系统性思考上。因为有意义的地方就有体系。正是巴特本人告诉了我们这一点。

第七章

结构主义者

谁是罗兰·巴特？这个问题有现成的答案：一位法国结构主义者。虽然巴特的崇拜者可能会坚持认为，结构主义只是巴特多变的职业生涯中的一个时刻，并且当时他并没有完全露出自己的真面目，但这显然是他最为重要的时刻：结构主义是他的影响力的来源，是他的理论设想和观点所取得的成果，同时也是他未来发展的跳板。在结构主义变成一种权威之后，巴特悠然地与它保持着距离，在其他人看来，他变成了一个"后结构主义者"。但这种说法不清不楚，因为要想创造出"后结构主义"，人们就必须把结构主义做狭隘的歪曲。事实上，所谓的"后结构主义"有很多内容在结构主义作品中已经明显表露了出来。

1967年，在为《泰晤士报·文学增刊》所写的一篇文章中，巴特将结构主义界定为用来分析文化产品的一种方法，其根源在于语言学方法（《语言絮谈》，第13/5页）。在《文艺批评文集》中，他解释道，他"进行了一系列结构主义分析，目的在于界定一些非文字性的语言"（第155/151—152页）。结构主义把现象看作是潜在的规则和区分体系的产物，并且从语言学中借用了两条基本原则：（1）实施意指行为的实体并无本质，而是被内部和外部的各种关系网络所界定；（2）对意指现象做出解释就是要描述使它们成为可能的体系。结构性的解释并不追溯历史渊源，也不寻找原因，而是通过将特定的客体和行为与它们所处的体系联系起来，来探讨它们的结构和意指效果。

在20世纪60年代，似乎没有必要来区分结构主义和符号研究。巴特在《文艺批评文集》中界定了“结构主义行为”，宣称“以严肃的态度向意指行为命名求助”是结构主义的标志，并建议感兴趣的读者“观察哪些人使用**能指**和**所指**，**历时性**和**共时性**”（第213—214/214页）。不过，最终符号研究（或者说，符号学）被看作一种研究领域——对于各种符号体系的研究——而“结构主义”指的是20世纪60年代法国思想家提出的一些声明和步骤，它试图描述各种人类行为背后潜藏的结构。巴特写道：“所有结构主义行为的目标，无论是反思性还是诗性的目标，都是要‘重构’一个客体，从而揭示让它得以运作的规则。”他得出结论，结构主义的“新意在于提出一种思想模式（或者说，一种‘诗学’），不再只是将完成后的意义分配给它所发现的客体，

图10 书桌旁的巴特。

而是要知道意义如何成为可能，要付出何种代价，通过何种方式”（第218/218页）。他督促文学专业的学生——

> 在伦理层面上，批评家的目标并非阐释作品的意义，而是对于制约意义生产的种种规则和约束提出新的看法……批评家不负责重构作品的讯息，而是关注它的体系。语言学家则不负责解读句子的意义，而是关注使意义传递成为可能的形式结构。
>
> 第259—260/256—257页

为了理解最有趣、最具创新精神的文学作品如何运作，人们必须重构被这些作品戏仿、抵制和扰乱的规范体系。

我们可以区分文学的结构主义研究的四个方面。首先，结构主义研究试图用语言学术语来描述文学语言，从而抓住文学结构的特点。巴特频繁使用语言学类别来讨论文学话语。他对于埃米尔·本维尼斯特提出的一对区分特别感兴趣，本维尼斯特提议把指涉语境的语言形式（比如，第一和第二人称代词，诸如**这里**、**那里**、**昨天**之类的表述，以及部分动词时态）与非指涉的语言形式区分开来。这一区分帮助巴特对叙事技巧的某些方面进行分析，但他对于语言学采取灵活借用的办法，和部分结构主义者不同，他并不尝试系统性的语言学描述。[13]

第二个主要的理论设想是发展一种“叙事学”，辨认叙事的组成部分及其在不同的叙事技巧中可能采取的组合办法。法国结构主义者的研究方法主要基于俄国形式主义者弗拉迪米尔·帕洛普的研究，他提出的民间故事“语法”描述了这些故事的基本母题及其可能出现的结合。法国结构主义者尤其关注情节，想了解情节的基本要素是什么，如何结合，基本的情节结构是什么，以及如何产生完成和未完成的效果。巴特以此为主题，为《沟通》杂志的一期特刊写了一份长篇导论（《叙事的结构分析导论》，收录于《意象、音乐、文本》之中）。在后来的作品中，他强调情节结构在确保作品可理解性方面的作用，同时也关注打乱叙事预期可能产生的效果。他写道，不可能“在没有涉及由各种基本单元和规则所组成的潜在体系的情况下”，产生一段叙事（《意象、音乐、文本》，第81页）。只有就某种叙事建构与常规的叙事预期之间的关系而言，前者才会具有过度的或者欺骗性的效果。

除了对叙事进行系统性研究之外，结构主义者还试图说明，文学意义如何取决于某种文化之前的话语所生产的文化代码。巴特的《S/Z》一书为这个设想做出了最重要的贡献，稍后我将对此进行讨论。最后，结构主义提倡分析读者在意义生产中所起到的作用以及文学作品如何通过抵抗或顺从读者预期来取得相应的效果。巴特在分析罗伯-格里耶的作品时引入了上述思路，在后来的作品中，他从两个方面进行了相关研究。首先，他声称词语和作品只有与话语惯例和阅读习惯产生联系才有意义，要想理解文学结构就必须研究这些惯例和习惯。因此，读者作为惯例的存储者和使用者就变得十分重要。诗学理论关注作品的可理解性，读者在其中不是被看作个人或主体性，而是一种作用：读者是让阅读成为可能的代码的化身。巴特写道：“那个接近文本的‘我’，本身就是其他文本和代码的复数形式，这些代码数量无穷，或者更确切地说，这些代码已经失落（它们的源头已经失落）……主体性通常被认为是一种充分状态，有了它我才能实现文本，但事实上这种虚假的充分状态只是构成我的各种代码所留下的痕迹，因此我的主体性最终具有各种模式化形象的通用特征”（《S/Z》，第16—17/10页）。读者同样出现在第二种论述中：最有趣或最有价值的文学是那些能够最大程度地让读者得到锻炼的作品，它们对于阅读的结构化行为发起挑战，让人们关注到这些行为。“在文学作品中（在作为作品的文学中），最重要的是让读者不再只是消费者，而是文本的生产者”（第10/4页）。在结构主义的大力倡导下，读者在文学批评中成为核心人物。如果正如巴特所说，“读者的诞生必须以作者的死亡为代价”，作者不再被视为意义的根源和仲裁者，那么这正是他愿意付出的代价（《语言絮谈》，第69/55页）。

结构主义试图弄明白我们如何理解一个文本，这一尝试使得人们不再把文学看作表征或交流，而是由文学秩序和文化的话语代码所生产的一系列形式。结构主义分析并不打算发现潜藏的意义：巴特写道，一部作品就像一个洋葱，“多个层次（或多重表面，或多个体系）叠合在一起，它的体内没有心脏，没有内核，没有秘密，也没有不可化约的原则，只有把它自身包裹起来的无穷的表层——这些表层包裹的不是别的，就是自身的集合”（《语言絮谈》，第159/99页）。结构分析并不对文本进行“解释”，而是从文本内容开始，进而分析相关代码的运作，“辨认它们的术语，勾勒它们的次序，同时也假设其他代码，并通过最初研究的代码来对后者进行分析。”[14]他在《作者之死》中这样写道：

在写作的多重性中，一切都将被拆散，没有任何事物得到阐释；可以顺着结构去分析，看它在每个节点和每个层面如何“脱丝”（就像袜子的丝线那样），但在它的底下一无所有：要在写作的空间里四处搜索，而不是刺穿它；写作不停地呈现意义，同时又不停地消散意义。写作一直致力于系统性地消除意义。正是通过这一方式，文学（从现在开始，更恰当的说法是**写作**）拒绝为文本（以及作为文本的世界）分派一个“秘密”，一个终极意义，由此文学释放出一种我们可以称之为“反神学的”行为，这是一种真正的革命行为，因为拒绝固定意义最终就是要拒绝上帝和他的化身——理性、科学、法则。

《语言絮谈》，第68/53—54页

让意义之线“脱丝”的拆散行为：这就是巴特在他最具雄心和最持久的结构分析《S/Z》中所采取的模式，这部作品对巴尔扎克的中篇小说《萨拉辛》逐行进行了讨论。他把文本拆分成片段（或者按他本人的说法，拆分成“文段”），在此基础上他辨认出片段赖以运作的代码。每个代码都是积累的文化知识，它使读者可以把作品中的细节看作对于某个特定功能或序列的贡献。例如，**情节代码**（巴特常常借用希腊语来创造术语）是一系列行为模式，用来帮助读者把细节纳入情节序列之中：因为我们有某些程式化的模式，诸如“陷入爱河”、“绑架”或“承担一次危险的任务”，所以我们才能暂时地把我们所读到的细节分门别类并加以组织。**阐释代码**统管神秘和悬念，用来帮助我们辨认谜团，并且对细节加以梳理以便解开这个谜团。**意义代码**提供程式化的文化形象（比如，性格范式），用来帮助读者把点点滴滴的信息整合在一起，创造出人物形象。**象征代码**引导读者从文本细节转到象征性阐释。巴特在《S/Z》中所说的**指示代码**后来又细分为一系列文化代码，可以把它们看作是数量众多的手册，用来提供文本所需的文化信息。[15]巴尔扎克描写兰提伯爵时，说他“像西班牙人一样忧郁，像银行家一样无聊”，此时巴尔扎克

图11 高等实用研究院的研讨班合影，1974年。

就是在利用这些程式化的文化形象。同样，在描写萨拉辛欣赏完赞比内拉的歌唱表演，走出剧院时，他说萨拉辛的心中“充满了难以言表的忧伤”，我们的文化仿真模式告诉我们，要把这句话解读为深情投入的标记。“虽然全都源自各种书籍，这些代码（具有与资产阶级意识形态正好相反的特征，后者将文化变成自然）充当了真实的根基，同时也成为了‘生活’的根基”（《S/Z》，第211/206页）。

巴特在经典文学和现代文学作品中辨认各种代码，并且点评它们在这些作品中起到的作用，他的目的不是要阐释《萨拉辛》，而是要把它作为一个互文性建构物，作为各种文化话语的产物来加以分析。他在《作者之死》中写道：“我们现在知道，文本并不是释放单一的‘神学’意义（一位作者-上帝所传递的‘讯息’）的一连串词语，而是一个多维的空间，各种写作（均非原创）在其中混合、碰撞。文本是出自无数文化源头的一系列引言”（《语言絮谈》，第67/52—53页）。巴特高度关注代码的这种引述作用，比如，他描述了可读文学所采取的反讽策略。指示代码如果一味服从原先的用法，很快就会变得枯燥乏味。

> 经典的弥补措施……是通过叠加另一种代码，让后者以超然的态度评述前者，从而把前面的代码变成一种反讽……比如，作品中萨拉辛“曾经希望得到一间有微弱光线的房间，一个满怀嫉妒的竞争对手，死亡和爱情，诸如此类”。这样的话语混合了三种交织在一起的代码……激情代码确立了萨拉辛理应具备的情感，小说代码把这种“情感”变成文学：这种代码属于一位天真的作者，他毫不怀疑小说是一种**恰当的**（自然的）表达激情的方式。反讽代码探讨了前两种代码中的“幼稚”成分：就像小说家承诺要谈论角色（代码2）那样，反讽者承诺要谈论小说家（代码3）……在这种代码交织的基础上再前进一步就足以产生……对巴尔扎克的戏仿。这种冒险前进的结果会怎样？它不断超越之前的阶段，渴望无限，凭借着这一过程带给它的全部力量，它构成了写作。
>
> 《S/Z》，第145/139页

可读的写作允许读者确定什么是最终代码（比如潜在含义，“这是反讽”）。然而，像福楼拜这样的作者，

> 在运用一种充满不确定性的反讽时，激发了写作中一种有益的不安：他拒绝停止代码运作（或者以非常糟糕的方式做到这一点），结果就是（毫无疑问，这是对于写作的真正考

验）人们从不知道究竟他是否为他所写下的内容负责（在他的语言背后是否存在一个主体）：因为写作的本质（即构成作品的意义）在于回避“谁在说话”这一问题。

第146/140页

巴特为了追求代码而拆解文本，这一做法使他能够对文本进行细读，同时又抗拒英美学者关于细读的看法，即认为作品的每个细节都有助于达成整体的审美统一。巴特关注作品的“多元”性质，他拒绝寻求一种整体的统一结构，而是想知道每个细节如何运作，和哪种代码发生联系，同时他也证明了自己善于发现各种代码的功能。[16]例如，部分描述性细节明显多此一举，它们没有与任何推动情节发展、揭示人物性格、制造悬念、产生象征意义的代码构成联系，因而这些细节的目的在于造成一种“现实感”：正是通过对意义的抵抗，它们完成了意指，“这就是真实。”[17]

《S/Z》的悖论在于，它提出的类别公然否定了经典的、可读的文学作品，巴尔扎克的作品是这类作品的典范，但是它所做的分析却将一种诱人的、强有力的复杂性赋予了巴尔扎克的一部中篇小说。《S/Z》依赖于可读与可写之间的区分，同时也依赖于经典写作（顺从我们的预期）与先锋写作（我们不知道该如何读，但在我们的实际阅读中必须自行创作）之间的区分。虽然《S/Z》宣称“可写是我们的价值”，但它却采取了一种可读的故事形式，只不过书中的分析并没有揭示一种枯燥的可预测性，而是让故事变得开放，让故事对它自身的代码以及它所处的文化中的意指机制进行敏锐且实用的反思。“《萨拉辛》展现出表征的含混性，以及符号、性和财富不受控制的流动”（第222/216页）。它宣称打破常规的先锋文学具有优越性，从而促进形成了一种智识氛围，巴尔扎克的爱好者可以在这种氛围中努力把他的作品从欣赏性的经典阅读中抢救出来，将其看作是探索自身意指过程的写作。就效果而言，巴特在这里所做的分析具有典范意义：总体上，结构主义分析基于对符合常规的作品和违反常规的作品所做出的区分，这种区分最终在最出人意料、最传统的地方发现了一种激进的文学实践——由此颠覆了文学**史**的概念，同时也颠覆了巴特最初做出的区分。这是巴特的结构主义所取得的主要成就之一（或许这也是他的秘密目标）。

《S/Z》是巴特观点的**全面表述**——汇集了他关于文学的看法，同时也为不同的，甚至是矛盾的理论设想提供了共同的立足点。一方面，它显示出强烈的科学性和元语言性的驱动力，把作品拆分成各种组成部分，并且以理性和科学的态度加以命名和分类。它试图解释读者如何来理解小说，通过这一尝试，它对于《批评与真实》中所勾勒的诗学理论做出了贡献。不过另一方面，巴特和其他人都认为，他从《S/Z》开始放弃了结构主义的理论设想：巴特坚持认为，他不是把作品看作一个潜在体系的外在表现，而是要探索作品与自身的差异，探索作品难以掌握、不确定的意义，以及作品如何展现作为其根基的文化代码（第9/3页）。《S/Z》同时被视作结构主义和后结构主义的极端例子，这一现象说明，我们应该带着怀疑的眼光去看待这样的区分。我们从一开始就应该记住，结构主义者试图描述文学话语的代码，而这种尝试关系到先锋派的文学作品（如罗伯-格里耶的作品），他们要研究这些作品如何凸显、模仿和违背那些惯例。

当然，在结构主义的科学雄心和被称之为“解构主义”的后结构主义分支之间存在明显的差异，[18]后者的特点在于说明话语如何暗中破坏它们所赖以存在的哲学前提，但这一差异很容易被人夸大。结构主义写作一再求助于语言学范式，从而把批判性思维的重点从主体转到话语，从作为意义源泉的作者转到在社会实践的话语体系内运作的规约体系。意义被看作代码和规约的效果——有时候也被看作违反规约的效果。为了描述这些规约，结构主义提出了各种科学分支——关于符号的普遍科学、关于神话的科学、关于文学的科学——这些分支被当作各种理论分析的方法依据。但在每种理论设想中，人们关注的往往是那些位于边缘的现象或者问题丛生的现象，它们有助于识别将它们排除在外的规约，而它们的力量也取决于这些规约。科学的概念或者说关于形式的普遍"语法"的概念被当作方法依据，用来分析某些作品，这些作品专注于研究不符合语法的或者偏离常态的现象，比如人类学对于污秽或禁忌的研究，以及米歇尔·福柯对于疯癫和监禁的结构主义研究。可以说，全面科学的设想在结构主义中起到的作用相当于全面质疑的做法在后结构主义的某些分支中起到的作用：无论是完全的科学还是完全的质疑，都不可能做到，但是要想对话语的运作进行令人信服的分析，这两种努力都必不可少。在《S/Z》中，巴特的研究经历了剧变，从结构主义转向后结构主义，这是巴特本人试图传递的印象，但《S/Z》所关注的问题在他各个时期的作品中持续存在。更加明显同时也更加重要的是另一种转变，那就是当巴特声称他自己是个享乐主义者时，他的形象所发生的变化。

第八章

享乐主义者

1975年，巴特在一次访谈中解释了“愉悦”一词在他作品中的重要性，他说他想要“为某种享乐主义负责，这是一种名声狼藉的哲学思想的回归，它已经被压抑了数个世纪”（《访谈录》，第195/206页）。《文之悦》是这一复兴尝试的主要记录，但愉悦在巴特的其他作品中也扮演着重要角色。他在《罗兰·巴特自述》中这样问道：“思想对于他来说，如果不是一阵愉悦的感觉，那又是什么？”（第107/103页）。他在《萨德、傅立叶、罗犹拉》中宣称：“文本是愉悦的客体”（第12/7页）。但愉悦必须要**被感受到**。“文学的挑战就是，这部作品如何能够与我们产生关联，让我们感到震惊，让我们变得充实？”[19]

《文之悦》是关于文本愉悦的理论，但同时也是一本手册，甚至是一篇忏悔。巴特写道：“一个故事让我感到享受的部分，并不是它的内容，甚至也不是它的结构，而是我在光滑的表面所施加的摩擦：我快速前进，我跳跃，我抬头，我又再次埋头阅读”（第22/11—12页）。愉悦或许来自**漂移**，“每当我**不在乎整体**的时候，就会出现”这种情况，他的注意力被看似模糊、戏剧化，甚至有些过度精确的语言所吸引（第32/18页）。比如，“精确状态”这个词让他感到愉悦：“在《布瓦与贝居榭》中，我读到了这个句子，它让我感到愉悦：‘布料、床单和餐巾正垂直晾着，木制的夹子把它们固定在紧绷的绳子上。’在这个句子中，我欣赏一种过度的精确，一种对于语言的精确状态的迷恋，一种描述性的疯狂（在罗伯-格里耶的作品中会遇到这种情况）”（第44/26页）。巴特用日常生活的细节描述着他在阅读小说、传记或历史作品时所感受到的愉悦，他进一步设想一种基于消费者愉悦的美学和“一种关于阅读愉悦（或愉悦的读者）的分类研究”，其中每种阅读症状都能找到特定的文本愉悦：拜物主义者喜欢片段、引言和特别的表达方式；强迫症患者喜欢操控元语言、注释和阐释；妄想狂喜欢进行深度阐释，发掘秘密和内情；歇斯底里者充满了狂热，他放弃全部的批评距离，全心投入文本（第99—100/63页）。

对于阅读和愉悦的讨论看似在倡导文本的神秘性，但巴特坚持认为，“正好相反，全部努力在于将文本的愉悦以物质形式表达出来，让文本成为**愉悦的客体，就像其他类似事物一样**……最重要的是让愉悦的场域变得平等，废除实际生活和思想生活之间的虚假对立。文本的愉悦就在于：提出声明，反对分裂文本”，并且坚持将情欲投注扩展到所有类型的客体，包括语言和文本（第93/58—59页）。

为了将文本引入愉悦的场域，巴特向身体发出召唤：“文本的愉悦就发生在我的身体追求自身思想的那一瞬间”（第30/17页）。他还说：

> 每当我试图“分析”一个带给我愉悦的文本时，我所遇到的不是我的“主体性”，而是我的“个体性”，这一给定的特质将我的身体与其他身体分离开来，并且将苦难或愉悦挪为己用：我所遇到的正是享受中的我的身体。这个享受中的

身体也是我的**历史主体**：因为正是在一个复杂过程的结尾阶段——这个过程把传记、历史、社会学和神经症的各种要素（教育、社会阶层、童年经历等）结合在一起——我努力在（文化）愉悦和（非文化）狂喜这两种矛盾力量的相互作用中取得平衡。

第98—99/62页

指涉身体是巴特所做的总体尝试的一部分，他试图对阅读和写作提出一种物质性描述，这一做法有四项特定功能：首先，引入这个出人意料的术语取得了一种有益的陌生化效果，尤其是在法国传统中，自我一直以来都被等同于意识，典型的例子是笛卡尔式的"我思"："我思故我在。"这个自我是一个意识到自身存在的意识，但它并不是体验到文本愉悦的实体："身体"才是巴特用来称呼这个实体的名字——一个总体上更加模糊、更加异质化的实体，相比笛卡尔式的"精神"，它受到的控制更少，对自身的开放程度也更低。

其次，结构主义花了很大力气来证明，具有意识的主体不应该被当作给定物，并被视为意义的来源，而是要把它看作是通过主体发挥作用的文化力量和社会代码的产物。比如，具有意识的主体并不是它所说的语言的主人。我的身体能说、能写、能理解英语，在这个意义上可以说我"懂"英语，但是我不可能意识到构成我的语言理解的庞大且复杂的规范体系。诺姆·乔姆斯基认为，我们不应该说儿童"学习一种语言"，就好像这是一种有意识的行为，应该说语言在儿童内部"不断发展"。他把语言称为一种"精神器官"，把它和身体联系起来，从而强调其中涉及的不只是意识。其他的文化技能所包含的内容同样不只限于有

Doodling . . .

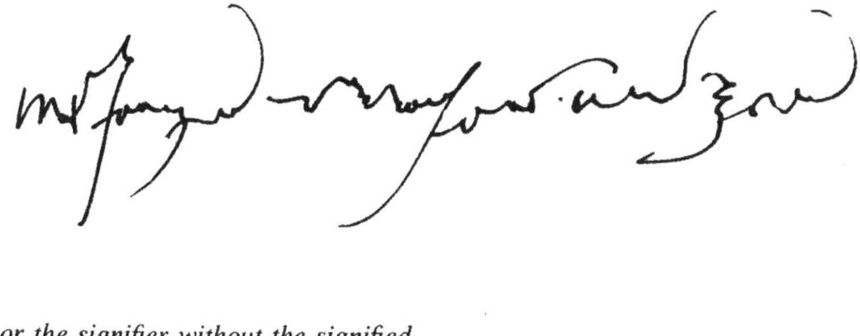

or the signifier without the signified

图12 涂鸦。

意识的理解：葡萄酒的鉴赏家并不能解释如何区分不同年份的葡萄酒，但他的身体知道该如何区分。巴特对于“身体”一词的用法体现了这方面的思考。

第三，巴特在《S/Z》中提出（本书第七章引用了这段话），既然结构主义把主体看作是大量代码和结构力量的产物，我的主体性只是一种虚假的充分性，是所有构成我的代码所留下的痕迹——巴特不得不回避他自己坚持提出的大量问题，只有这样他才能谈论主体的愉悦，但是他需要一种适当的谈论方式，从而来解释摆在面前的事实，即一个人能够阅读和欣赏一个文本，无论他的主体性多么刻板或者泛化，某些感受必须被视为他特有的体验。**身体**这一概念允许巴特回避主体存在的问题：他求助于“这一给定的特质，它将我的身体与其他身体分离开来，并且将苦难或愉悦挪为己用”，从而强调自己不是在谈论主体性。当一位俄罗斯领唱者歌唱的时候，“这个声音不属于个人：他所表达的不是领唱者本人，不是他的灵魂；它不是原创的，但与此同时，它又是个人的：它让我们听到一个没有身份、没有‘个性’的身体，但这个身体同时也是一个分离的身体”（《意象、音乐、文本》，第182页）。作为对巴特“语法”的戏仿之作，《轻松学会罗兰·巴特》很好地抓住了这个主题；它指出，在罗兰·巴特的作品中，你意识到你不能光靠说“毫无疑问，这是因为你的身体和我的不一样”这样的话来和别人达成一致。[20]

第四，用“身体”替代“精神”符合巴特对于能指的看法，他强调能指的物质性是愉悦的源泉之一。当听到歌唱的时候，他更愿意使用具有身体意味的“声音的质地”这样的表述，而不是表现、意义或发音。在日本的时候，日本文化对于外国人而言所呈现的模糊特质（他不能理解对于本国人来说显而易见的意义）

让他欢欣鼓舞。他所目睹的一切变成了令人愉快的身体运动的展示："在那里，身体存在"（《符号帝国》，第20/10页）。

不过，虽然有这些特定的目的，求助于身体的做法总是可能陷入神秘化的困境。巴特自己的表述有时说明，来自身体的体验更深刻，更真实，而且比其他事物更加自然。"我可以用语言做一切事，但**身体却做不到**。我用我的语言来掩盖的内容，我的身体却把它说了出来"（《恋人絮语》，第54/44页）。听一位俄罗斯领唱者歌唱："那里有某个事物，显露在外，难以去除，它超越了词的意义（或者说，位于意义之前），它就是这位领唱者的**身体**，从胸腔、肌肉、膈膜和软骨的深处，从斯拉夫语言的深处，传到你的耳朵里"（《意象、音乐、文本》，第181页）。把文本分析看作是基于享受的身体，这实际上就是宣称这样的分析具有相当程度的本真性——远比基于怀疑的头脑更加真实。《轻松学会罗兰·巴特》注意到，当被问到一个声明背后的权威性时，像罗兰·巴特那样说话的人应该回答："我在我的身体那里开口说话。"巴特后来肯定了这一分析的灵敏性，在《明室：摄影札记》的开头，他问道："关于摄影，我的身体知道些什么？"（第22/9页）——这个问题以身体知识的优越性作为前提，它希望听到这样的回答："甚至比你的头脑所知道的还少。"

如果，就像在巴特的用法中时常出现的那样，"身体"是"主体"的替代品，那么这个术语就提供了一种方式，既能够避免讨论无意识和精神分析，同时又不必放弃对于自然的诉求，这样的自然相比有意识的思维更加基本。巴特提出，对于过往时代的任何作家来说，"任何时候，只要是身体（而不是意识形态）在写作，那么总有取得'先锋'效果的机会"（《访谈录》，第182/191页）。对于身体的召唤意味着，在作家思想所呈现出的稍纵即逝的文化特征背后潜藏着某种自然根基；与此同时，对于身体的召唤也造成了巴特在“人的家族”中曾经分析过的神秘化现象，他在这篇文章中指出，某些照片试图在人类身体中定位一种普遍自然，这样的自然超越了文化条件和制度的表面差异。

巴特非常了解在诉诸身体（或者说，诉诸欲望；在近来的法国思想中，欲望同样被用作自然的新代名词）的过程中可能伴随出现的神秘化现象。《意象、音乐、文本》注意到，有机总体概念（它“必须被分化”）的神秘力量很大一部分来自它对于身体的暗中指涉，把身体视为统一的总体性所呈现的形象（第174页）。《罗兰·巴特自述》把**身体**视为他的“自然力量-词汇”：“这个词具有热情、复杂、难以形容，甚至有些神圣的意指效果，它造成幻觉，让人以为这个词可以解释一切”（第133/129页）。但在他的新享乐主义中，巴特既不愿意放弃这个术语，也不愿意放弃对于自然的潜在指涉，他的新享乐主义时常把自然带入到他的写作中。他曾经无情地揭露资产阶级想要以自然取代文化，从而消灭智识，完全依靠直接“感知”或本能，但现在他却写出这样的话：“我确信自己听到——身体带来的确信，兴奋带来的确信——拨弦键琴所演奏的万达·兰多芙斯卡的乐曲源自她的体内，而不是来自这么多演奏者琐碎的手指弹拨（他们的人数如此之多，以至于它变成了一种完全不同的乐器）”（《意象、音乐、文本》，第189页）。这是一个截然不同的巴特？

事实上，除了我刚才提到的策略功能，诉诸身体几乎没有任何解释效力。在《明室：摄影札记》中，巴特问道：“对于摄影，我的身体知道些什么？”他只发现某些照片“为我存在”。随后，他“提出一条结构主义法则”，一条对比法则：一张照片的“感知层面”（这是巴特采用的名称），是人们借助总体文化和对于世界的理解——对于被表征物的理解——所得到的感受，而一张照片的“刺点”，则是打断或者扰乱那一场景的事物，“刺痛**我**的事件”（第44—49/23—27页）。巴特得出结论：“我不得不承认，我的欲望是一种不完美的中介物，主体性一旦沦为享乐主义思想，就不可能接受普遍性”（第95/60页）。（在《明室：摄影札记》的第二部分，他进一步把摄影与爱情和死亡的总体力量联系在了一起。）

尽管《文之悦》一再指涉身体的愉悦，但它同时也是一部理论作品。它把《S/Z》中提出的“可读”与“可写”之间的区别改为了“喜悦”与“迷乱”这两种愉悦感受之间的非均衡的对立关系。有时，**愉悦**被用作各种阅读愉悦的通用词汇。“一方面，当我必须提及文本的过度状态时，我需要一种泛指的‘愉悦’……另一方面，当我需要把欣喜、充实、舒适（当文化自由渗透时所产生的充足感觉）与震惊、扰乱甚至失落（它们适合迷乱）区分开来的时候，我需要一种特指的‘愉悦’，它是作为总体的大写的愉悦的一部分”（第34/19页）。巴特不时地强调这一区分：愉悦的文本是可读文本，我们知道该如何读这样的文本；迷乱（“jouissance”一词不幸被英译本的译者误译成“bliss”）的文本是“施加了一种失落状态的文本，它让人感觉不适（或许还会产生某种厌倦），扰乱了读者的历史、文化、心理等种种假设，也破坏了他的品味、价值观和记忆的一致性，让他和语言的关系产生了危机”（第25—26/14页）。

这本书探寻两种文本或两种关于文本的视角之间的关系（历史学、心理学与类型学），在坚持区分的重要性之余，还多次提出，文本愉悦和文本效果取决于能否在舒适的愉悦文本中找到迷乱的时刻，或者能否让迷乱的后现代写作变得充分可读，

图13 与女演员玛丽–弗朗丝·皮西尔演对手戏，在安德列·泰西内导演的电影《勃朗特姐妹》中，巴特扮演了萨克雷。

从而能产生干扰性的、强烈的、令人异常兴奋的效果。巴特写道："文化本身或文化的毁坏都不会引起欲望，真正引发冲动的是它们之间的缺口……给愉悦留下深刻印象的并不是暴力；破坏不会让它感兴趣，它渴望得到的是失落、缝隙、切口和收缩的场所，是在读者迷乱的时刻将其抓住的**消散**"（第15/7页）。在激发欲望方面，裸体还不如"服饰留出缺口"的部位（第19/9页）。先锋派技巧（或者说，对于传统预期的干扰）作为可读话语中的缺口，在惊奇之余更能让人愉悦：例如，福楼拜有"一种方法能割开缺口，在话语中打孔，并且不至于让话语变得毫无意义"（第18/8页）。"文本需要它自身的影子，**些许**意识形态，**些许**表征，**些许**主体：鬼魂、口袋、踪迹、必要的云彩。颠覆必须产生它自身的**明暗对比**"（第53/32页）。即便如此，巴特说，不连贯、消散、不确定和不可读的时刻意味着某种厌倦。他说："厌倦与迷乱相去不远，它是站在愉悦的岸边所看到的迷乱"（第43/25—26页）。"不存在**真诚的**厌倦"——它只是根据其他要求所获得的迷乱。

关于厌倦的这条格言可以说明巴特在《文之悦》中所做的努力。通常我们认为厌倦是一种直接的情感体验，但它也是一种主要的理论类别，在任何阅读理论中都起作用。如果人们仔细阅读左拉小说中的每一个词，他们就会感到厌倦。同样，如果人们尝试快速浏览《芬尼根的守灵夜》，希望能借此了解小说情节，他们也会感到厌倦。对厌倦进行反思就是要思考文本以及它们所需要的阅读策略，这一举动更多的是一种理论，而不是忏悔。如果说《文之悦》看起来并没有严肃对待自己，没有把自己当作一本理论著作，而且刻意避免连贯性，这并不意味着读者就不用严肃对待这部作品，读者应该把它看作是一项绵延的理论规划中的若干片段。

巴特复兴享乐主义的尝试或许是他最难评价的理论设想，因为一方面这种尝试沉溺于他之前曾成功揭露的神秘化运作，另一方面它又持续地向智识的正统地位发起挑战。当代最强有力的理论设想（尤其是巴特曾经支持的那些）都把愉悦看作不相干的内容，放到一边，因此他宣扬享乐主义的做法是一种激进的举动。但与此同时，他褒扬文本愉悦的立场又将文学批评引向了传统主义者从未放弃的那些价值观，而对于许多人来说，他对于身体愉悦的指涉造就了新的巴特形象，不再像从前那样令人生畏，不再偏重科学或智识。他公然反抗他曾经协助创立的智识氛围，这一举动在某种程度上让他更适应广大公众的品味，他们如今在他的身上看到了一个熟悉的形象：感情细腻的、自我放纵的文人，书写他自己的兴趣和愉悦，对于基本的思维方式不构成任何挑战。巴特的享乐主义在某种意义上既是策略性的，又是激进的。因为倡导享乐主义，他一再受到他人的指责，被施加了自满的罪名。《作家索尔莱斯》谈到了“从能够带来感官享受的客体到话语的转变过程”所带来的核心愉悦，有了这种愉悦，最严肃的写作也不再让人厌倦。索尔莱斯的作品“《H》是一片词语的森林，我在其中寻找能够**打动**我的事物（当我们还是孩子的时候，我们时常在乡下搜寻藏在那里的巧克力蛋）……我等待着能够触动我并且**为我**确立意义的片段”（第58/77页）。虽然在情感上试图造成一种突降效果，上句括号中的内容或许是巴特作为作家最大胆的瞬间之一，但读者在阅读这样的片段时应该带着些许警惕。

第九章

作家

当巴特在《罗兰·巴特自述》中回顾自己的作品时，他没有把自己界定为评论家或符号研究者，而是以作家自居。他没有考虑他所强调的概念是否正确，而是关注它们作为写作策略所产生的效果：它们“让文本得以运作”，它们“允许他发表看法”。母亲的去世让巴特想写她，而他在法兰西学院最后开设的课程，关于“小说的准备工作”，显示出他对于作家的生活细节非常感兴趣：他们如何利用自己的时间，他们的工作空间，他们在写作时所经历的社交生活。在访谈以及《罗兰·巴特自述》中，他讨论了自己“与写作工具之间的关系”（更喜欢钢笔，而不是圆珠笔或打字机），还有他的写字台布置和日常安排——《轻松学会罗兰·巴特》一书对这些讨论做了精彩的戏仿。巴特曾经宣称，对于真正的作家来说，**写作**是一个不及物动词：他们不是在写**某件事**，纯粹就是在写作。[21] 现在，他用这样的话来介绍他自己的作品：他的工作不是分析特定的现象，而是**写作**。《罗兰·巴特自述》并非要对他过去的著作发表评论：“我放弃那种精疲力竭地追寻过往自我的做法，我不想**复原**我自己（就像我们在谈论一座纪念碑时那样）。我不会说：‘我要描述我自己’；而是想说：‘我在写一个文本，我把它称为R.B.’”（第60/56页）。他认为，他的全部作品都在暗中试图复兴纪德式的日记体裁，作为一种文学形式，这些片段把自身作为分析对象，探寻作家与写作之间的关系。

即便在他还在提倡新科学的时候，巴特也赋予了自己作家的特权，那就是窃取和利用其他学科的语言。《神话学》中，《当今的神话》这篇文章的第一段就告诉我们，神话是“一种言论”，“一种沟通体系”，“一个讯息”，同时也是“一种意指模式”。当他这样表达的时候，他没有考虑在语言学中这些术语之间的重要区别。后来，他与概念之间的这种“作家”关系更加明显，这成为他作品的主题之一。他说，《明室：摄影札记》源自“一种含混、偶然，甚至有些愤世嫉俗的现象学，它随时可能扭曲或者回避它的基本准则，以求适合我的分析”（第40/20页）。《罗兰·巴特自述》中的一个片段用不同的话描述了这一倾向：

对于包围着他的系统来说，他是什么？一个回音室：他拙劣地复制思想，他顺从词语，他寻访词汇（对它们毕恭毕敬），他**召唤**概念，他以某个名义复述这些概念；他像使用标志一样使用这个名字（从而进行某种哲学性的象形表意实践），有了这个标志，他就不必再遵循标志所属的系统，在这个系统中标志是能指（作用就在于为他制造一个符号）。比如，“移情”这个术语源自精神分析，看似只限于这一领域，但它迅即脱离了俄狄浦斯情结这一原始语境。拉康的术语“想象界”经过扩展后，与经典的“自恋”概念产生交集……“资产阶级”一词继承了马克思主义的完整基调，但却一直朝着美学和伦理学方向偏移。毫无疑问，词语通过这样的方式发生变化，各个系统达成沟通，现代性得到尝试（就像我们在不知道如何使用收音机的时候，会试着按下所有的按钮），但由此而创造的互文本只停留在**表面：它以松散的方式**产生联系。这个名字（哲学的、精神分析的、政治的、科学的）与原始系统仍然保持一线联系，没有被切断：紧抓不放，漂移不定。毫无疑问，造成这一现象的原因是，我们不可能在渴望一个词的同时，又对它盖棺论定：想要抓住这个词的欲望占据了上风，但与此同时，部分愉悦也来自某种词义的变动。

第78/74页

不管把一个术语从它的原始体系中解放出来能带来多少愉悦，“词义的变动”对于巴特的写作来说至关重要；后来他放弃了这一原则，改为自行发明术语，放弃了来自其他话语的支持，所产生的效果截然不同。巴特一直钟爱分类，过去他常常采用专业术语或者从希腊语中借用。在《论拉辛》中，他坚持认为，有三种文学史：文学所指的历史、文学能指的历史和文学意指行为的历史。使用构成整体并且有思想体系作为支撑的若干术语，会让这样的分类显得合理、可信，哪怕这些术语脱离了本义，被挪作它用。作为比较，不妨来看《作家索尔莱斯》中的分类，巴特在这本书中提出，有五种解读索尔莱斯的方法，大体上可以翻译为：刺穿式、品尝式、展开式、鼻子贴地式和全景式（第75—76/89—90页）。这一分类具有双重比喻用法：首先，这些类别看起来就像是模式或钥匙（“**在**全景模式**中**”的解读）；其次，它们来自截然不同的话语领域。它们之间没什么共同点，只是以间接的方式被用于阅读。“刺穿式”阅读就是从各个地方挑选出喜欢的短语，“品尝式”阅读就是要详细体会某些特定内容，“展开式”阅读就是要快速平稳地前进，而“鼻子贴地式”就是要逐词阅读。最后，“全景式”阅读采取总体概览的方式，把文本看作是背景中的一个客体。我们可以把这样的分类方法称为一次性分类：很有帮助，或许称得上睿智，但没有理论立场，其他人基本不可能把它纳入阅读理论。巴特继续发表他的理论声明，但他所使用的表述方式却恰恰破坏了这些声明的理论地位。

作为一个作家，他卓尔不群，令人敬畏：他是法语散文大师，为学术讨论创造了一种新的、更富活力的语言。他采用一种极度松散、大量采用同位语的句法，把众多短语和分句串在一起，这些短语和分句从不同角度对一个现象进行描述，由此他可以将具体的质感赋予抽象概念。他的创作艺术的根基在于术语的应用，把它从通常的语境用到一个截然不同的新语境之中，或许在他运用的隐喻中这一做法最为明显。他在这些隐喻用法中明确揭示了原先的语境："我不是要修复我自己（就像我们说修复一座纪念碑那样）"，"免除意义（就像人们免除兵役那样）"。巴特把他的想象力描述为"同构的"而不是隐喻性的，目的在于比较不同系统而不是特定的客体（《罗兰·巴特自述》，第62/58页）。这既是他的风格特点，也是他所采取的总体分析策略的特点，当他把某个活动视作一种语言，找出其中蕴含的构成部分和差异时，就会表现出这一特征。

《符号帝国》是他在批判性和分析性著作之外所写的第一部作品。他说，日本"在写作层面上极大地解放了我"（《访谈录》，第217/229页）。他发现，在日常生活中，在他眼前有若干事物和实践能够激发一种快乐的写作，一种快乐的《神话学》，它属于某个与我们形成鲜明对照的异域文明。他没有想象一个虚构的乌托邦，而是这样写道："无须以任何方式描述或分析任何现实，[我就能够]从世界的某处选择一些特征（一个用图形或语言来表达的术语），用它们来构成一个体系。这个体系正是我所说的‘日本’”（第93/71页）。二十六篇较长的片段对于这个文化的某些方面进行了思考——食物、戏剧、脸、没有实质内容的精美包装、俳句、投币机——这些片段勾勒出巴特的乌托邦，精湛的技巧在这里占据上风，形式没有了意义，一切都是表层。那个创造了经济奇迹和技术优势的资本主义的日本没有露面，但巴特知道，他不该刻画理想化的日本形象，因为在当时，他的一些朋友正通过《泰凯尔》杂志宣扬毛泽东和中国的文化大革命。不管现实如何，日本让巴特置身于写作的情境之中。

《罗兰·巴特自述》或许是这位作家最值得称道的一次表演。书中收录的片段按字母顺序排列，一些片段以第一人称自述，另一些则采用第三人称叙述，这些片段的标题都很随意，很可能是事后补加的，以显示各段之间的联系。这本书“不是他的思想之书”，而是“他对于自己思想的抵抗之书”（第123/119页）。由于书中的自我批评，这本书对于读者具有诱惑力，人们把它作为一种权威性的导读，尤其因为它否认了自身的权威：“我所写的关于我本人的文字并非**盖棺论定**：我越是‘真诚’，就越有被阐释的可能……我的文本相互脱节，没有哪个文本能够涵盖其他任何一个；后者只是一个**进一步**的文本，在文本序列中排在最后，但不代表终极意义：**文本**不断累加，永远不澄清任何意义”（第124/120页）。

他抗拒自己的思想，他谈论“R.B.”，不是为了分析他自己，而是为了“呈现一个形象-体系”——围绕着他本人的形象，安排好它们的位置，就像舞台上的布景屏，靠近两翼的部分更突出一些，其他的部分更靠后一些。他提供童年时代的回忆，比起之前他对于自己人生的点评，这部分回忆更加积极，更加怀旧。

他毫不犹豫地勾勒出他本人的生存状态——平静的中产阶级生活，尤其是当他在乡间度假的时候。他说，“显然，当我暴露私人生活最多的时候，也就是我暴露自我最多的时候”，因为根据左翼知识分子的**信念**，真正的“私人的”、不体面的生活，“是琐碎的行为，是主体所表露的资产阶级意识形态的痕迹”（第85/82页）。当巴特采用这些术语的时候，他的确冒了一定风险，虽然在其他话题上，这本书令人惊讶地有所保留。他提及他的母亲，但从未提到他同母异父的弟弟（在他的写作中，有某种含混的动机系统性地将这个兄弟排除在外，仿佛他的想象力要求他的母亲只为他一个人存在）。虽然他大肆宣扬身体，但在与性有关的话题上却从不轻率。论“女神H”的一个片段这样写道：“变态（在本例中，指两种以字母H开头的行为：同性恋和烈性大麻）所获得的潜在愉悦总是被低估”（第68/63页），但没有任何声明或逸事透露他的性生活。他去世后公开的文本，尤其是《事件》，才揭露了巴特并不快乐的同性恋生活：他一直想着年轻男子，但又拒绝付诸行动；他吐露了自己在那些会面中的失望之情。在“书写自我的时候，在整合形象体系的时候，我把它固定起来，从而保护我自己，同时也披露我自己”（第166/162页）。其中的比例经过仔细计算。

下列片段或许完美地呈现出了巴特的特点，这是一种对于写作的自觉反思：

这本书回荡着一种格言式的基调（**我们**、**人们**、**总是**）。现在格言总是与一种本质主义的人性观相互串通，它和古典意识形态联系在一起：它是最傲慢（通常也是最愚蠢）的语言形式。那么，为什么不拒绝它？理由与情感有关（并且总是如此)。我写作格言(或者说,我描绘它们的运动)的**目的在于重新确认我自己**。当某种干扰出现的时候,我把自己托付给某个超越我的力量的固定物,从而减轻那种干扰对我的影响。"事实上,总是像那样。"于是,格言就诞生了。格言是某种**句-名**,命名就是平复情绪。而且,这也是一句格言:通过书写格言,它减轻了我对于尝试过度言行的恐惧。

《罗兰·巴特自述》,第181/17页

这样的思考的力量取决于它们能否辨认出智识建构背后的情感原因:它们发出呼吁,仿佛在寻找对于世界的解释。但由于产生诱惑的内容是一种强有力的阐释——一种智识建构——读者就像作者本人一样,被困在话语的圈子里。人们越是信任这样的思考,就越是要怀疑它。这种布陷阱的举动正是强有力的写作所带来的必然结果。

作为作家,巴特最受欢迎同时也最不寻常的表演是《恋人絮语》,这是一部源于爱情话语的作品。这种语言——主要是恋爱中的人在独处时所发出的抱怨和反思,而不是与他或她的爱人之间的交流——并不流行。虽然数以千万计的人说着这种语言,在通俗爱情故事、电视节目甚至严肃文学中都充斥着此类话语,但还没有哪个机构来探索、保持、修订、评判、重复这一话语,或者对此负责。

巴特担负起类似的责任,他在这些话语中找到一种方法来制造"准小说":去除情节和人物的小说。在按照字母顺序排列的各个标题下,从**沉醉**到**占有欲**,巴特把不同类型的话语集合在一起:出自文学作品的引言和释义,尤其是歌德的《少年维特的烦恼》;以第一人称所作的声明,一位无名的恋爱者思考并描述

图14 “彼得完全是虚构人物，但作者把他描写得非常好。”

他的处境；还有各种理论写作所带来的思考（柏拉图、尼采、拉康）。这一系列片段，或者说“figures”（这是巴特本人的用法，“figures”在此意为“姿态”），为小说提供了材料，即大量场景加上或热情洋溢或思绪万千的言谈。这里有诱人的暗示，透露个人的爱情故事，但这里没有发展或连贯性，没有情节或恋爱关系的进展，而且没有人物的发展，只有泛化的角色（恋爱的人和被爱的人）。

这些片段的标题是一些与爱情有关的“数字”或“次序”：

如果说有“焦虑”这样一种姿态，那是因为主体有时大喊（毫不顾忌这个词的精确意义）：“我正遭到焦虑的攻击！”“焦虑！”卡拉斯在某个地方歌唱。这种姿态是一段歌剧咏叹调，正如人们也通过咏叹调的**开场白**来辨认、记忆并操控它（“当我被埋下”、“我的眼睛在哭泣”、“当群星闪耀”、“不要哭了，我的命运”）。因此，姿态不同于表达方式，也不是某种韵文、叠句或吟诵，这些方式只能在黑暗中来表述它。

第9/5页

“我想要理解……”，“该做些什么……”，“当我的手指偶然……”，“这不能再继续下去……”，这些是巴特的各种爱情姿态所使用的**开场白**，他说这些句子引出了我们能够**辨识**的片段。“一旦我们能够在一闪而过的话语中辨识出某个被读出、听到、感受到的事物，种种姿态就会形成”（第8/4页）。正如一种语言的语法实质上是对母语者的语言能力所作的描述，目的在于抓住对于这种语言的使用者来说在语法上可以接受的部分，巴特同样试图抓住在恋人的抱怨中可以接受和辨识的部分，其依据是我们的文化代码和样板。他将歌德的《少年维特的烦恼》作为参照，因为对于欧洲文化的大部分地区来说，《少年维特的烦恼》是爱情态度的样板，它为这种感伤的、被忽视的复杂修辞提供了丰富的宝藏。

巴特提出要模拟这一话语，而不是去分析它，但是分析性的内容频繁出现，这位模拟的恋爱者证明了自己是个熟练的分析员，对他的条件和围绕他的符号进行了深入思考。以“当我的手指偶然……”为例，“这一姿态指向与欲望对象的身体（更确切地说，是皮肤）接触所激发的任何内在话语。”人们可能会期盼这位恋爱者专注于身体接触带来的感官快乐，但——

他沉浸在爱河之中：他到处创造意义，无中生有，正是意义让他兴奋：他正在意义的熔炉中。对于恋爱的人来说，每一次接触都引出了如何回应的问题：皮肤被要求做出回答。

（捏手——大量的信息——手掌内的细微手势，不肯移开的膝盖，手臂似乎很自然地沿着沙发后背伸展，对方的脑袋渐渐靠在手臂上——这就是细微的、秘密的符号所占据的美妙世界：像一次节日庆典，不是欢庆感觉，而是庆祝意义。）

第81/67页

恋爱的人生活在符号的宇宙里：与爱人有关的一切都具有意义，他可以花上数十小时来划分和阐释行为的各种细节。“事情很琐碎（它总是如此），但它吸引我用自己所掌握的全部语言去描述它”（第83/69页）。

在描述恋爱者的符号性思维时，巴特花样百出且令人信服。恋爱者常常发现自己陷入了“协商的姿态”，要考虑“该做些什么”：

我对于行为的焦虑毫无用处，而且，永远都是如此。如果对方出于偶然或者疏忽，给了我某个地方的电话号码，让我在特定时刻能够联系上他或她，那么我立即就陷入困惑：我该不该打电话？（仅仅告诉我**可以**打电话，这没有用——那是这条讯息客观而合理的意义——因为正是这一**许可**让我不知道该怎么处理。）

……对于我这样的恋爱主体来说，一切新鲜事物，一切扰乱我的事物，都不是作为一个事实而是作为一个符号被接受的，它必须得到阐释。从恋爱者的角度来说，事实之所以能产生影响，正是因为它立即被转化为一个符号：是符号而不是事实在产生影响（通过它的回响）。如果对方给了我这个新的电话号码，这是个什么符号？是邀请我**立刻**打电话以享受通话的愉悦，还是说通话只是出于需要？我的答案本身将成为一个符号，对方将立刻予以阐释，由此在我们之间开始了交互进行的形象操控。**一切都产生意指**：提出这一观点意味着，我把自己引入圈套，我把自己束缚在计算之中，我让自己远离享受。

有时，对于“虚无”（正如世界对它的看法）的思考使我穷尽了我自己；随即，作为一种回应，我尝试着返回——像一个溺水的人踏在海底——回到一种**自发的**决定（自发性，伟大的梦想，天堂、力量、迷乱）。**继续，打电话，既然你想这么做！**但这样的求助只是徒劳。恋爱时间不允许主体把冲动和行动混为一谈，让它们同时发生。我不是个仅仅“表演出来”的人——我的疯狂得到缓解，它没有被看到；我**立刻**就担心后果，任何后果：正是我的担忧——我的思考——它是“自发的”。

第75—76/62—63页

这样的准小说片段不仅刻画出恋爱者思想的可辨识的姿态，而且生动地展示了意指的机制及其束缚力。恋爱的人、痴迷的阐释者、对于他的阐释困境有着清醒认识的分析者，这些人与符号研究者或神话研究者的不同之处在于话语的情感特质：他把常规符号误当成出于某种动机的符号，把特殊意义强加给周围的平凡事物，并且把这些意义看作是固有的、内在的。[22]这种情感特质“受到当代观点的质疑”，让爱情变得不再时尚，甚至变得“猥亵”，成为文明人不便聚众讨论的话题——它不像性，后者已经被当前的话语所接受，成为一个重要主题。“（历史性的颠倒：现在不体面的话题不再**与性有关**，而是与**情感有关**——以**另一种道德的名义**对它进行谴责）”（第209/177页）。但是，恋爱的情感特质所蕴含的真正的“猥亵性”在于，人们不能光靠公开表露情感来获得夸张的违规效果，以求彻底地出格。“爱情的猥亵是一种极端。任何事物都无法救赎它，赋予它违规行为的积极价值……关于恋爱的文本（几乎不能算作文本）由琐碎的自恋和渺小的心理所构成；它缺乏宏伟：或者说，它的宏伟之处……就在于无法达到宏伟”（第211/178—179页）。

作为萨德侯爵的支持者，巴特努力想要营造一种适合违规逾矩的思想氛围。他认为，重新展示平凡爱情中的情感特质，是对于违抗行为的违抗，是违背正统观念（它看重激进的违规实践）的做法。巴特写出了被人忽视的爱情话语中的种种姿态，在《恋人絮语》中他让我们吃惊，因为他让爱情——借助最荒诞和最富情感的形式——不仅以一种准小说的方式打动了我们，而且成为了符号研究的对象。

第十章

文人

巴特宣称："我没有传记，或者应该说，自从我写下第一行文字开始，我就不再看见我自己。"虽然他回忆并描述了他的童年和青少年时光，但从那以后，"一切都经由写作发生"（《访谈录》，第245/259页）。他不仅对自我进行了敏锐的反思，而且流露出自我贬低的倾向，这些思考以多种多样的想法、宣言和观点的形式表现出来，这是一些不稳定的片段集合，缺乏一致性或中心点："我所写的那个主体缺乏一致性"（第283/304页）。《罗兰·巴特自述》在两种观点之间摇摆。一方面，它抱怨"书写自我"会以虚构的内容取代自我。"在语言之中自由翱翔的时候，我不知道该把自己比作什么；……符号变成了**直观**的对于主体生命的重要威胁。书写自我看起来是个很自大的念头，但同时它也是个很简单的想法，和自杀的念头一样简单"（第62/56页）。但另一方面，这些片段也得出结论——在虚构背后，一无所有：自我是一种话语建构；"主体仅仅是语言的效果"，一个由字母组成的自我（第82/79页）。"我是否知道，**在主体的领域内，不存在指称对象**？……我就是发生在我身上的故事"（第60/56页）。对于他本人，也对于我们大家来说，巴特是文本的集合，不可能通过明确哪一种说法或观点属于真正的"巴特"来消除其中的对立或矛盾——除非"巴特"本身就是用来梳理这些片段的一种建构。

说巴特是个文人，是因为他的人生是写作的一生，是一段和语言共同经历的探险，但到了生命的晚期，巴特扮演了传统意义上的文人角色。他代表着“文学价值”：他热爱语言，尤其是那些精妙的措辞和丰富的意象，他能敏锐察觉客体和事件的心理暗示，他对于各种文化生产满怀兴趣，并且坚持精神生活的重要性。他不仅是个批评家，还是个文学人物。对于他的同时代人来说，他关于文化问题所做出的论断代表着一种文化和美学态度。当他和记者谈起懒散的时候——他生命里接受的最后几次访谈之一就叫作“敢于懒散！”——有理由相信他会给出优雅、新奇的说法，他的话总是带着理论的活力，还有睿智的鉴赏力和对于精神价值的关注。他定期为新书或展览目录撰写序言，讨论食物，看歌剧表演，弹钢琴，回忆童年。[23] 在法兰西学院的就职演说中，他声称“伟大法国作家的神话，寄托所有高雅价值观的神圣形象，已经瓦解了”，一种新的类型已经出现，“我们不再知道——或者说现在还不知道——究竟该如何命名他：作家？知识分子？撰稿人？无论如何，文学的**掌控**正在渐渐消失。作家不再占据舞台中央”（第40/475页）。巴特本人或许就是这种新型人物，他以放弃掌控的方式来获取权威，他提倡“新鲜体验”：借助当代理论语言，以片段的形式来探索思考和生活的经验。

巴特的最后一部作品《明室：摄影札记》表明，他扮演着文化评论员的角色。他吸收消化了专业知识，强调他对于摄影的思考只限于他的文学文化、他的敏锐观察和他的人生体验。他决定要从他母亲的一张照片里“得出摄影的全部内容”，对于他来说，这张照片代表着母亲“变成了她本人”。他把摄影与爱和死亡联系在一起，雄辩而又敏锐地分析了他对于母亲近期去世这一事件的反应："我所失去的不是一个人物形象（母亲），而是一种存在；不是一种存在，而是一种**品质**（一个灵魂）：不是不可或缺，而是不可替代。我可以在没有母亲的情况下继续生活（我们迟早都要这样做），但剩余的生活将绝对地、完全地**缺乏品质**"（第118/75页）。

他总结道，照片说"这曾经存在过"，"照片的本质在于认可它所代表的对象"（第133/85页）。在这种写作模式中，巴特以一种平和的方式代表着文学鉴赏力所能获得的"智慧"或洞见。《新闻周刊》的一篇书评注意到了这种模式的魅力，它称赞了这本"伟大的著作"所蕴含的充满激情的人文主义思想："巴特引领读者踏上一段精致的、充满激情的旅程，去寻访他本人的内心和他所爱的媒介，这种媒介一直试图表现人类生存状况中那'难以企及的现实'。"

罗兰·巴特，这位资产阶级神话的批评者，是如何走到这一步的？在《罗兰·巴特自述》中，他描述了一种机制，并提出了一种发展轨迹：

> 应对办法：他人提出的某种**信念**（大众观点），难以容忍；将我自己从中解脱出来，我提出一个悖论；然后这个悖论失去效果，变成一种新的凝固状态，变成了一种新的**信念**，而我必须继续寻找新的悖论。
>
> 让我们顺着下列轨迹前进。在作品的源头，社会关系的模糊性，不真实的自然；随后，第一个行动是揭开神秘面纱（《神话学》）；随后，消除神话的努力在一再重复之后变得僵化，就必须将其替换：符号**科学**（随后提出的）提供一种方法，从而激发了那个神话姿态，为它带来活力和武器；与此

图15 巴特弹钢琴。

同时，符号科学将遭遇积聚的全部形象：符号科学的目标被符号研究者的科学研究（往往令人沮丧）所取代；因此，我们必须摆脱那种做法，必须在理性的形象集合中加入欲望的质感，加入身体的诉求：这，就是大写文本，这就是关于大写文本的理论。但是大写文本同样可能有僵化的危险：它自我重复，在大量的小写文本中仿造自我……大写文本往往退化成杂谈。下一步该做什么？那就是此刻我所处的位置。

第75/71页

在最初阶段，他想要改造符号：他一直重复“我指着我的面具前进”这句话（《写作的零度》里就提到了三次），把它视为意指实践的理想格言。关于符号的科学研究把当代研究中最有趣的分支整合在一起：“精神分析、结构主义、遗觉心理学、一些新的文学批评（巴什拉率先提供了若干实例），这些研究不再单纯关注事实，而是分析那些具有意指性的事实。现在提出一种意指性，就是向符号研究寻求帮助”（《神话学》，第195—196/111页）。但建立一种符号研究的方案确定之后，巴特的反应却把他的作品变成了对于科学的“反写作”。他试图建立的元语言现在被视作给定物：为了给理论“松绑”，他接管了这些术语，把它们与大多数的界定性差异区分开来，推动它们进入其他关系。**文本**——巴特所使用的魔力词汇之一——现在代表着一个无法掌控的客体，一个考察意指关系的持久视角。文本源自之前的话语，它与文化的全部内容有关。读者概念和文本概念一起构成了一对无法掌控的范畴：针对任何想要通过分析来掌控文本的企图，人们都可以通过强调读者的关键作用来予以回应——在读者所生产的意义或结构之外，不存在意义或结构。但是反过来，针对任何想要把读者作为（心理）科学分析对象的企图，人们也可以强调，文本能打破读者最确定的假定，使读者最具权威性的策略落空。

互文本	类型	作品
（纪德）	（写作的欲望）	/
萨特 马克思 布莱希特	社会神话研究	《写作的零度》 剧评 《神话学》
索绪尔	符号研究	《符号学原理》 《流行体系》
索尔莱斯、克里斯蒂娃 德里达、拉康	文本性	《S/Z》 《萨德、傅立叶、罗犹拉》 《符号帝国》
（尼采）	道德	《文之悦》 《罗兰·巴特自述》

图16 互文本、类型和作品的示意表。

在《S/Z》之后，巴特对于文学的看法有一个显著特征，那就是在他的论述中，读者和文本可以轻易地互换位置：读者建构文本的故事反过来就变成了文本操纵读者的故事。在为《万有百科全书》所撰写的“文本理论”条目中，他写道：“是文本在不懈工作，而不是艺术家或消费者。”在下一页他又回归了第一个立场：“文本理论消除了对于自由阅读的所有限制（授权[读者]以完全现代的视角来解读过去的作品……），但它同时又坚持认为，阅读和写作具有同等的生产效力。”一方面，他认为读者是文本的生产者；另一方面，他又把文本描述为这些活动中的控制力量。结果就是，他没有采用系统性研究视角，而是把注意力都放在读者与文本之间的交互作用上。[24]

巴特的写作转向了身体和日常生活的愉悦，这是一次重要的移位。至少，他在这个新阶段的写作主题和模式让他变得与曾经遭他抨击的资产阶级品味更加融洽。“愉悦”、“魅力”和“智慧”等新词减少了智识的威胁性，而新的主题——爱的忧伤、童年回忆、对母亲的依恋以及乡村生活——让法国公众发现，原来巴特还是个作家。谁能想得到，那个曾经带头高呼“作者之死”的罗兰·巴特如今居然在法兰西学院开设讲座，讨论法国经典作家的习惯（巴尔扎克的晨袍、福楼拜的笔记本、普鲁斯特的软木贴面的房间）？而且他还说，他的著作并不属于这样或那样的总体设想，而是体现了他的个人欲望。或许我们可以通过他最喜爱的螺旋形象来描述这一奇怪的现象：之前被他拒绝的种种态度重新出现在他的写作中，但出现在另一个地方，在另一个层面上。当他声称他反对所有体系的时候，他很像是那些传统的文学研究者，年轻时的罗兰·巴特曾遭到他们的轻蔑指责，他们认为他缺乏敏锐的洞察力，只知道把复杂的现实简化成几个概念。在《明室：摄影札记》中，巴特声称，“关于我自己，唯一能确定的是，对于任何简化系统的竭力抗拒”(第21/8页)，他似乎已经忘记了系统的策略功能，即系统能够避免人们沦为文化领域中无人注意的、“自然的”公式化形象。

巴特当然注意到，他后来的主题和态度对于他曾经试图改变的文化传统来说弥足珍贵，但他将此视为另一种违抗，一种力图打乱知识分子正统的努力。“把**一点情感**重新引入业已被打开、认可、解放和探索的政治-性话语当中，这难道不是最终的违抗吗？”（《罗兰·巴特自述》，第70/66页）。人们可以认为，巴特的作品营造了一种思想氛围，使得他可以把传统的话题作为一种先锋派的违抗行为重新引入其中，但还存在几个问题使人们难免质疑他的最终阶段能否算作激进。

首先，自然轻易地回到他的作品中：主要借助身体作为掩饰，另外也作为哲学中“不可触及的指涉物”，它就在**那里**，具有权威，不容置疑。巴特的评论著作和分析著作一再流露出将自然置于文化之下的企图，并且试图为人们的行为和阐释寻找一种自然依据。但到了后来，他越来越依赖于一种话语法则：当你揭示自然其实是文化产物，并且将它从一个地方驱逐出去的时候，它重新出现在了其他地方。

其次，巴特从他宣称放弃的系统性努力中获益良多；如果他能够认识到这些收益的话，或许人们能够更好地接受他的背弃做法。如果他那些简短的思考没有以多种方式——按词汇或明确的主题排列——与他赖以成名的系统性分析联系在一起的话，他就不可能作为一个专写片段的作家而取得成功。《罗兰·巴特自述》中的思考之所以引起激烈反响，正是因为他用新的方式使用了熟悉的术语——给这些术语曾经协助创立的理论松绑。巴特的作品总是不完全的：他只提供项目、纲要和视野。当他把残缺作为一种优点的时候，就像在《S/Z》里那样，他就显得让人恼火，因为对于代码的深入研究事实上强化了一种巴特式的分析。在他的后期作品中，他厌恶体系，这显然是在抗拒权威，但也可以被解读为自私、自满——就好像他把懒散当作一种抵抗权威的策略，于是他就照着自己的建议去做：“敢于懒散！”

第三，巴特的作品日益推动着一个强大的神话，那就是“免除意义”。在《罗兰·巴特自述》中，他写道：“很显然，他梦想着一个**免除意义**的世界（就像免除兵役）。这始于《写作的零度》，在这本书中他想象‘全体符号的缺席’；随后，他一再重申了这一梦想（论先锋派文本，论日本，论音乐，论亚历山大诗体等等）”（第90/87页）。这个梦想无处不在，它并不是追求无意义，而是呈现空洞意义的形式。作为一个批评概念，这个梦想一度具有重要的战略意义——别的且不论，至少它鼓励一种寻求理解形式的诗学，而不是一种寻求意义的阐释学——但在他的后期作品中，巴特转而支持那些传统的、前符号研究的概念，并且把这看作一种违抗。他声称，照片仅仅代表曾经存在的事物：他回忆起一张奴隶的照片，照片里“奴隶制没有经过任何中介，直接呈现在眼前；事实不必借用任何方法，直接得以确立”（第125/80页）。这恰恰是《神话学》分析过的另一张照片所使用的借口，在那张照片中，一名黑人士兵朝着法国国旗敬礼。巴特批评了那张照片的虚伪，认为它假装没有经过任何中介，直接呈现事件（它的**借口**是，向法国国旗敬礼的黑人士兵确实存在），并且轻松地做出论证，认为那张照片已经加入到法国文化的意识形态体系中。

巴特察觉到，在这里存在一个问题。题为“免除意义”的片段继续写道，“古怪的是，公众恰恰认为应该存在这样的梦想；信念同样不喜欢意义……它用**具体**来反抗意义的入侵（知识分子必须对此负责）；所谓具体，就是人们认为理应抗拒意义的事物。”但或许这并不奇怪，这两个例子其实体现了同一个神话，只不过随着这个神话在巴特的作品中螺旋式地回归，它获得了更为雄辩的表述。巴特认为，他并不是在重复这一神话：他并不是在寻求**先于**意义的条件，而是要想象某个**超越**意义的条件（意义背后的某个事物）：“要想削弱意义，免除意义，就必须横

图17 左撇子。

跨全部意义，就像在加入秘密社团时要经历全部的考验。”在他关于文学的大多数作品里都提到了这一区分，但当他转向摄影的时候，他想到的不是一种清除意义后的空洞，或者对于文化代码的干扰，而是先于意义就**在那里**的状态。他挑战所有关于意义的最令人信服的论述，也包括（或者说，尤其是）他本人之前的作品，从而重新肯定了他曾经教我们抗拒的那种神话。那个曾经提出我们无法脱离意义的符号研究者，如今却日益倾向于寻找能够逃脱文化代码的自然空白，但我们或许不必对此感到惊讶。

在重新回归（但出现在另一个地方）的众多事物中，还有19世纪的传统文学。巴特起初是实验文学（福楼拜、加缪、罗伯-格里耶）的支持者，对于那些舒适易懂的文学作品，他要么把它们放到一边，认为它们没能尝试语言实验，要么对这些作品赖以运作的文化代码持批判态度。但到了后来，那些作品作为他的最初爱好，同时也作为他在法兰西学院开设的讲座的主题，又重新回到他的视野中。他的整个设想甚至可以被看作一种迂回策略，目的在于打破学院派对于19世纪文学的控制，由此他可以重新引入这些文学作品，不是作为知识或研究的对象，而是作为愉悦的对象，作为一种悄然进行的违抗的根源。《S/Z》和《文之悦》把先锋文学作为范式，提倡一种新的阅读实践，以此来揭示巴尔扎克、夏多布里昂、普鲁斯特等人作品中的过度、复杂和颠覆。《恋人絮语》使《少年维特的烦恼》那种感伤和过时的话语重新引起当代读者的兴趣。这不是一般的成就，只有通过理论争辩来打破传统批评对于文学的掌控，才有可能做到这一点。下面这段雄辩的言论出自巴特的法兰西学院就职演说：

传统的价值观不再传播、不再流通、不再给人留下深刻印象；文学失去了神圣的光环，各种机构和制度无力保卫它，无法将它作为人的潜在范式。这并不是说，文学被摧毁了，而是说它**不再得到保护**。因此，现在到了该保护文学的时候。文学符号研究就是这样一段旅程，它会带我们到达一个自由国度，天使和恶龙不再守护在那里。我们的目光可以落到某些古老而又可爱的事物上——这算是种反常——它们的所指是抽象的、过时的。这是个颓废却又有预见性的时刻，一个温柔的末日启示时刻，一个带来最大愉悦的历史时刻。

第475—476页

没有哪个单一的理论规划能帮助我们了解这个怪异的时刻（曾经被否定的事物重新出现），只有巴特一连串各具特色的设想能做到这一点；只有那些迥然不同的写作才有可能创造出愉悦、理解和复兴。

第十一章

巴特身后的巴特

巴特去世之后，他的名望发生了什么变化？至少有三件事值得关注。1987年，巴特的文学遗嘱执行人弗朗索瓦·瓦尔以巴特的名义出版了一本很薄的小册子，名为《事件》。它包括四篇文章，其中两篇非常短，另外两篇稍长。瓦尔声称，这些文章都体现了写作试图抓住直接体验的努力（第7页）。[25] 瓦尔出版此书的举动引发了极大的争议，因为篇幅稍长的两篇文章《事件》和《巴黎之夜》涉及巴特的同性恋行为，这是他本人在那些最具自传色彩的作品中也刻意避免的话题。《事件》以速写的风格，记录了巴特于1968年和1969年在摩洛哥时的见闻片段——大多数片段只有几个句子——其中提到的摩洛哥男孩引人注目。安德雷·纪德在日记中曾记录了他本人在北非地区的同性恋行为，巴特的文本一定程度上受其影响，他没有展开叙述，而是以简洁的片段来假定（而非描述）同性恋体验："穆斯塔法深爱着他的帽子。'我的帽子——我爱它。'他不愿意摘下帽子来做爱"（《事件》，第30/19页）。《罗兰·巴特自述》中曾描述过一本书的写作计划，书名就叫"《事件》（迷你文本，俏皮话，俳句，符号体系，双关语，任何像树叶那样坠落的事物）"，瓦尔发表的文本显然与此有关（第153/150页）。但正因为《事件》缺少大事、双关语、笑话，而且它的符号体系在形式上也与俳句相去甚远，因此那些简洁的观察记录背后所潜藏的性爱场景自然就引起了读者的注意。

瓦尔发表的另一个文本引发了更强烈的兴趣，同时也让更多人觉得失望，那就是《巴黎之夜》（巴特所用的标题是《毫无意义的夜晚》）。这些文字写于巴特去世当年的夏天，记录了他在巴黎的夜生活：与朋友聚餐，看电影，在小餐馆打发时间，时而漫不经心地与一些年轻男子套近乎，时而又觉得那些年轻男子的亲近让人烦恼，宁愿不受打扰，一个人安静地看报纸。之前在一篇题为《仔细考虑》的文章中，巴特曾思考过日记这一体裁：我应该带着准备发表的念头来记日记吗？他列举了种种缺陷：日记没有“任务”，没有必要性；它迫使写作者摆出种种姿态，却又以其琐碎、卑微和虚假的特性不断提出一个滑稽的问题：“我是这样吗？”（《语言絮谈》，第435—438/369—372页）。但看起来正是这些缺陷吸引巴特尝试了日记体裁。由这些不起眼的片段所组成的符号体系成为一种“几乎不可能”的写作形式，它的魅力来自它所拒绝的一切：意义、连贯性、情节、整体结构。

不过，在具体实践中，《巴黎之夜》对朋友的身份遮遮掩掩（用首字母来代表），这反而增添了它的诱惑力，而那些朋友们则恼火地发现，巴特与他们共同度过的那些夜晚被描述为“空虚的”时光。这篇文章最勾引人的地方在于它散漫的写法。这位著名的知识分子对他的巴黎夜生活和半真半假寻找同性伴侣的做法感到厌倦，这幅颓唐的场景以一段清醒的思考来收尾：

> 一种绝望占据了我。我想要大声哭喊。我清醒地意识到我不得不放弃那些男孩，因为他们对于我毫无欲望，而我自己，要么是过于严苛，要么是过于笨拙，我没法将欲望强加给

图18 1973年，在高等实用研究院。

他们。有一个事实无法避免，我那些调情经历都可以佐证这一点，那就是，我过着忧郁的生活，并且，我最终感到极度厌倦，我必须摆脱这种兴趣，或者说，这种希望……我将失去一切，最后只剩下那些出卖色相的男人。（但是我在外出的时候该怎么做？我一直注意着那些年轻男子，想立即与他们谈情说爱。将来我的世界会变成什么样子？）—— 在他提出请求之后，我为O[他带回家的一个年轻朋友，名叫奥利维耶]弹了一小段钢琴曲，在那个时刻我就意识到，我已经放弃了他。当时他的眼睛是那么动人，长发让他的脸颊变得更加柔和：他整个人是那么精致，却又无从接近，像个谜团；他讨人喜欢，却又与我隔膜。随后我借口自己要工作，把他打发走了，我知道这种情感结束了——不仅是我和奥利维耶之间的关系，而是一个男孩的爱慕。

第115—116/73页

本书以此作结：巴特并没有说他的生活中“不再有男孩”，而是说他不可能再爱上任何一个男孩或是接受对方的爱慕。

如果说弗朗索瓦·瓦尔决定出版这些文本的举动惹来了争议（它们改变了巴特的公共形象），他在其他方面也让人生厌：他不允许路易-让·卡尔韦这样一位研究细致、资料充分的传记作者引用巴特的大量信件，他还拒绝出版巴特在法兰西学院的讲座文稿，虽然这些内容原本就以文字形式存在，并且受到广泛关注。1991年，洛朗·迪斯波在《游戏规则》杂志上发表了讲座文稿的部分内容，结果这份杂志遭到巴特遗产继承人的起诉，他们声称要保护巴特作为作者的权利（讽刺的是，正是巴特宣告了作者的死亡），这一举动在巴黎的知识圈中激起极大反响，许多人公开支持《游戏规则》杂志，其中包括菲利普·索尔莱斯和茱莉亚·克里斯蒂娃。[26]

对于那些没能参加讲座的人来说，讲座文稿不能出版是个令人沮丧的消息，因为巴特谈到了一些他在公开出版的作品中没有涉及的主题。其中一个讲座系列名为“如何共同生活：小说对于日常生活某些方面的仿拟”（1977），巴特谈到小说如何来表征日常生活的空间以及生活行为的惯例，他讨论的例子包括鲁宾逊·克鲁索的小屋、《魔山》中的旅社以及左拉笔下的资产阶级公寓楼。另一个讲座系列以“中性”（1978）作为主题，所谓“中性”指的是中性名词或中立状态、中性化的行为以及对于二元对立的超越或回避，之前《罗兰·巴特自述》曾对此做过简要论述。第三和第四个系列都将重点放在“小说的准备工作”上，题目分别是“从生活到工作”（1978—1979）和“作为自愿选择的工作”（1979—1980），它们从作者（而不是读者）的角度来分析文学创作。[27] 第一年，这门课程重点研究俳句作为产生次要影响的符号体系形式；第二年，研究作者的创作意愿以及由此所引出的仪式性习惯，讨论的内容包括普鲁斯特的软木贴面的房间以及巴尔扎克的晨袍和无节制地喝咖啡的习惯。这些思考引起了人们的强烈兴趣，因为正是巴特本人宣告了作者的死亡，他认为这是读者诞生的必然代价，只有通过具有能动性的读者我们才能更好地理解文学作品的运作。人们希望瓦尔最终能出版这些

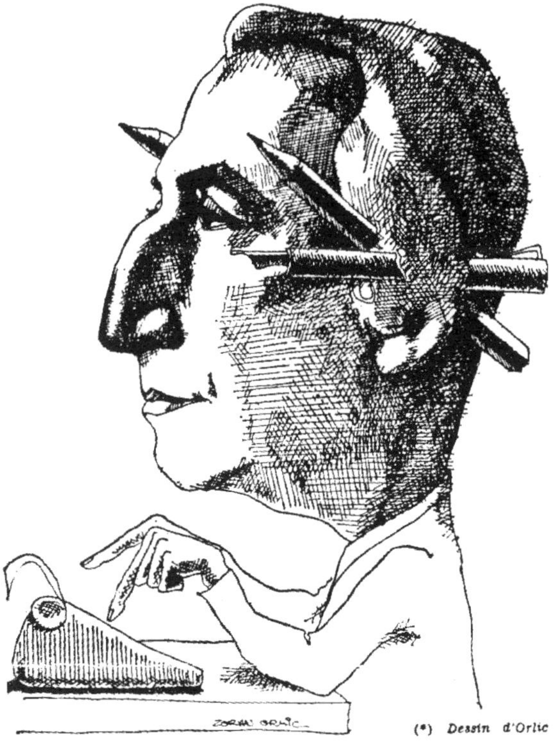

图19 《世界报》，1975年2月14日。

文本，从而推动对于巴特的研究兴趣，就像拉康的那些讲座一样，到现在为止依然在陆续出版。

巴特去世二十年后，他的形象发生了怎样的变化？最简单的答案就是：他变成了一个作家。他的《全集》包括厚厚的三卷本，每卷超过一千页，已经由长期与他合作的门槛出版社出版（这是我提到的第三件编辑大事）。《全集》将巴特原先赖以成名的个别著作淹没在浩瀚的文字海洋里：随笔、前言、对于访谈问题的回应、讲座内容和纲要，还有许多短小的新闻作品。三卷本展示了巴特持续的创作，不仅作为思想家和文人，而且作为作家，这重身份是这些文字的共同源泉。三卷本还表明，巴特多么喜欢特定任务的激励。虽然他不擅长拒绝别人，总是抱怨自己被迫接受许多写作任务，但正是这些要求和任务促使他妙语连珠地谈论某个给定的主题，最终形成的文稿带有他特有的风格，优雅从容，不迎合大众的看法（或者说，信念）。

《全集》收录了巴特散见于各类出版物中的文字，从而巩固了他的作家形象，这些文字不仅限于法国本土，而且涵盖了巴特在国外发表的作品，涉及的报刊杂志包括《世界报》、《邦皮亚尼年鉴》、《它》、《相片》、《艺术出版》、《花花公子》、《变焦》、《意大利新音乐》、《男性时尚》等，此外还有大量的博物馆和展览会目录。它们展示了巴特在文化领域内的广泛兴趣，他对视觉艺术、音乐和当代文学都有所涉猎。不过巴特从没有写过负面评论，他不愿充当文化权威。事实上，他向来与人无争，虽然他的评语总是引发别人的争论。（皮卡尔对于《论拉辛》的强烈批评迫使巴特卷入争端，这对于他来说是巨大的烦恼。）由于最宽泛的理论设想（哪怕是文化权威提出的设想）也无法同时涵盖这些作品，所以只好把这些作品笼统地称为作家的创作成果。

如果非要给这一设想加个名字，我们可以称之为当代生活的人类学研究。巴特对于各种实践和文化创造都很感兴趣，20世纪50年代他收录在《神话学》中的文章表明了这一点，只不过他随后所写的文章缺少一篇专论来勾勒自己的理论规划。在巴特去世的当月，《花花公子》杂志发表了一篇他的访谈，讨论作为一种宗教现象的节食行为，包括信仰转变、经文、负罪感、回归预定道路等。“养生法让人产生强烈的犯罪感，感受到罪孽的威胁，这种感觉发生在日常生活的每一刻。只有当你熟睡的时候，你才能确信你没有造成罪孽。”他说，应该写一本书，“就节食这一现象及其神话”。[28] 这番话依然带有批判的意味，但更像是在针对美国人的看法和习惯（正如关于节食的访谈所示），或者是在针对法国的知识分子而不是资产阶级大众，后者曾是巴特写作《神话学》时的批判对象。巴特写道，长久以来，他一直认为知识分子应该为消除文化神话而奋斗；现在虽然他依然为此而努力，但他的心已经不在这里。权力无处不在，当代主体避免不了恢复常态的宿命。“唯一的办法就是让人们听到一个具有偏向性、存在于其他地方、不附带任何关系的声音。”[29]但不附带任何关系显然是种乌托邦式的幻想。

在1978年至1979年间，巴特为《新观察者》撰写简短周评，为期三个半月，评论的主题是任何给他留下深刻印象的事物——他谈到冬季的樱桃和过度包装现象，还向一位正在狱中的作家表示了支持。在他即将停止实验的时候，他解释说，这些短评并不是新版《神话学》，而是关于写作的实验，他要寻求一种形式，来记录那些称不上大事件却给他留下深刻印象的生活点滴。通过这些尝试，他要“让那些构成我的多种声音得以说话”。[30]从中可以发现与《事件》和“小说的准备工作”相同的想法，那就是对于日常生活中的次要话语所产生的兴趣，这些话语并不构成连贯的情节，却提供了意义的质感。“在乡下的时候，我喜欢在户外的花园里撒尿，”他写道，“我想知道这一举动究竟意味着什么。”

1978年，巴特在巴黎和纽约两地都举办了讲座，他出色的口才给听众留下了深刻印象，讲座的题目是“在很长的一段时间里，我早早就睡了”。这是普鲁斯特的小说《追忆似水年华》的开场白。重复普鲁斯特的文字显示了巴特的决心，他想要追随普鲁斯特——不是“追随那部皇皇巨著的伟大作者，而是追随那个肩负起工作任务的人：时而饱受折磨，时而欢欣雀跃，在任何情况下都保持谦和——他想要担负重任，从计划的一开始，他就赋予这项任务以绝对的个性”（《语言絮谈》，第334/277—278页）。三十多岁的普鲁斯特当时还在小说与散文创作之间纠结，但突然——我们不知道确切原因——到了1909年夏季，一切都各就各位。他找到了“第三种形式”，他对于时间做了特殊处理，并且让叙事者来阐述他本人的写作欲望，通过这些手法，普鲁斯特得以“消除小说与散文之间的矛盾”（第336—340/280—284页）。据巴特推测，普鲁斯特母亲的去世，让他意识到有必要寻找一种新的写作方式。巴特的母亲也刚去世不久，因此他认为自己与普鲁斯特有着相似的处境，准备好迎接“新的生活”（“你知道你难逃一死，突然你感觉到生命的脆弱”）。巴特认为自己将沿着不断重复的人生轨迹走向死亡（又一篇文章，又一次讲座），他写道：“我必须走出那种阴影状态（中世纪理论将它称为‘厌倦’），一再重复的任务和悼念让我深陷其中。现在我觉得，对于这个写作主体来说，对于这个选择了写作的主体来说，不可能有‘新的生活’，除非他能发掘出一种新的写作实践”（第342/286页）。

普鲁斯特寻找并且发现了“一种写作形式，能容纳并超越苦难”（第335/279页）。巴特认为，普鲁斯特的《追忆似水年华》中叙事者的祖母去世的片段和托尔斯泰的《战争与和平》中安德烈王子死亡的片段是两大“真相时刻”，在这些场景中“文学与情感宣泄突然同时迸发，读者在心底里发出一声‘呐喊’，他们或是想起，或是预见自己和心爱的人永远别离时的心情，某种超验的感悟浮现在心头：究竟是什么样的魔鬼**同时**创造了爱情和死亡？”（第343/287页）。虽然说，如今人们对于唤起怜悯的艺术手法嘲弄有加，但小说“却借人物之口来谈论情感，从而可以公然吐露那种感受：在小说中，可以谈论那些让人怜悯的对象”（第345/289页）。作家将尘世间的一切失落储存起来，而爱情、怜悯和激情等情感要素带给了作品活力。这就是文学的视野，它支持**新的生活**，而这种新的生活又把文学当作它包容一切的生活体验。

巴特最后问道：这是否意味着我将会写一部小说？“我怎么知道？”他说，我知道的是，“对于我来说，重要的是**装作**自己应该写这部乌托邦小说”。这就要求把他自己放在一个特殊的位置，成为“创作的主体，而不是评论的主体。我不是在研究某个产品，而是承担起生产的重任……我假定自己要写一部小说，因此我可以对这部小说了解更多，而不仅仅是把它作为其他人已经创作完成的某个研究对象”（第345—346/289—290页）。

这是巴特最为雄辩、动人和睿智的散文作品之一，它促使人们关注他可能撰写的小说以及他在讲座中提到的“小说的准备工作”。不过，这篇文章的力量与它对于他人小说的敏锐分析和它提出的小说理论有着密切联系，它尤其关注普鲁斯特的写作技巧：巴特写道，对于小说的“怜悯”理论或历史（以怜悯的表述为重点）来说，我们“不要再把一本书的关键放在结构上；正相反，必须承认作品要想打动人，要想活起来，要想生根发芽，就必须借助某种形式的‘崩溃’，在‘崩溃’之后只剩下某些时刻，这些时刻严格说来就是作品的巅峰……”（第344/287页）。这是一个关于小说的重要声明，当然也不无争议，我们不禁要问，这些“巅峰”时刻的力量难道不是以各种形式取决于它们与作品其他部分的联系吗？无论如何，这绝对是一个重要的批评意见，只不过它关注的是那些业已完成的伟大作品的本质，而不是某个在创作中挣扎的作家的眼界。每当巴特构建起一组对立项——比如“担负起生产任务”而不是“研究产品”——他本人的批评实践就会扰乱这样的对立。

这篇很有说服力的文章宣称要转向一种新的生活，开始新的写作实践，以新的视角来看待写作。而且，它赋予“新的生活”这一文本以特殊意义，这份文稿由八个长度不超过一页纸的提纲组成，它在巴特的手稿中被发现，并且作为最后一批文件以影印件的形式收录在《全集》中。很显然，如标题所示，这份文稿涉及巴特原本打算写的一本书，主题是转向新生活的可能性。文稿以他对于母亲的悼念开始（在其中一个版本中她扮演着引路人的角色，就像但丁作品中的维吉尔），随后巴特将世界视为一个景观，同时也是漠然的一个客体（《毫无意义的夜晚》将被收录在这一部分），并且详细描述了他的好恶。接着他将讲述他称之为“1978年4月15日做出的决定”。我们不能确定是否真的存在这样一个重要决定（将时间浓缩为某一天的做法让人怀疑，或许这是巴特为便于叙事而采取的虚构手段），不过论普鲁斯特的那篇文章让人们有理由接受这样的突然转变。埃里克·马蒂在《新的生活》其中一份计划的手抄本上加了如下脚注："对于这一'决定'，我们并不完全了解。但很显然，这是一次神秘的信仰转变，以某种帕斯卡式的方式，转向一种'新的生活'，在其中'文学'将是存在的全部。"[31] 这份计划的其中几个版本将文学称为爱情的替代品，并且提出要对可能的文学模式——散文、日记、小说、片段、漫画、怀旧作品——进行深入探讨，分析它们为何失败。最激动人心的时刻将伴随着意志训练（这是生产文学的必要前提）的片段而出现，这种训练的目的是达到纯粹闲散或纯粹舒适，或者说，哲学意义上的平和状态，也被称为"道"或者"中性"。[32] 在其中一份计划中，巴特提到了海德格尔将意志（它试图改变自然）和向存在开放（即接受现状）相对立的做法。在另一份计划中，他提出要学习托尔斯泰：后者提倡一种道教和基督教意义上的平和状态，通过吸收（而不是反对）邪恶来将其中性化。巴特在后期的一次访谈中提出，"要敢于懒惰！"他分析了懒惰这种不受欢迎的态度所具备的美德，并且思考是否我们在邪恶面前没有懒惰的权利。[33] 写作这份工作与哲学意义上的闲散正好相反，巴特把一个摩洛哥男孩视为闲散的化身——在《事件》的一个片段中，他对这个令人困惑的说法做了解释：

> 一个男孩坐在一段矮墙上，就在路边，但他没有留意道路——他坐在那里，仿佛永远那样坐着，他坐在那里就是为了那样坐着，毫不含糊：
>
> "静坐无所为，
>
> 春来草自青。"
>
> 第57/38页[34]

这个摩洛哥男孩是否象征着与世无争，通过放弃意志所获得的自我？他是否象征着一种中性状态，这样的中性抹去了构成我们的代码、内在对话和模棱两可的态度？如果真是这样，我们就有了一个野心勃勃的理论设想（它的叙事起到说教作用），一个拥有终端的结构！但《新的生活》的倒数第二份提纲是这样结尾的，“这意味着人们必须放弃新生活叙事中的幼稚看法：青蛙努力吹气，想把自己吹得像[公牛]那样巨大。”[35]

如果巴特的新生活持续下去，超过23个月的话，他会不会真的写一部小说？如果不是死亡阻止了他，《新的生活》会成为巴特写出的伟大作品吗？有两个因素让问题变得更复杂，首先是巴特赞美闲散的做法，他把这种闲散状态界定为意志的对立面，而意志显然是创作任何长篇作品的必要前提。其次，巴特回避了那些产生明确意义的结构，随意地将若干片段放在一起——比如说，按字母顺序排列。他不喜欢他所说的“歇斯底里”，因此如果某些情节或结构包含夸张的，可能产生明确意义的人物，他就会尽量避开它们。

戴安娜·奈特对于《新的生活》做出了最佳研究，她认为我们应该完全相信巴特所说的话——在论普鲁斯特的讲座里，巴特提到，重要的是**装作**自己应该写这部乌托邦小说，而不是真正去写。制订写作计划和勾勒某些片段是一回事。真正去写这部作品将会违背它所致力营造的乌托邦本质和禅学原则。

围绕《新的生活》这一文本以及巴特为转向新生活所做的努力而产生的这些问题很有意思，尤其是对于那些想了解巴特的人来说。有个例子可以说明，寻求“中性状态”是巴特丰富多彩的写作生涯中最具统合力的线索。在《罗兰·巴特：朝向中性》

一书中，伯纳德·康曼特提出，中性就是“试图回避逻各斯和话语所强加的义务和限制”，“反对一种实践或者将其相对化，这种做法应该致力于建立或接近中性的条件，要把中性理解为意义的极端他者化的机制。”[36]虽然我们的确可以在巴特的作品中追踪到这一潜在线索，但这种做法很容易被嘲讽为逃避问题，比如自传研究专家菲利普·勒热纳就持这一看法，他在《我也是这样》的其中一章中戏仿了《罗兰·巴特自述》。下面的例子出自按字母顺序排列的一系列片段，标题为《不连贯？》。和《罗兰·巴特自述》一样，作者用第三人称来描述他自己：

> 他先是嘲讽了那种非此非彼的逻辑（《神话学》），但结果却陷入对中性的乌托邦式的幻想之中（中性是一种翻倍的非此非彼的逻辑）。
>
> 在他早期的作品中，他将语言与现实割裂开来，从而剥夺了语言的清白。现在他又通过同样的操作恢复了语言的清白，并且保护它免受任何批评。他以**想象**或**小说**的名义，满怀爱心地呵护着之前他曾以神话学或意识形态的名义嘲讽的对象。矛盾，还是翻案？在西方人们总是过于仓促地得出这样非此即彼的结论。实际上，这是从一个含糊的位置开始的一段漂移……他不是个叛徒：神话学是大写他者（并非完全共享的形象体系）的镜像，而镜像则是一种令人愉快的神话学。在某个时期，他以“净化”自己的名义，一步一步，不断前进，穿越自身的愚蠢，探索那种状态，品尝那种滋味，尝试“说出”那种感受。结果就是，他写出了那些作品。[37]

勒热纳还写道：“这位已经取得成功的资产阶级不再相信

阶级斗争；他爱上了**中性**。”[38]

以嘲讽**中性**作为结尾，这一做法提醒我们，中性不能与那些受它启发的批评作品割裂开来，否则就会陷入勒热纳所嘲讽的自满窘境。更有益的做法是遵循戴安娜·奈特，而不是伯纳德·康曼特的观点（虽然他们两人观点相近），并且将巴特作品中具有统合力的线索视为一种乌托邦式，而不是寻求中性的努力：理论和批评总是通过某种社会性或情感性乌托邦的隐含形象来运作的，在这种乌托邦形象的比照下，找出现实和现有话语的欠缺之处。[39]错误在于，认为这种乌托邦能够实现。

巴特去世后的二十年里所发生的变化可以归结为以下五点：

首先，他的地位发生了巨大变化。1979年，在巴特去世的前一年，韦恩·布斯称他为“如今对于美国批评产生最大影响的人”。我必须指出的是，布斯与其说是在称赞巴特，不如说是在抱怨美国批评屈从于这股歪风邪气。不过，当你在2001年重新读到这番评论时，你会一下子愣住，它让你回想起20世纪70年代巴特曾经有过的重要地位。很难描述那种重要性，这一点本身就很有趣。巴特之所以重要，并非因为他是福柯所说的某种“话语”的创始人，比如弗洛伊德或马克思。在福柯所说的情况下，思想的后续发展形式是对原始文本进行评论或阐释。巴特的重要性也不在于他是某个学派的创始人，他并没有创立某个理论框架，让许多后来者得以在此框架下进行工作（在英美两国有许多“拉康主义者”和“阿尔都塞主义者”，却没有所谓的“巴特主义者”，虽然有许多人，包括我在内，都深受巴特的影响）。此外，巴特也不是所谓的发现者，后者通常凭借自己的洞察力提出重要论断，比如，本尼迪克·安德森就被别人广泛征引，他告诉我们，民族和其他大型群体都是“想象的共同体”。巴特的特殊意义在于，他的权威性无须理由：当你要写一篇评论文章的时候，不管你的主题是什么，用“罗兰·巴特评论道……”这句话作为开场白总是个好办法；他的重要性就在于，没有人会反驳说：“那又怎么样？”

在文学研究领域内，沃尔特·本雅明继巴特之后获得了类似的权威地位（区别在于，人们花了大量工夫来澄清本雅明的文本）。或许可以把这种权威性称为毫无争议的参照点，具备这种权威足以使人成为重要的思想家和文化人物，但很大程度上巴特已经丧失了这种特权。现在他已经不再是你可以直接引述的大人物。如今，你需要给出理由，说明自己为什么要阅读或者引述他的文本。

其次，谁都知道，巴特首先是个理论家，他写作的年代是“理论”的鼎盛时期，但现在“高深理论”已不再是新鲜事物，不再让人恐惧或受人崇敬。不过巴特同样也是一个抗拒理论的人——尤其是他自己的理论——他努力回避或挫败理论。稍后我还将回到这个话题。

第三，巴特的崇拜者如今不大可能把躁动或变化当成他作品的恒定特征来加以宣扬了：虽然巴特经历了一段多变的发展历程，但评论者已经提出了多种恒定特征，包括乌托邦式的冲动（奈特），寻求中性（康曼特），或试图将知识文学化（菲利普·罗歇）。但这些所谓的恒定因素真的能够抓住巴特最吸引人的地方吗？

第四，D.A.米勒写道，巴特对于书写身体的兴趣可以被视为“男同性恋复兴肉体的文化设想[的一部分]，他的书写为这一设想增添了（或者说从这一设想中挖掘出）一些具有重要意义的

图20 路易–让·卡尔韦写的传记《罗兰·巴特》所使用的护封照片。

细致差别”，尤其是他愿意“思考处于最尴尬状态下、远谈不上‘完美’的身体”。[40]将巴特纳入男同性恋美学研究的做法才刚刚起步。

最后，或许也是最重要的一点，巴特曾被视为激进人物，是法国文化价值面临的巨大威胁，但如今他已经成为一个文化偶像，代表着许多他曾经危及的文化价值。2000年6月，一篇题为《符号皇帝》的文章发表在《电视全览》杂志上（这是《电视指南》和《纽约时报书评》的杂合），它用这样的标题来缅怀巴特："热爱语言的人，迷恋句子的人，这位作者运用社会学和精神分析来阐述法国文学，但更重要的是，他有着非同寻常的精致风格。"[41]这里没有提及巴特如何宣扬先锋文学，批评资产阶级神话，他在索邦的时候让人生厌，他还因为倡导作者之死而臭名昭著。此外，这个标题也回避了符号研究，用社会学的名号来代替。这并非笔误，读者后来会发现，作者提到巴特最终放弃了符号研究这一构想。巴特深爱着我们的语言，其中的精美之处让他魂牵梦萦。在法国，这一举动颇受人尊重，或许有那么一点滑稽，但绝不会让人愤怒或觉得危险。

巴特变成了一个文化偶像，从所谓的激进阶段变为热爱法语，这一转变过程证明，文化在本质上存在于个人主体与精神遗产（以母语为代表）之间的关系，由此巴特的转变更加可贵。“他放弃了结构主义的科学幻想，摆脱了政治与文化斗争中的宣传口号，我们的符号研究者开始了一段新的写作生涯。从今往后，巴特将让罗兰开口说话，他要突出欲望主体，也就是他的个体自我，那个毫无顾忌地热爱着语言和风格的人。”

我引述这段话，不是为了鄙薄，而是因为这段话具有典型的巴特风格，同时他的创作轨迹也为此提供了佐证。如我们所见，他在后期作品中批评了自己“对于科学性的美好梦想”。在早期作品中，虽然他对于二元对立的元语言提出过质疑，但这些对立项（**内涵**和**外延**，**隐喻**和**转喻**，**可读**和**可写**）扮演着重要的角色；《罗兰·巴特自述》却把这些对立项嘲讽为“伪造品”，“生产的修辞”，或者说，从其他话语那里窃用的“文本操作手段”，被用作“写作机器”的一部分，目的就是为了“让文本保持运作”（第95/92页）。“因此，作品依靠着概念带来的冲动、持续不断的兴趣和短暂的狂热向前推进”（第114/110页）。

我们不妨就采取这种了然于胸的姿态，称颂巴特作为作者的敏锐洞察力，而不是他作为准理论家的妄断。这一立场很有诱惑力，尤其在当下，当理论的光环已经退去的时候，做一名博学的评论家，并且反对理论的自高自大，这是一个更有利的姿态。但正因为这一观点具有诱惑力，读者更需要反思它的潜在影响——这样的思考可能会从两个方面展开。首先，就像我之前所做的那样，人们或许会问，巴特对于自己早期作品的祛魅行为是不是一种新的神秘化实践，一种只重风格不重实际的做法？考虑到评估人们过去使用的概念存在的困难，宣称这些概念是对于一种潜在写作欲望的迷恋或表露，而这种欲望将作者与其他人联系在一起，这样的想法多么具有诱惑力。这里没有理论，只有写作！巴特嘲弄自己早期所采用的概念，这一做法完全可能创造一种巴特式的神话，关于作家和作者的神话。

这并不是说，巴特不是一个作家，而是说，他是个独具魅力的作家：优雅、独特、大胆自信、不畏批评。不过正如他所言，虽然判断葡萄酒的好坏有客观标准，但这种标准是个神话。我们同样可以说，虽然巴特按照客观标准是个好作者，但巴特这位作者是个神话——是一种意识形态建构，其效果就在于阻碍别人采纳和检验他的说法，阻碍别人使用这些说法并且观察它们在分析我们感兴趣的文化客体和实践时所起到的作用。巴特宣称，他想要写作，不是**针对某个对象去写**，他的写作所具有的力量和兴趣与这些作品对于研究的文化客体所做出的论断密不可分。这一点体现在他后期关于普鲁斯特的杰出评论中，他宣称自己从针对某个主题而写变成**为写而写**；这一点同样也体现在他的早期作品中（这些作品往往接受"生产"这一说法）。

否定过去所使用的概念或理论和褒扬巴特的作者身份，这两种做法实际上是同一枚硬币的两个不同侧面。重要的是，要思考这两点对于评价巴特如今的价值产生了怎样的影响。人们为什么要读他的作品？为了加剧人们的怀疑，认为理论话语真的只是以某种可疑形式呈现的傲慢自负？那样一来，巴特的价值将取决于某个强大的、需要人们学会抗拒的理论，但现实并非如此。正相反，巴特的作品更多在于提醒我们注意思想的探险，并且鼓励我们跳出普遍接受的观念，尝试新的思考。

我认为，巴特的价值，不，应该说巴特的才华并不在于他晚期作品中的博学或感伤，而是在于他的早期作品，在于他为建立科学性所做的尝试。在《文艺批评文集》中，他把作家称为公共实验者，在公开场合，为了公众利益，对思想进行实验（第10/xii页）。在《罗兰·巴特自述》中，他重新回到这一想法：他[巴特]"召唤概念，实验了现代性（就像人们在不知道如何使用收音机的时候，尝试着按下不同按钮）"（第78/74页）。

巴特的才华有一个重要方面，即他发现系统性和对于明确性的要求具有启发作用。正是在他试图创立一种关于研究对象的系统性理论或分析的时候，这一步骤引导他转而研究某些被人忽视的话语中的问题、话题和要素。符号研究的范式提出，存在意义的地方就存在着系统，人们必须辨认出意指行为的不同层面以及每个层面中的能指和所指。因此，这一范式就要求巴特考虑，时装说明文字中每个要素的功能，或者关于天气的闲聊如何反映出人们的社会阶层。以文学为例，《S/Z》采取的逐步递进的办法迫使巴特进行思考，那些细节——既包括最不起眼的部分，也包括最重要的内容——如何根据不同的范式或代码，被挑选、吸收并加以组织。

系统性首先是一种陌生化手法。你必须以新的条目和新的方式来看待事物，并且得出你的结论。因此，不管一种真正的理论能否形成，对于巴特来说，系统化的动力至关重要。当他转而反对系统化的时候，他就可能陷入那些资产阶级的、感伤的写作形式，把他曾经分析过的文化机制重新变成神话。

系统性的一大优点是，我们可以很容易地对巴特所说的“现实效果”进行简单的思考（现在这已经成为法国教育系统的主要内容）。他从福楼拜的短篇故事《简单的心》开始说起，故事中的人物奥班斯的住房墙上挂着一个气压计：“在气压计下，一架旧钢琴上放着一堆金字塔状的盒子和纸箱。”巴特问：气压计起到什么作用？“如果想要做出详尽分析，”他写道，“（如果一种理论不能解释分析对象的整体，也就是说，叙事的整个表层，那么这样的理论有什么价值？……理论不可避免地遇到一些符号体系，它们不承担任何功能（哪怕是最间接的功能）……”（《语言絮谈》，第179—180/141页）。这些符号体系涉及某种乏味的信息过度，一种叙事的“奢侈”状态。巴特写道，这里产生了一个问题，它对于叙事的结构分析来说至关重要：“在叙事中，是不是任何内容都具有意指功能？如果不是，如果在叙事语段中包含了不实施意指的部分，那么对于这些不实施意指的部分来说，它们的意指功能又是什么？”（第181/143页）。某些细节对于情节、悬念、人物、氛围和象征意义并无帮助，但却具有意指功能。巴特总结道：正因为它们没有意义，所以才能实施意指，既然在西方意识形态中，意义总是与现实相对立，那么“我们是真实的”，“功能分析留下的残余部分具有共同点：它们都指示我们通常所说的‘具体现实’”（第184/146页）。之前还没有任何理论符号系统中的这一重要功能被分析过，但这一功能对于现实主义传统和先锋派作品都至关重要。正如巴特在分析罗伯-格里耶的作品时所指出的，描述（通过过度的细节和客观性）清除了意义，破坏了叙事的魅力。

正是符号研究让巴特在文学、时装和其他意指系统中发现了确立意义与清空意义这两种对立行为的持久斗争，人文主义批评往往过于轻易地假定，在这些意指系统中存在着足够的意义，他们从不担心有数以百万计的符号虽然摆出一副示意的姿态，却并没有提供预期的意义。

在《文艺批评文集》的前言中，巴特写道，文学的任务并非如常人所想，“要把无法表达的事物表达出来”——这样的作品将是一种灵魂文学——文学的任务应该是“让能够表达的事物变得难以表达”，让我们的文化代码所赋予的意义变得不确定，从而消除之前的话语实践在这个世界上留下的痕迹（第15 / xvii页）。因此，宣扬先锋派文学、促进文化转变和对于科学性的美好梦想这三个目标之间存在联系，正是对于科学性的梦想引领着早年的巴特不仅尝试建立一种系统性的符号研究，而且特别关注我们习以为常或者不屑一顾的现象。如果当代的崇拜者所创造的巴特形象中（“那个毫无顾忌地热爱着语言和风格的人”），那个曾经的巴特就此消失，那真让人遗憾，这些崇拜者想忘却作为理论家的巴特，转而营造作为作家的巴特。但必须说的是，理论家也是作家，是别人严肃对待其思想的作家。毫无疑问，巴特当得起这样的评价。

注释及参考书目

1　韦恩·布斯，《批判性理解》，芝加哥大学出版社，1979年，第69页。

2　约翰·斯特罗克，《罗兰·巴特》，收录于《结构主义以来》，牛津大学出版社，1979年，第52页。

3　让-保罗·萨特，《何为文学？》，伽利玛出版社，1948年，第334页、第345页、第341页；英译本《何为文学？》，梅休因出版社，1970年，第206页、第212—213页、第210页。

4　在《文艺批评文集》中，巴特用écrivain（作家）与écrivant（作者）之间的区分来代替萨特对于诗人与散文作者所做的区分。作家专注于对语言进行探索，而作者则使用语言来表达他的想法。对于巴特来说，所有有趣的写作者都是écrivain（作家）。

5　在1971年的一次访谈（《回应》，第92—93页）中，巴特谈到，在《写作的零度》中，他打算“用马克思主义来改造萨特式的承诺”。不过，我们不能完全信任巴特在这段访谈中的回忆，因为他还声称，在1953年时，他从未听说过莫里斯·布朗肖。但事实上，在《写作的零度》中，布朗肖的名字公然出现：巴特引述了他关于卡夫卡的一段评论，并且引用了布朗肖论马拉美的著作，作为他本人观点的理论来源。

6　巴特，《主人与仆人》，《新文学》杂志，1953年3月号，第108页。

7　巴特谈到，他喜爱"写作行为"："写作是手，写作是身体：是它的冲动，它的控制机制，它的节奏，它的重量，它的滑动，它的复杂状况，还有它的闪躲——简而言之，写作不是**灵魂**，而是承载着欲望和无意识的主体"（《访谈录》，第184/193页）。他还说，较早时期的作家也"可能呈现先锋派风格"，"只要是身体而不是意识形态在写作"（第182/191页）。具体分析参见第八章。

8　参见《文之悦》。根据书中的说法，读者通过各种群体语言的**同居**，达到"醉"（极端文本所提供的愉悦感）的境界（第10/4页）。巴特说，他在萨德的作品中发现了这种"语言同居"："相互对立的代码（比如高贵与琐碎）发生接触，创造出浮夸、可笑的新词汇；用于表达色情讯息的句子如此纯净，可以用作语法范例"（第14/6页）。巴特的解读（又加上了一种语言用法）强化了此类碰撞所产生的效果。

9　雷蒙德·皮卡尔，《新批评还是新欺诈？》，波维尔出版社，1965年，第69页；英译本《新批评还是新欺诈？》，弗兰克·汤译，华盛顿州立大学出版社，1969年，第21页。

10 爱德华·吉东，《巴特先生与学院派批评》，《世界报》，1964年3月28日，第9页。

11 关于索绪尔的语言理论和他对于建立符号学的倡议，参见拙著《索绪尔》，丰塔纳出版社，1976年；修订版，《费迪南德·德·索绪尔》，康奈尔大学出版社，1986年。

12 参见拙著《结构主义诗学：结构主义、语言学与文学研究》，康奈尔大学出版社，1975年，第34—38页。

13 关于结构主义文学研究中用到的语言学理论，参见拙著《结构主义诗学》，第一部分。关于巴特借用本维尼斯特所做的区分，参见该书第197—200页。

14 巴特，《从何处开始？》，法文原版《写作的零度及新文艺批评文集》，第155页/英译本《新文艺批评文集》，第89页。这篇文章是巴特关于如何进行结构分析的最明确的指导说明。

15 参见巴特的《对埃德加·爱伦·坡一则故事的文本分析》，收录于《符号学冒险》。

16 芭芭拉·约翰逊对此做出了精彩分析，她将巴特对于《萨拉辛》的"反建构主义"处理与"解构主义"解读进行了对比，并且提出，巴特拒绝重新排列或重新建构文本，这导致他错失了某些解读方式，通过这些方式，这个文本破坏了读者模式的预设，而原本它被认为是从属于这些预设的。参见她的论文《批评差异：巴特/巴尔扎克》，收录于《批评差异》，约翰·霍普金斯大学出版社，1981年。

17 参见巴特的《实在的效果》，《语言絮谈》，第185—186/146—147页。

18 关于解构方法的说明，参见拙著《论解构：结构主义之后的理论与批评》，康奈尔大学出版社，1982年。

19 为夏多布里昂的《朗塞传》所作的序言，收录于法文原版《写作的零度及新文艺批评文集》，第106页/英译本《新文艺批评文集》，第41页。

20 米歇尔-安托万·比尔尼耶、帕特里克·朗博，《轻松学会罗兰·巴特》，巴拉尔出版社，1978年，第41页。

21 《写作：一个不及物动词》，收录于《语言絮谈》，第21—31/11—21页。

22 对于情感的符号学分析，参见拙著《福楼拜：不确定性的使用》，康奈尔大学出版社，1974年，第225—228页。

23 特别有趣的是两篇文章。一篇是《艺术的智慧》，这是巴特为一本展览目录《赛·通布利的绘画及素描作品，1954—1977》所写的序言，该展览在惠特尼美国艺术博物馆（纽约，1979年）举行。这篇文章后来收入《形式的责任》，第157—176页。另一篇文章是《布里亚-萨瓦兰的讲课》，这是他在布里亚-萨瓦兰的《味觉生理学》再版时（赫尔曼出版社，1975年）所写的序言，收入《语言絮谈》，英译本，第250—270页。

24 关于这一问题的讨论，参见拙著《论解构》，康奈尔大学出版社，1982年，第1章。

25 英译本没有收入弗朗索瓦·瓦尔的序言。

26 参见《游戏规则》，1991年第5期。表达支持的声明刊登在该杂志1992年的第6期上。另参见《无限》，1992年第37期。

27 对于其中三个系列的简要总结，参见《全集》第3卷（门槛出版社，1995年）中的几篇文章，包括：《如何共处》，第744页；《中性》，第887页；《小说的准备(1)：从生活到工作》，第1059页。“中性”这一主题贯穿巴特不同风格的作品，参见伯纳德·康曼特的精彩分析：《罗兰·巴特：朝向中性》，克里斯蒂安·布尔古瓦出版社，1991年。

28 《养生》，收录于《全集》，第3卷，第1241页。如对此类作品感兴趣，可参见理查德·克莱恩，《吃胖》，万神殿出版社，1996年。

29 《消除神话》，《编年史》，《全集》，第3卷，第988页。

30 《暂停》，《编年史》，《全集》，第3卷，第990—991页。

31 《新的生活》，《全集》，第3卷，第1300页，注释2。

32 同上，第1301页。

33 同上，第1302页。另参见《敢于懒惰!》，《全集》，第3卷，第1085页。

34 戴安娜·奈特对《新的生活》所做的分析最为出色。她在《事件》中找到了这段文字的出处，从而解释了摩洛哥男孩的这一说法。同时，她还指出，这里援引的禅诗出自《禅林句集》，巴特转引自阿兰·沃茨的《禅道》。在《全集》中，埃里克·马蒂犯了一个错误，他把巴特的附注错写成“Zenzin诗歌中的摩洛哥男孩”，然后他在注释中说，这句话指的是源自摩洛哥口头文学传统的一首诗歌。事实上，在《恋人絮语》的结尾处，巴特同样引用了沃茨书中的禅诗。参见戴安娜·奈特，《闲散的思想：论巴特〈新的生活〉》，《诺丁汉法国研究》，1997年春季号，第94—95页。

35 《新的生活》，《全集》，第3卷，第1306页。这里用到的典故是拉封丹的寓言《想变得和公牛一样大的青蛙》。

36 伯纳德·康曼特，《罗兰·巴特：朝向中性》，克里斯蒂安·布尔古瓦出版社，1991年，第14页，第27页。

37 菲利普·勒热纳，《我也是这样》，门槛出版社，1986年，第107页。嘲讽巴特的章节在《轻松学会罗兰·巴特》的第103—116页。

38 同上，第108页。

39 戴安娜·奈特，《巴特与乌托邦：空间、旅行、写作》，牛津大学出版社，1997年。

40 D.A.米勒，《请出罗兰·巴特》，加州大学出版社，1992年，第31—32页。

41 吉勒·马卡萨，《符号皇帝》，《电视全览》，第2631期，2000年6月14日，第62页。

索 引

（条目后的数字为原文页码）

A

'Analyse textuelle d'un conte d'Edgar Poe'《对埃德加·爱伦·坡一则故事的文本分析》132 (n 15)

Anderson, Benedict 本尼迪克·安德森 122

author, place of 作者的位置 2—3, 69, 104, 113, 116—120

B

Bachelard, Gaston 加斯东·巴什拉 32

Balzac, Honoré de 奥诺雷·德·巴尔扎克 2, 18, 69—73, 107, 113

Barthes, Roland 罗兰·巴特

authority of 的权威性 122—123;

as cultural figure 作为文化人物 i, 99, 100, 114, 123—124;

life of 的生平 i, 8—14, 118—120;

self-description 自我描述 87—88, 91—92, 98, 124—127

Béguin, Albert 阿尔贝·贝甘 32

Benjamin, Walter 沃尔特·本雅明 122—123

Benveniste, Emile 埃米尔·本维尼斯特 67

Blanchot, Maurice 莫里斯·布朗肖 21, 31, 131 (n 5)

body 身体 34, 77—82, 84, 103, 104, 123, 131—132 (n 7)

Booth, Wayne 韦恩·布斯 1, 122

boredom 厌倦 83—84, 117

boxing 拳击 26—27

Brando, Marlon 马龙·白兰度 40

Brecht, Bertold 贝托尔特·布莱希特 39—42

C

Calvet, Louis-Jean 路易-让·卡尔韦 112

Camus, Albert 阿尔贝·加缪 18, 19, 31, 42

Chambre claire, La《明室：摄影札记》i, 3, 12, 81, 82, 88, 99—100, 104

Chateaubriand 夏多布里昂 2, 107

Chomsky, Noam 诺姆·乔姆斯基 78

codes 代码

cultural 文化的 23—30, 59—64, 68—69, 90—97;

literary 文学的 17—22, 25—26, 37, 40—46, 54—56, 61—73

Collège de France, lectures at 法兰西学院的讲座 1, 4, 48, 58, 64, 99, 104,

107,112—113, 116, 133—134 (n 27)
Comment, Bernard 伯纳德·康曼特 120—122
criticism 批评 7—8, 32—35, 38, 49—56, 66—75, 84, 103—104
Critique et vérité《批评与真实》10, 54—56, 73
Crusoe, Robinson 鲁宾逊·克鲁索 112

D

deconstruction 解构 74, 133 (n 16)
Degré zéro de l'écriture, Le《写作的零度》15—22, 25, 32, 42, 45—46, 102, 105
demystification 去除神秘化 23—29, 40—41, 115—116, 126, 134 (n 29)
description 描述 42—43, 73, 76—77, 128
dieting 节食 115
Dispot, Laurent 洛朗·迪斯波 112

E

écriture 书写 18—22, 39, 42, 43, 45—46, 48
Eisenstein, Sergei 谢尔盖·爱森斯坦 43
Eléments de sémiologie《符号学原理》10, 58—60
Empire des signes, L'《符号帝国》3, 10, 27, 41, 46, 79, 90
Essais critiques《文艺批评文集》9, 19, 35, 40—45, 62, 65—66

F

fashion 时尚 61—64
Flaubert, Gustave 古斯塔夫·福楼拜 16—19, 72, 76, 83, 128
food system 食物体系 59
Foucault, Michel 米歇尔·福柯 10, 74, 122
Fourier, Charles 查尔斯·傅立叶 36, 38
Fragments d'un discours amoureux《恋人絮语》1, 3, 11, 29, 81, 92—97, 107
Freud, Sigmund 西格蒙德·弗洛伊德 35

G

Garaudy, Roger 罗杰·加洛蒂 21
Gide, André 安德雷·纪德 87, 110
Goethe, J. W. von J.W. 冯·歌德 93, 94, 107
Grain de la voix, Le《访谈录》29, 39, 76, 81, 90, 98, 132

H

haiku 俳句 46, 110, 113
Hébert, Jacques 雅克·埃贝尔 17—18,

25
Heidegger, Martin 马丁·海德格尔 119
history 历史 15—22, 23—24
homosexuality 同性恋 i, 91, 110—112, 123

I

ideology 意识形态 14—19
idleness 闲散 115, 119, 134 (n 33)
Image, Music, Text《意象、音乐、文本》3, 28, 68—69, 81
Incidents《事件》91, 110—112, 116
interpretation 阐释 35—36, 38, 50—52, 54—56, 66—67, 69—73
'Introduction à l'analyse structurale des récits'《叙事的结构分析导论》68
irony 反讽 71—72

J

Japan 日本 10, 27, 41, 46, 79, 90
Johnson, Barbara 芭芭拉·约翰逊 133 (n 16)
journal 日记 111

K

Kazan, Elia 伊利亚·卡赞 40
Klein, Richard 理查德·克莱恩 134 (n 28)
Knight, Diana 戴安娜·奈特 120, 121—122, 134 (n 34 & 39)

L

La Bruyère 拉布吕耶尔 15
La Fayette, Madame de 拉法耶特夫人 18
Lacan, Jacques 雅克·拉康 10, 88, 113
language 语言
ethics of 的伦理性 27—28, 45;
of fashion 时尚的 59—64;
of literature 文学的 16—22, 67;
and pleasure 与愉悦 76—78, 83—85
Leçon《就职演说》4, 48, 54, 58, 64, 99, 107—109
Lejeune, Philippe 菲利普·勒热纳 121
linguistics 语言学 57—61, 65—67, 74—75, 78, 88, 94
literary history 文学史 15—22, 28—29, 51—53, 73, 89
literature 文学 2, 15—22, 25—26, 35—36, 44—48, 62, 67—73, 76—78, 83—85, 93, 122—124
Loyola, Ignatius 依纳爵·罗犹拉 37, 38

M

Mallarmé, Stéphane 斯特凡·马拉美 16, 17, 19
Mann, Thomas 托马斯·曼 12, 112
Marty, Eric 埃里克·马蒂 119, 134 (n 34), 136
Marxism 马克思主义 21, 39, 88
maxim 格言 92
meaning, empty 空洞意义 35—36, 40—46, 62, 69—70, 90, 105—107, see also *Le Neutre* 参见“《中性》”
Michelet, Jules 儒勒·米什莱 31—34
Michelet par lui-même《米什莱》31—35
Miller, D. A. D. A. 米勒 123
Moroccan boys 摩洛哥男孩 110, 119—120
'Mort de l'auteur,' La 作者之死 69—70
myth 神话 22—30, 62, 88, 126
Mythologies《神话学》9, 23—29, 41, 46, 53, 57, 88, 102, 106, 115, 116, 121

N

narratology 叙事学 67—68
Nature 自然 15, 23—24, 27—28, 29—30
Neutre, le《中性》112—113, 118—122, 123, 143 (n 27)
nouveau roman 新小说 2, 9, 42—46
nouvelle critique 新批评 36, 49—55
Nouvelle Observateur《新观察者》116
novel 小说 42—44, 62, 113, 116—118, 112—113, 116—118
novelistic, the 准小说 29—30, 93, 121

O

Oeuvres completes《全集》113—115, 118, 136
oppositions 对立项 6, 59, 124

P

'Par où commencer,'《从何处开始？》132 (n 14)
Pascal, Blaise 布莱士·帕斯卡 30
pathos, of the novel 小说唤起读者怜悯的特质 117—118
phenomenological criticism 现象学批评 32—34, 36
Picard, Raymond 雷蒙德·皮卡尔 10, 49—56, 114
Plaisir du texte, Le《文之悦》10, 82—86, 107, 132 (n 8)
Playboy《花花公子》115
pleasure 愉悦 34, 54, 76—86
plot 情节 67—68
poetics 诗学 56, 66—75

poetry 诗歌 16—17, 45—48
post-structuralism 后结构主义 65, 74—75
Poulet, Georges 乔治·布莱 32
Propp, Vladimir 弗拉迪米尔·帕洛普 67
Proust, Marcel 马塞尔·普鲁斯特 2, 19, 32, 104, 113, 116—118, 124
psychoanalysis 精神分析 32, 34—36, 50—51, 88, 102
psychology 心理学 50—52

R

Racine, Jean 让·拉辛 2, 10, 21, 35—36, 38, 51—54
reading 阅读 2, 42—43, 68—69, 76—78, 83—84, 88—89, 103—104
reality effect 现实效果 62, 128
'Réponses'《回应》5, 63, 131 (n 3)
Richard, Jean-Pierre 让-皮埃尔·理查德 34
Robbe-Grillet, Alain 阿兰·罗伯-格里耶 2, 19, 41—46, 68, 74, 77, 128
Roger, Philippe 菲利普·罗歇 123
Roland Barthes par Roland Barthes《罗兰·巴特自述》i, 3, 6, 8, 11, 82, 87—92, 98, 104—106, 110, 121
Roland-Barthes sans peine, Le《轻松学会罗兰·巴特》11, 29—30, 76, 79, 81

S

S/Z《S/Z》31, 68—75, 79, 103, 105, 127
Sade, Marquis de 萨德侯爵 31, 36—38, 97
Sade/Fourier/Loyola《萨德、傅立叶、罗犹拉》10, 36—38, 76
Sartre, Jean-Paul 让-保罗·萨特 1, 16—19, 21, 131 (n 4 & 5)
Saussure, Ferdinand de 费迪南德·德·索绪尔 57—60
science, idea of 科学，的思想 57, 62—63, 74—75, 100—103; of literature 文学的 1, 56, 74—75
semiology 符号研究 40, 57—64, 66, 94—97, 102—103, 124, 127, 129
sentimentality 情感 84—86, 96—97, 104, 132 (n 22)
sign 符号 16—18, 22, 25—29, 39—42, 45—48, 94—96, 105—106
'Soirées de Paris'《巴黎之夜》110—112
Sollers écrivain《作家索尔莱斯》84, 86
spiral 螺旋 104—107
Starobinski, Jean 让·斯塔罗宾斯基 32
structural analysis 结构分析 1, 35—37, 59—63, 65—75, 78—79, 128
Sturrock, John 约翰·斯特罗克 7
style 风格 18, 32

of Barthes 巴特的 89, 120, 126
subject 主体 53, 69, 78—81, 91, 98—99, 124
Sur Racine《论拉辛》10, 21, 35—36, 38, 51—53, 89, 114
symbol 象征 45—46
Système de la mode《流行体系》9, 61—64

T

Télérama《电视全览》123—124
text 文本 69—70, 71, 76—78, 83—84, 100—103
theatre 戏剧 38—42
Tolstoy 托尔斯泰 117, 119

U

utopia 乌托邦 105, 121—122, 123

V

Verfremdung 陌生化 39—41, 127
'Vita nova'《新的生活》117—120
Voltaire 伏尔泰 17

W

Wahl, François 弗朗索瓦·瓦尔 110, 112, 113, 133
Watts, Alan 阿兰·沃茨 134 (n 34)
weather 天气 29
wine 葡萄酒 24—25
wrestling 摔跤 26—28

Z

Zola, Emile 埃米尔·左拉 84, 112

Jonathan Culler

BARTHES

A Very Short Introduction

147

Contents

Preface to this edition i

List of illustrations iii

1 Man of parts 1

2 Literary historian 15

3 Mythologist 23

4 Critic 31

5 Polemicist 49

6 Semiologist 57

7 Structuralist 65

8 Hedonist 76

9 Writer 87

10 Man of letters 98

11 Barthes after Barthes 110

Notes and references 131

Further reading 136

Preface to this edition

When Roland Barthes died in 1980, he was a formidable figure on the cultural and critical scene: a powerful presence, a commentator on everything under the sun, and a distinguished eminence of an avant-garde that had radically transformed the humanities in general and literary studies in particular. Twenty years later, his status has become more enigmatic. What is Roland Barthes for us today? What sort of author or intellectual force? Perhaps the question should be, rather, what Barthes should we read and why? Barthes's longtime publisher, Seuil, has issued his complete works in a hefty three-volume edition of several thousand pages, which makes his hundreds of short, occasional pieces as available as his most famous books. His last book, *La Chambre claire*, a provocative, idiosyncratic, personal essay on photography, is much cited, praised, and debated. His early *Mythologies* is a formative work in cultural studies and a reference point in debates about the nature of this field. Many of the books and essays in between – particularly *S/Z* and *Le Plaisir du texte* – are read in college and university courses on literary criticism or literary theory. Is Barthes a literary theorist? As a homosexual who never openly declared himself and who left only a couple of brief posthumous texts about his sexual life, Barthes has also provoked interest in the field of gay and lesbian studies. And his autobiographical *Roland Barthes par Roland Barthes* remains an extraordinarily seductive and stimulating book, one of the most engaging we have about the adventures of thought and writing. If only because of the question of what to read, the need for an assessment of Barthes and his contribution is greater than ever.

This book was originally written for the Modern Masters series published by Fontana and appeared shortly after Barthes's death. It analyses Barthes's achievements and makes available various Barthes for those who can find him useful, appealing, stimulating. The range of his work – of his moods and modes – is so broad that there is something for everyone here, but the key question is where can Barthes lead us, what does his appeal generate? For this new edition I have made only minor changes to the main text, both because I still stand by most of what I say here about Barthes and because too many interventions would risk creating an uneven text, where voices of youth and middle age struggled with each other. In addition to minor clarifications, I have inserted new bibliographical information, but above all I have added a final chapter on the fortunes of Barthes since his death and an argument about his particular value today.

Ithaca, New York
June 2001

Where references for quotations from Barthes's books are given in the text in the format (p. 154/136), the first number refers to the French edition and the second to the English translation listed in the Further reading section.

List of illustrations

1 Seminar at the École pratique des hautes études, 1973 v
Jacques Haillet/L'Express

2 Structuralist fashions: Foucault, Lacan, Lévi-Strauss, and Barthes 11
Maurice Henry/DACS 2001

3 Fancy dress party at the sanatorium 13
Robert David

4 Barthes at the time of the publication of *Le Degré zéro de l'écriture* (1953) 20
Robert David

5 Notes 33
F. Duffort

6 Barthes with cigar 47
André Perlstein, Camera Press

7 Distress, boredom 55
Carla Cerati

8 At the Collège de France, 7 January 1978: Barthes's inaugural lecture 60
Pavlovsky/Sygma/Corbis

9 The history of semiology 63
International Herald Tribune

10 Barthes at his desk 67
Sygma/Corbis

11 Seminar at the École pratique des hautes études, 1974 72
Ministère de la Culture

12 Doodling 80
F. Duffort

13 Roland Barthes with Marie-France Pisier 85
British Film Institute

14 'Peter is completely fictitious, but he's extremely well written' 93
Cartoonbank.com

15 Barthes at piano 101
Sygma/Corbis

16 Intertext/Genre/Works diagram 102
Barthes by Barthes

17 Left-handed 108
David Boudinet/Ministère de la Culture

18 At the École pratique des hautes études 1973 113
Jacques Haillet/L'Express

19 *Le Monde*, 14 February 1975 115
Le Monde

20 Jacket photo from Louis-Jean Calvet's biography *Roland Barthes* 125
Louis Monier/Gamma/Frank Spooner Picures

The publisher and the author apologize for any errors or omissions in the above list. If contacted they will be pleased to rectify these at the earliest opportunity.

1. Seminar at the École pratique des hautes études, 1973.

Chapter 1
Man of parts

When Roland Barthes died in 1980 at the age of 65, he was a professor at the Collège de France, the highest position in the French academic system. He had become famous for incisive and irreverent analyses of French culture but was now himself a cultural institution. His lectures attracted huge, diverse crowds, from foreign tourists and retired schoolteachers to eminent academics; his reflections on aspects of daily life were featured in newspapers; his *Fragments d'un discours amoureux*, a 'rhetoric' of love, became a bestseller and was adapted for the stage.

Outside France, Barthes seemed to have succeeded Sartre as the leading French intellectual. His books were translated and widely read. A critical antagonist, Wayne Booth, called him 'the man who may well be the strongest influence on American criticism today', but his readership went far beyond the company of literary critics.[1] Barthes was a figure of international stature, a Modern Master. But what is he master of? What is he celebrated for?

In fact, Barthes is famous for contradictory reasons. To many, he is above all a structuralist, perhaps *the* structuralist, advocate of a systematic, scientific approach to cultural phenomena. The most prominent promoter of semiology, the science of signs, he also outlined a structuralist 'science of literature'.

To others, Barthes stands not for science but for pleasure: the pleasures of reading and the reader's right to read idiosyncratically, for what pleasure he or she can get. Against a literary criticism focused on authors – interested in recovering what authors thought or meant – Barthes champions the reader and promotes literature that gives the reader an active, creative role.

Third, Barthes is famous as a champion of the avant-garde. When French critics complained that the novels of Alain Robbe-Grillet and other practitioners of the *nouveau roman* were unreadable – jumbles of confusing descriptions without recognizable plots or engaging characters – Barthes not only praised these novels, linking his fortunes to theirs, but argued that the purposes of literature are best fulfilled precisely by 'unreadable' works that challenge our expectations. Against the 'readable' – works that conform to traditional codes and models of intelligibility – he set the 'writable' – experimental works that we don't yet know how to read but can only write and must in effect write as we read them.

Yet the writing for which this champion of the avant-garde is best known deals not with contemporary, experimental authors but with classic French writers, such as Racine and Balzac. His deepest love is 'French literature from Chateaubriand to Proust', and Proust seems his favourite author. One even suspects that his celebration of the avant-garde and apparent denigration of earlier literature was a brilliant strategy (conscious or unconscious) for creating a climate in which he might later return to these earlier authors and read them in new ways.

Finally, Barthes is famous as an agent of what he calls 'the death of the author', the elimination of this figure from the central place in literary studies and critical thinking. 'We now know', he wrote in 1968, 'that a text is not a line of words releasing a Single "theological" meaning (the "message" of an Author-God) but a multi-dimensional space in which a variety of writings, none of them original, blend and clash' (*Image,*

Music, Text, p. 146). He urged, with some effect, that we should study not authors but texts.

Yet this enemy of authors is himself pre-eminently an author, a writer whose varied products reveal a personal style and vision. Many of Barthes's works are idiosyncratic, falling outside established genres: *L'Empire des signes* combines touristic commentary on Japan with a reflection on signs in everyday life and their ethical implications; *Roland Barthes par Roland Barthes* is a strangely detached account of the life and works of one 'Roland Barthes' and evades the conventions of autobiography; *Fragments d'un discours amoureux* is specimens and formulae of lovers' talk rather than a study of love; and *La Chambre claire* must be called meditations on favourite photographs rather than an analysis of the art of photography. Peculiar yet compelling, these works are rightly celebrated as the imaginative products of an *author*, a master of French prose with a singular approach to experience.

Such is Roland Barthes, a figure of contradiction, with an intricate range of theories and stances that we must elucidate. How do we assess someone like this? When asked what Barthes is master of, one is tempted to reply, 'literary criticism'. (At the Collège de France he chose to be styled Professor of Literary Semiology.) Yet this scarcely covers his accomplishments, and his fame does not come from authoritative achievements in literary criticism. His influence is tied, rather, to the various projects he outlined and espoused, projects that helped to alter the way people think about a range of cultural objects, from literature, fashion, wrestling, and advertising, to notions of the Self, of history, and of nature.

One might, then, praise Barthes as a founder of disciplines, a proponent of methods; but this, too, proves somewhat awkward. Each time Barthes urged the merits of some new, ambitious project – a science of literature, a semiology, a science of contemporary myths, a narratology, a history of literary signification, a science of divisions, a typology of textual pleasure – he swiftly passed on to something else. Abandoning what he had set in motion, he often wrote wryly or disparagingly about his prior preoccupations. Barthes is a seminal thinker, but he tries to uproot his seedlings as they sprout. When his projects flourish, they do so without him and despite him.

This refusal to be tied down, this perpetual movement that aims not to correct errors but to evade the past, can be irritating to anyone who has read one of Barthes's works and been excited by its vision of things to be done. One is tempted to condemn Barthes's lack of perseverance and to praise instead those honest toilers in the vineyard who haven't shunned hard work for some alluring new prospect on the horizon. But Barthes interests us precisely because he is stimulating, and it is hard to separate what engages us in his works from his perpetual attempt to adopt new perspectives, to break with habitual perceptions. A lasting commitment to particular projects would have made Barthes a less productive thinker.

Recognizing this, Barthes's greatest admirers are inclined to praise precisely this desire for change, this unwillingness to be tied down, treating his writings not as analyses to be evaluated for their contributions to our understanding but as moments of a personal adventure. In effect, they cope with Barthes's contradictions by seeking a personality behind them, a personal intellectual style. They celebrate his restlessness rather than his structural analyses, his willingness to follow his interests and his pleasure rather than his achievements in this or that field.

In his inaugural lecture at the Collège de France, in which a new professor traditionally explains his approach to his subject, Barthes spoke not of developing a literary semiology or of extending knowledge but of *forgetting*: 'I undertake to let myself be borne on by that force of any living life: forgetting' (*Leçon*, p. 45/478). He proposed not to teach what he knew but to incarnate '*unlearning*, yielding to the unforeseeable modifications that forgetting imposes on the sedimented knowledge, culture and beliefs one has traversed.' For this movement of forgetting, this unlearning, he appropriated the Latin term for wisdom, *sapientia*, giving it his own definition: '*Sapientia*: no power, a little knowledge, a little wisdom, and as much flavour as possible' (*Leçon*, p. 46/478).

Barthes is always flavourful, perhaps especially when, in unexpected turns of phrase, he appears to make himself vulnerable. The idea that Barthes is essentially a flavoursome personality has gained authority because it suits two influential groups: Barthes's idolaters, for whom his every work is a 'Song of Roland', and journalists, who can discuss a personality more easily than a theorist. Barthes's 'unlearning', his abandonment of earlier positions, enabled the French press to describe Barthes's career on the banal model of the radical turned respectable: tiring of systems, principles, and politics, he had made his peace with society so as to enjoy its pleasures and to seek a personal fulfilment. The political stances and social critiques of the early and middle years were just a few of his many flavours, neglected by the mature Barthes, who shunned theories to cultivate his individuality. His 'doctrinaire' promotion of avant-garde literature could be treated as a youthful enthusiasm of one who later returned to the classics of French literature. The unlearning that moved Barthes beyond each position and each programme was seen as testimony to the ultimate worth of the French culture and French society he came to embrace. At the time of his death, this critic of capitalist society and its myths was hailed by politicians as a benign representative of French culture.

Readers who are not French may not be much concerned with what the media made of Barthes's conversions, or with his politics, or even with his precise relation to the avant-garde (in 1971 he claimed that his historical position was 'in the rearguard of the avant-garde' ['Réponses', p. 102]). Such questions must certainly remain subordinate to the primary task of this study, which is to elucidate Barthes's varied theoretical positions and contributions. But if one is to read Barthes at all, one must confront the fundamental question of how to take his ideas. Barthes's admirers repeatedly court the risk of trivializing his works by making them the expressions of a desire rather than arguments to be pondered, developed, or contested; and Barthes himself encourages this by mocking his past procedures. In *Barthes par Barthes*, for example, he considers some of the binary oppositions that played crucial roles in his earlier analyses, such as the distinctions between the *lisible* and the *scriptible* (the *readable* and the *writable*), *denotation* and *connotation, metaphor* and *metonymy*. A paragraph entitled 'Forgeries' calls these oppositions 'figures of production' that enable him to keep writing. 'The opposition is *struck* (like a coin), but one does not seek to *honour* it. Then what good is it? Quite simply, it serves *to say something*' (p. 96/92). And under the rubric 'La Machine de l'écriture' ('The Writing Machine'), he speaks of his enthusiasm for conceptual oppositions. 'Like a magician's wand, the concept, especially if it is coupled, *raises a* possibility of writing.' Here, he says, lies the possibility of saying something. 'Hence, the work proceeds by conceptual infatuations, successive enthusiasms, perishable manias [*engouements conceptuels, empourprements successifs, manies périssables*]' (p. 114/110).

Like so much of *Barthes par Barthes*, this wry self-mockery is seductive; one is encouraged by the older Barthes to feel superior to the younger Barthes, who mistakes his manias for valid concepts. But an intellectually curious reader must at least stop to ask whether this is the best way to read Barthes and whether Barthes's apparent demystification of his past work is not a remystification, a nimble and stylish evasion: given the difficulty of assessing one's past concepts, how tempting boldly to declare them infatuations or manifestations of an underlying desire to write that might link one with other authors. Barthes's mocking of his past may work to create a Barthesian myth. These passages of *Barthes par Barthes* could even be read as a form of showing off: like a young bicyclist shouting, 'Look, Ma! No hands!',

Barthes cries, 'Look, Ma! No Concepts!' A writer might well take pleasure in claiming that his writing was not sustained by significant theories but ran instead on perishable manias and that its fame rested not on its cognitive value but on the flair of its conceptual infatuations and successive enthusiasms.

Even if Barthes does take this view of his work – and his writing is too playful to authorize a definite conclusion – we need not join him in treating it as a series of infatuations that are less important than the fundamental desire they express. Though it would be a challenge to seek out a unifying, underlying desire, hoping thus to discover the 'true Barthes', it seems truer to Barthes – truer to the corpus of his writings and to the nature of his engagement with his times – to let him remain a chameleon, who participates with vigour and inventiveness in a series of very different projects. Instead of seeking a reductive unity, one should allow him to retain his vitality as a man of parts, engaged in a range of valuable general enterprises that may not have a common denominator.

If we must seek unity, if we still feel the need to sum up Barthes in a phrase, we might call him, as John Sturrock does in a useful essay, 'an incomparable enlivener of the literary mind.'[2] Better still, we might say what Barthes says of the writer in general: that he is 'a public experimenter' (*Essais critiques*, p. 10/xii). He tries out ideas and systems in public, for the public. An essay called 'What is Criticism?' develops this idea further. The critic's job, Barthes argues, is not to discover the secret meaning of a work – a truth of the past – but to construct intelligibility for our own time (*Essais critiques*, p. 257/260). To construct '*l'intelligible de notre temps*' is to develop conceptual frameworks for dealing with phenomena of the past and present. This, one can argue, is Barthes's fundamental activity, his most persistent concern. 'What has fascinated me all my life', he says in an interview, 'is the way people make their world intelligible' (*Le Grain de la voix*, p. 15/8). His writings attempt to show us how we do it and above all that we *are* doing it: the meanings that seem natural to us are cultural products, the result of conceptual frameworks that are so familiar as to pass unnoticed. In challenging received opinion and proposing new perspectives, Barthes exposes habitual ways of making the world intelligible and works to modify them. To treat him as a public experimenter working to construct intelligibility for our time will help to account for much that is puzzling in his writings, while preserving their range of positions and perspectives. I shall do this by describing the different projects which Barthes explored.

First, though, a brief account of Barthes's life to provide points of reference for later discussions. As Barthes became famous, interviewers frequently asked about his life, and after some resistance he soon came to speak willingly, stressing all the while that 'any biography is a novel that dares not speak its name' ('Réponses', p. 89). Later I shall discuss some of the literary qualities of Barthes's biographical novel (as manifested, for example, in *Barthes par Barthes*). For the moment, all that concerns us is the plot and a few distinctive themes.

Barthes was born in 1915 to a middle-class, Protestant family. His father, a naval officer, was killed in action within a year, and Roland grew up with his mother and grandparents in Bayonne, a small city near the Atlantic coast in the southwestern corner of France. Discussions of his childhood in *Barthes par Barthes* (which is prefaced by the warning that 'All this must be considered as spoken by a character in a novel') emphasize music (his aunt was a piano teacher and Barthes played whenever the instrument was free), a background of bourgeois talk (the discourse of the provincial ladies who came to tea, for instance), and childhood sights and sounds recalled with a certain nostalgia. When Barthes was nine, he and his mother moved to Paris where she earned a meagre living as a bookbinder and his milieu was school (punctuated by vacations, which were spent in Bayonne). When Barthes was twelve, his mother had an affair with an artist in Bayonne and gave birth to a son, Barthes's half-brother, who lived with them for the rest of Barthes's life, though Barthes never mentions him. Barthes says little of his school years, but he was a good student, and on completion of his Baccalauréat in 1934 he planned to compete for a place at the École normale supérieure, where the very best students pursue their university education. But tuberculosis made its first appearance and he was sent to the Pyrenees for a cure. A year later he returned to Paris and worked toward a university degree in French, Latin, and Greek, devoting much time to performing classical plays with a group he helped to found.

When war began in 1939, Barthes, who had been exempted from military service, worked in lycées in Biarritz and Paris, but in 1941 a recurrence of tuberculosis put an end to this. He spent most of the next five years – roughly the period of the German occupation – in sanatoria in the Alps, where he led an ordered existence and read a great deal, emerging, he has said, as a Sartrean and a Marxist. After further convalescence in Paris he obtained posts teaching French abroad, first in Romania, then in Egypt, where he was introduced to modern linguistics by a colleague, A. J. Greimas.

Returning to France, he spent two years in the division of the government cultural service concerned with teaching abroad, but in 1952 he obtained a scholarship to work on a thesis in lexicology, on the vocabulary of social debate in the early 19th century. He made little progress on his thesis but published two works of literary criticism, *Le Degré zéro de l'écriture* (1953) and *Michelet par lui-même* (1954). Losing his scholarship, he worked for a publisher for a year while writing numerous articles, including many of the brief studies of contemporary culture to be published as *Mythologies* (1957). In 1955 friends helped him obtain another scholarship, this time for a sociological study of fashion, which eventually led to *Système de la mode* (1967). In 1960, after this scholarship had come to an end, he obtained a position at an institute on the margins of the university system, the École pratique des hautes études, where he became a regular teacher in 1962. Meanwhile, he was publishing the essays on the *nouveau roman* and other literary subjects that would be collected in *Essais critiques* (1964), pursuing the vision of a science of signs, articulated in *Éléments de sémiologie* (1964), and writing what proved to be a very controversial book, *Sur Racine* (1963).

Until 1965 Barthes was an active but marginal figure on the French intellectual scene, but then a Sorbonne professor, Raymond Picard, published *Nouvelle critique ou nouvelle imposture?* (New Criticism or New Charlatanism?), which attacked Barthes in particular and whose accusations, when taken up and rehashed in the French press, made Barthes the representative of everything that was radical, unsound, and irreverent in literary studies. Though Picard had objected above all to psychoanalytic formulations in Barthes's discussion of Racine, the fray swiftly became a general Quarrel of Ancients and Moderns that brought Barthes international notoriety. *Critique et vérité* (1966) answered Picard and proposed a structuralist 'science of literature', which Barthes pursued in subsequent articles on rhetoric and on narrative. Two other books related to the structuralist enterprise were published in ensuing years: *Sade/Fourier/Loyola* (1971), which studies this surprising trio of thinkers as founders of discursive systems, and *S/Z* (1970), Barthes's most extensive literary analysis. Meanwhile, a trip to Japan led to *L'Empire des signes* (1970), which Barthes claimed to enjoy writing more than any other book.

By the late 1960s Barthes was established as a Parisian eminence, along with Claude Lévi-Strauss, Michel Foucault, and Jacques Lacan. Greatly sought after, he at first accepted invitations to travel and lecture, enjoying the novelty of strange places and the opacity of foreign languages, but not the obligation of talk with new people. Never an enthusiastic performer like Foucault nor a lover of servile attention like Lacan, he swiftly grew tired of lecture tours, preferring to remain in the Parisian neighbourhood where he had spent most of his life, conducting his seminar at the École pratique des hautes études, and seeing friends.

At the height of his fame as a structuralist, Barthes published two books which greatly altered his reputation: *Le Plaisir du texte* (1973), whose

2. Structuralist fashions: Foucault, Lacan, Lévi-Strauss, and Barthes.

speculations on reading and pleasure made clear the ethical cast of his thought, and *Roland Barthes par Roland Barthes* (1975), whose graceful theoretization of ordinary experience and whose seductively self-deprecatory tone gave him a new status as a writer. In 1976 he was appointed to a chair at the Collège de France and in 1977 a week-long conference at Cérisy was devoted to his work. But Barthes refused to be professorial and immediately published *Fragments d'un discours amoureux* (1977), which embraced and explored the sentimental language of lovers. Nothing could have been more foreign to the concerns of the literary and theoretical avant-garde, but this unorthodox work proved extremely popular and helped make Barthes much more than an academic figure.

Confirmation of his status as a writer came in 1978 in a form that displeased him: a parodic *Le Roland-Barthes sans peine* (as in *French Without Tears*) which purported to teach, in 18 easy lessons, how to speak Roland-Barthes, a language which bears some resemblance to French. Barthes was now a stylist worthy of parody. Interviewers repeatedly asked him whether he would ever write a novel, and though he generally said no, he devoted several courses at the Collège de France to 'Preparation for the Novel', discussing writers' images of what they were trying to produce and their different ways of proceeding. In a Paris where psychoanalysis was the reigning intellectual fashion, Barthes seemed to have become the main promoter of traditional literary values and the principal non-psychoanalytical theorist of daily life. *La Chambre claire* (1980), in part a tribute to Barthes's mother, whose death in November 1977 had been a great blow, was a book on photography. The question of what he would do next, where his talents would take him, had become an intriguing mystery.

Then, in February 1980, coming out of a luncheon with socialist politicians and intellectuals, Barthes was knocked down by a laundry truck while crossing the street in front of the Collège de France. Though he recovered sufficiently to receive visitors, he died four weeks later. His death makes his career even more of a puzzle. It was not the tragic death of a scholar cut off in the midst of some great project, yet one could not say with assurance that Barthes's best work was behind him. Who knows what he might have gone on to do or what further experiments he might have performed?

In Barthes's life, as he recounts it, three factors are distinctive. First, there is the undramatic, nagging poverty of a middle-class family in reduced circumstances. 'His formative problem', Barthes says of Barthes, 'was doubtless money, not sex' (*Barthes par Barthes*, p. 50/45). He speaks not of misery but of financial embarrassment (*gêne*) – scrimping to buy schoolbooks and shoes – and relates this to his later love for the contrary of embarrassment, *ease* (pleasure, for Barthes, means ease rather than luxury).

Second, there is tuberculosis, which twice prevented him from taking the road to an academic career and, more important, imposed a special way of life. Barthes says that his body belongs to the world of Thomas Mann's *The Magic Mountain*, where the tubercular cure is indeed a way of life. Barthes grew accustomed to an ordered existence based on perpetual awareness of the body, a life of much talk but few events and of friendships made possible by continuing proximity.

Third, Barthes speaks euphemistically of a period of 'instability in his profession': from 1946 to 1962 he lived by short-term measures, with no clear direction or assured job. Later, when fame offered the opportunity of clear public and professional roles, he did not exploit his eminence as one might have expected. He speaks of a desire for flavour rather than power and seems indeed to have refrained from seeking the power he might have exercised – though his modesty has a certain power of its own.

One could relate these aspects of Barthes's life to his writings, deriving positions he took from aspects of his experience. Barthes himself sometimes attempts this, but such exercises are mostly unconvincing: each supposed cause – poverty, tuberculosis, instability – has numerous possible effects; the primary influence for each of Barthes's writings is rather the project in which it participates. He is marvellously inventive, but above all he has a nose for what is in the air and might be seized upon, developed, inventively installed as the ruling concept of a new

3. Fancy dress party at the sanatorium. Barthes is on the far right, dressed up as Barrès, member of the Académie française.

project. He has a superb sense of what will surprise but entice, what shocking paradox or contravention of habit might *take*; and thus the context within which or against which he writes is crucial. His is a special sort of mastery, suited to experimentation with the intelligibilities of our time.

Chapter 2
Literary historian

Barthes was always interested in history, for several reasons. First, history functions as the opposite of Nature. Cultures try to pass off as natural features of the human condition arrangements and practices that are in fact historical, the result of historical forces and interests. 'It is when history is denied', Barthes writes, 'that it is most unmistakably at work' (*Le Degré zéro de l'écriture*, p. 9/2). By showing when and how various practices came into being, historical study works to demystify the ideology of a culture, exposing its assumptions as ideology.

Second, Barthes values history for the strangeness of other epochs and what they can teach us about the present. Writing of the 17th-century moralist La Bruyère in *Essais critiques*, he suggests that we should 'underline all that separates his world from ours and all that this distance teaches us about ourselves; such is our enterprise here: let us discuss everything in La Bruyère which concerns us little or not at all: perhaps we shall then, at last, grasp the modern meaning of his work' (p. 223/223). History is interesting and valuable precisely for its otherness.

Third, history is useful because it can provide a story for making the present intelligible. That is what Barthes is seeking in his earliest work of criticism, *Le Degré zéro de l'écriture*. He sketches a history of writing (a history of the idea and institution of literature) that will situate contemporary literature and help one evaluate it. The greatest literary intellectual of the day, Jean-Paul Sartre, had published in 1948 an influential book, *What is Literature?*, which, in answering that question with a capsule history, had argued that to live up to its promise contemporary literature should turn away from aestheticism and linguistic play to social and political commitment. In a rejoinder that, interestingly, never mentions Sartre by name, Barthes provides an alternative story that leads to a different evaluation of contemporary literature.

In Sartre's lively and compelling account, French writers of the late 18th century were the last to find a proper and effective role, as they articulated for a powerful audience a progressive vision of the world that was also the vision of their own class. But after 1848, as the bourgeoisie developed an ideology to protect and justify its newly dominant role, writers – to put it simply – had either to yield to bourgeois ideology or else to renounce it and make themselves politically ineffective outcasts. The most 'advanced' literature thenceforth became a marginal activity without an appropriate audience. Flaubert and Mallarmé opted for a specialized, 'uncommitted' literature, and the surrealists of the 20th century chose what Sartre deems a futile and theoretical negation that eschews serious contact with the world.

Writers of his own generation, Sartre argues, with their intense experience of 'historicity' in the Second World War and the Resistance, could appreciate the importance of commitment and make literature what 'it essentially is, a taking of position'. 'Our job as writers is to represent the world and to bear witness to it.' For Sartre, poetry may play or experiment with language, but prose *uses* language: to name, to describe, to reveal.

> The function of a writer is to call a spade a spade [*appeler un chat un chat*]. If words are sick, it is up to us to cure them. Instead of that, many

> writers live off this sickness. In many cases modern literature is a cancer of words ... In particular, there is nothing more deplorable than the literary practice called, I believe, poetic prose, which consists of using words for the obscure harmonics that resound about them, made up of vague senses in contradiction with the clear meaning.[3]

Writers should call things by their names in an efficient, transparent language.

Sartre's distinction between the unambiguous, transparent language of prose and the opaque, suggestive language of poetry implies that all the dealings with language which have characterized avant-garde literature since Flaubert ought to have been confined to the realm of poetry, and that the story of literature, from Flaubert and Mallarmé to surrealism and beyond, is one of error and decline. Barthes shares both Sartre's conviction that literature should have a vital relation to history and society and his sense that writers of the 18th century had an admirable situation (see his essay on Voltaire, 'The Last Happy Writer', in *Essais critiques*). He also accepts the claim, which makes more sense in France than elsewhere, that 1848 is the historical turning point (since Flaubert, Barthes says, literature has been a meditation on and encounter with language). What he rejects is the account of language and literature that makes self-conscious and modernist literature a deplorable, amoral aberration or a 'cancer of words'.[4]

Barthes starts, therefore, with a bold challenge to Sartre's notion that politically effective language is direct, transparent, literal.

> Hébert [an activist of the French Revolution who edited a newssheet] never began a number of *Le Père Duchêne* without sprinkling it with *fuck* and *bugger*. These obscenities had no meaning but they had significance. How? They signified a whole revolutionary situation. Here is an example of a mode of writing whose function is no longer only communication or

expression but the imposition of something beyond language, which is both history and the stand we take in it.

Le Degré zéro, p. 9/1

All writing contains signs, like Hébert's obscenities, that indicate a social mode, a relation to society. By its disposition on the page alone, a poem signals, 'I am poetry; do not read me as you would other language.' Literature has various ways of signifying 'I am literature,' and Barthes's book is a brief history of these 'signs of literature'. No prose is transparent, as Sartre would wish. Even the simplest language of novels – in Hemingway, for example, or Camus – signifies by indirection a relation to literature and to the world. A stripped-down language is not natural or neutral or transparent but a deliberate engagement with the institution of literature; its apparent rejection of literariness will itself become a new mode of literary writing, a recognizable *écriture*, as Barthes calls it. An author's *language* is something he inherits, and his *style* is a personal, perhaps subconscious network of verbal habits and obsessions, but his *mode of writing*, or *écriture*, is something he chooses, from the possibilities historically available. It is 'a way of conceiving literature', 'a social use of literary form'.

Barthes argues that from the 17th century to the mid-19th century French literature employed a single *écriture classique*, characterized primarily by confidence in the representational function of language. When Madame de Lafayette writes that Le Comte de Tende, on learning that his wife was pregnant by another man, 'thought everything it was natural to think in such circumstances', she shows the same sense of the function of writing as does Balzac nearly two centuries later when he writes that Eugène de Rastignac was 'one of those young men moulded for work by misfortune', or that Baron Hulot was 'one of those men whose eyes light up at the sight of a pretty woman'. This *écriture classique* is based on the assumption of a familiar, ordered, intelligible world to which literature refers. Here, writing is political by the way it connotes universality and intelligibility.

There are vast differences of thought and style within classical writing. Conversely, Barthes argues, though the differences in the thought of the near-contemporaries Balzac and Flaubert may be minor, there is a fundamental distinction between their *écritures*. After 1848, the argument goes, the *interested* character of bourgeois ideology became apparent. Where writers had previously assumed universality, now writing had to reflect upon itself as writing. To write was to contend self-consciously with literature. Barthes explains:

> These have been, *grosso modo*, the phases of the development: first an artisanal consciousness of literary fabrication, refined to the point of painful scruple (Flaubert); then, the heroic will to identify, in one and the same written matter, literature and the theory of literature (Mallarmé); then, the hope of somehow eluding literary tautology by ceaselessly postponing literature, by declaring that one is going to write, and by making this declaration into literature itself (Proust); then, the testing of literary good faith by deliberately, systematically, multiplying to infinity the meanings of the word without ever abiding by any one sense of what is signified (surrealism); finally, and inversely, rarefying these meanings to the point of trying to achieve a *Dasein* of literary language, a neutrality (though not an innocence) of writing: I am thinking here of the work of Robbe-Grillet.
>
> *Essais critiques*, pp. 106–7/97–8

This is an explanation from 1959. In 1953 in *Le Degré zéro*, however, Barthes was thinking not of Alain Robbe-Grillet but of Albert Camus, whose attempt at neutral, non-affective writing, Barthes called 'zero degree writing'. Sartre had seen Camus's *écriture blanche* as a refusal of commitment, but for Barthes, Camus's writing, like other examples of self-conscious literature since Flaubert, is historically engaged at another level: it struggles against 'literature' and its presumptions of meaning and order. Serious literature must question itself and the conventions by which culture orders the world; therein lies its radical potential. But 'no writing can be lastingly revolutionary', since each

4. Barthes at the time of the publication of *Le Degré zéro de l'écriture* (1953).

violation of the conventions of language and literature can ultimately be recuperated as a new mode of literature.

This first book of Barthes's, *Le Degré zéro*, is a strange work of criticism. It mentions few literary works and contains almost no examples – the only quotations are from an unnamed novel by communist intellectual Roger Garaudy. Later, in an article on literary history in *Sur Racine*, Barthes criticizes literary historians for having a historical method but neglecting the historical nature of their object of study. Here we seem to have just the opposite problem: Barthes emphasizes the historical character of his object – writing, or the literary function – but lacks a historical method. The idea of an *écriture classique* is scarcely fleshed out, and readers must envision examples for themselves. Barthes does not analyse or demonstrate. He does not even *answer* Sartre (Sartre's book is mentioned nowhere in the text).[5] Rather, he seems to be experimenting with Sartre's story of literature: modifying it so as to produce a different conception of literary history and evaluation of post-Flaubertian writing.

This brief foray into literary history does three things. First, it asserts the 'political and historical engagement of literary language'. The political significance of writing is not simply a matter of political content or of an author's overt political commitment but also of the work's engagement with a culture's literary ordering of the world. Barthes does not, unfortunately, show in detailed analyses how one might determine the political implications of experimental writing, but he suggests that literature's exploration of language and critique of inherited codes releases a valuable utopian and interrogative impulse. What he shows most convincingly is that since even political tracts work by indirection, it is no simple matter to evaluate the political significance of writing.

Second, *Le Degré zéro* established a general historical narrative that facilitates thinking about literature. Later, Barthes would complicate the story he sets up here of an unself-conscious and representational literature replaced, after 1848, by a self-conscious, problematical and experimental literature. In *S/Z* he distinguishes between the *readerly* (*lisible*) and the *writerly* (*scriptible*): the readerly is what we know how to read and thus has a certain transparency; the writerly is self-conscious and resistant to reading. This new historical distinction is more explicitly tied to reading practices of the present than to historical events, but it has its germ in the distinction between classic and modern *écritures* by which Barthes first tried to make the present intelligible.

Finally, in focusing on the signs of literature – the way writing connotes a literary mode – Barthes brings to our attention and to his a diffuse but powerful second level of meaning, which he will go on to study in myriad guises. This second-order signification he calls 'myth', and it is as mythologist that Barthes first came into his own.

Chapter 3
Mythologist

Between 1954 and 1956, Barthes wrote brief monthly feature articles called 'Mythology of the Month' for *Les Lettres nouvelles.* 'I resented seeing Nature and History confused at every turn in accounts of contemporary life,' he reports, and in discussing aspects of mass culture he sought to analyse the social stereotypes passed off as natural, unmasking 'what-goes-without-saying' as an ideological imposition. *Mythologies*, which collects these articles with a long concluding essay called 'Myth Today', is Barthes's most amusing and accessible book, but it poses one formidable difficulty: what does Barthes mean by 'myth'?

In many cases, as he reveals the ideological implications of what seems natural, 'myth' means a delusion to be exposed. A good example is an exposition of photographs entitled 'The Family of Man' (in French, '*La Grande famille des hommes*') 'whose aim', Barthes writes, 'was to show the universality of human actions in the daily life of all the countries of the world,' to suggest that 'birth, death, work, knowledge, play, always impose the same types of behaviour,' and thus to portray humanity in all its variety as one large family (p. 173/100). By presenting the human diversity it celebrates as family variations of feature and physiognomy, this myth masks the radically different social and economic conditions under which people are born, work, and die. 'Everything here . . . aims to suppress the determining weight of history' by placing a common Human Nature beneath the superficial differences of human appearances, institutions, and circumstances. Progressive thought, Barthes argues, 'must always remember to reverse the terms of this very old imposture, and constantly to scrape away at Nature, its "laws" and its "limits", in order to uncover History there and finally to establish Nature itself as historical' (p. 175/101).

Each of the photographs in the exhibition represents a human scene; gathered together in this fashion, they acquire the second-order, mythical meaning that Barthes wishes to expose. Other objects and practices, even the most utilitarian, function the same way, endowed with second-order meaning by social usage. Wine, for example, is not just one drink among others in France, but 'a totem-drink, corresponding to the milk of the Dutch cow or the tea ceremoniously taken by the British Royal Family'. It is 'the foundation of a collective morality'. For the French, 'to believe in wine is a coercive collective act', and drinking wine a ritual of social integration (pp. 75–6/58–9). In generating mythical meaning, cultures seek to make their own norms seem facts of nature.

> The whole of France is steeped in this anonymous ideology: our press, our films, our pulp literature, our rituals, our Justice, our diplomacy, our conversation, our remarks about the weather, a murder trial, a touching wedding, the cuisine we dream of, the garments we wear, everything in everyday life, is dependent upon the representation which the bourgeoisie *has and makes us have* of the relations between man and the world. . . . bourgeois norms are experienced as the self-evident laws of a natural order.
>
> pp. 127–8/140

But if 'everything in everyday life' becomes the mythologist's domain, myths are not simply delusions to be exposed, like the myth of the Great Family of Man. Though the 'excellence of wine' is a myth, it is not exactly a delusion. Barthes notes the mythologist's dilemma: 'wine is objectively good, and *at the same time*, the goodness of wine is a myth'

(p. 246/158). The mythologist is concerned with the image of wine – not its properties and effects but the second-order meanings attached to it by social convention. Beginning with myth as delusion, Barthes soon comes to emphasize that myth is a form of communication, a 'language', a system of second-order meaning, similar to the *écriture* discussed in his previous book. Hébert's obscenities, for example, have a first order meaning as linguistic signs, but far more important is their mythical meaning: obscenity as a sign of revolution. *Mythologies* offers another example: when a student opens his Latin grammar and finds a sentence from Aesop about the lion demanding the largest portion, *quia ego nominor leo* (because my name is lion), he sees that the first-order linguistic meaning is much less important than the second-order meaning the sentence conveys, of 'I am a grammatical example illustrating the agreement of the predicate' (p. 201/116). In culture, one might say, everything exemplifies: a loaf of French bread signifies Frenchness.

Le Degré zéro, as Barthes now emphasizes, was not only an exercise in literary history but 'a mythology of literary language. There I defined writing as the signifier of the literary myth, that is, a form already full of [linguistic] meaning which receives from the era's concept of Literature a new meaning' (*Mythologies*, p. 221/134). Whatever its linguistic content, writing signifies an attitude towards literary form and thus towards meaning and order; it promotes a myth of literature and through this myth it acquires a role in the world. By exploring the ideological implications of a range of less exalted activities, *Mythologies* helps to suggest how literary myths could have social import.

Barthes's targets in these essays are varied. Sometimes he turns his attention to products invested with mythical signification by advertising campaigns. He writes about the latest model Citroën, about the image of plastic emerging in the 1950s, or about the peculiar dramatic scenarios starring soap powders and cleaning liquids: purifying liquids 'kill' dirt and germs, while soap powders are penetrating agents that lift out dirt, liberating the object from a subtle and elusive enemy. 'To say that Omo cleans in depth is to assume that linen is deep, which no one had previously thought' (p. 39/37). Barthes discusses the idea of the world enshrined in the *Guide bleu*, the media's treatment of royalty, flying saucers, Einstein's brain, and other mythical objects. Writing out meanings that are taken for granted, sarcastically intensifying them or speculating about their implications, he will then conclude with a laconic punchline, pulling us out of the myth by mentioning some political or economic interest at stake.

Barthes's most impressive analysis of second-order cultural meaning comes in the opening essay of *Mythologies*, 'The World of Wrestling'. To bring out the categories and distinctions through which culture gives meaning to behaviour, one can compare two physically similar activities such as wrestling and boxing, which show that there must indeed be different conventions at work to generate different mythical meanings. We could imagine a culture in which the two sports shared a single myth and were watched in the same way, but in our culture there is clearly a difference in ethos that requires explanation. Why does one bet on boxing but not on wrestling? Why would it be odd for a boxer to cry out and writhe in agony, as wrestlers do? Why are rules constantly broken in wrestling but not in boxing? These differences are explained by a complex set of cultural conventions that make wrestling a spectacle rather than a contest.

Boxing, Barthes says, is a Jansenist sport based on the demonstration of excellence: interest is directed toward the final outcome and visible suffering would be read only as sign of an imminent defeat. Wrestling, on the other hand, is drama in which each moment must be immediately intelligible as spectacle; the wrestlers themselves are physical caricatures cast in moral roles, and the outcome is of interest only for that reason – for its dramatic signification. Thus, while in boxing rules are external to the match, designating limits beyond which it must not go, in wrestling they are very much within it, as conventions that increase the range of meanings that can be produced. Rules exist to be violated, so that the 'bastard' may be more violently characterized and the audience engaged in revengeful fury. They are broken visibly (though the referee's back may be turned): a violation hidden from the audience would be pointless. Suffering must be exaggerated; and indeed, as Barthes shows, particular notions of intelligibility and of justice are the major factors that separate wrestling from boxing and make it the grandiloquent and fundamentally reassuring spectacle it is.

Wrestling attracts Barthes for a number of reasons: it is a popular rather than a bourgeois pastime; it prefers scene to narrative, revelling in theatrical signifying gestures; and it is unabashedly artificial, not only in its signs of pain, anger, and distress but even in its outcome: no one would be shocked to learn that matches are fixed. Later, in his mythology of the Orient, *L'Empire des signes*, Barthes praises daily life in Japan for its artifice – its elaborate etiquette, its preference for surface over depth, its refusal, at least in the eyes of a Westerner, to try to ground its practices in Nature. 'If there is a "health" of language, it is the arbitrariness of the sign that is its foundation. What is sickening in myth is the resort to a false Nature' (*Mythologies*, p. 212/126).

Myth always has an 'alibi' ready: its practitioners can always deny that second-order meaning is involved, claiming they wear certain clothes for comfort or for durability, not for meaning. But mythical meanings work on despite all denials. In a more political example, Barthes cites a cover of the magazine *Paris-Match* depicting a young black soldier in French uniform giving the military salute, his eyes fixed on the national flag. This is the first level of signification: shapes and colours are interpreted as a black soldier in French uniform. 'But naive or not,' Barthes writes, 'I see very well what it signifies to me: that France is a great empire, that all her sons, without any colour discrimination, serve faithfully under her flag, and that there is no better answer to the detractors of an alleged colonialism than the zeal this young black shows in serving his so-called oppressors' (p. 201/116). The fact that there are indeed black soldiers in the French army gives the photograph a certain naturalness or innocence; its defenders could claim that it is simply a picture of a black soldier and nothing more, just as the wearers of fur coats maintain that they are only interested in keeping warm. The bad faith of this persistent alibi is one of the things Barthes finds most objectionable in myth.

His dislike is no doubt intensified by an awkward fact: the mythologist puts himself in complicity with what he attacks, as he articulates what goes without saying, spelling out mythical meaning. When Barthes calls the modern automobile 'the exact equivalent of the great Gothic cathedrals: I mean the supreme creation of an era; conceived with passion by unknown artists; and consumed in image if not in usage by a whole population which appropriates them as a purely magical object' (p. 150/88), he mounts a critique of our era but also contributes to the myth. In 1971 Barthes noted that analysing and denouncing myths was not enough: instead of trying to promote a healthier use of signs, one must try to destroy the sign itself (*Image, Music, Text*, p. 167). Whether or not this would be more efficacious, we can certainly infer from what has happened since the publication of *Mythologies* that demystification does not eliminate myth but, paradoxically, gives it a greater freedom. Once upon a time, one could embarrass politicians by accusing them of working to promote an image of themselves, but as demystification became more frequent, embarrassment diminished, and now a candidate's aides publicly discuss how they are attempting to change their master's image. Or again, when feature articles identify particular objects as signs of a certain lifestyle, this does not destroy their mythical efficacy but generally makes them more desirable. Barthes describes how this cultural mechanism functions in literature: the most resolutely anti-literary movement does not destroy literature but becomes in turn a new school of literature. The same mechanism is at work in the non-literary realm. Exposure of the ways a president manipulates events to create an image leads not to the destruction of the image but to new possibilities of second-order meaning: a presidential act or decision can then be taken not as a sign of policy, nor even as a contribution to his image, but as a sign that he is concerned with his image. Myth is protean, and perhaps indomitable.

Barthes's *Mythologies* stands at the beginning of a tradition of demystification, which he hoped would have political results. Analysing myths, he argued in 1953, 'is the only effective way for an intellectual to take political action.'[6] Though he later favoured replacing the irony or sarcasm of the mythologist with a thorough critique of the sign, in fact his works of the 1970s retain the mythologist's fascination with second-order meanings; and the myths of everyday life become a resource for writing rather than an occasion for taking political positions. As he remarked in an interview, 'In daily life, I feel for everything I see and hear a sort of curiosity, almost an intellectual affection, which is on the order of the novelistic' (*Le Grain de la voix*, p. 192/203).

The novelistic, for Barthes, is the novel minus story and characters: fragments of astute observation, details of the world as bearers of second-order meaning. The novelistic eye for detail that enlivens *Mythologies* appears later in the constructions of *Fragments d'un discours amoureux*, which portrays the myth of love – the discourse of lovers as repertoire of cultural stereotypes – and in the reflections on daily life in *Barthes par Barthes*. There he notes, for example, that even the weather is charged with second-order, mythical meaning: talking about the weather with the woman at the bakery, he remarks, 'and the light is so beautiful' – but she makes no reply, and he realizes that nothing is more cultural than the weather: 'I realize that *seeing the light* relates to a class sensibility; or rather, since there are "picturesque" lights that are certainly enjoyed by the woman at the bakery, what is socially marked is the "vague", view, the view without contours, without object, *without figuration*, the view of a transparency' (p. 178/176). One might say that the light is objectively beautiful, but the beauty of the light is a myth, entangled with the conventions of a cultural group. This is the discovery of the mythologist: that the most 'natural' remark about the world depends on cultural codes. As Pascal put it, if custom is a second nature, as it manifestly is in these cultures that would pass as natural, then perhaps Nature is only a second custom.

Chapter 4
Critic

Despite his many unorthodox activities, Barthes devoted considerable time to the critic's traditional task of interpreting and evaluating writers' achievements. He wrote many prefaces and introductions, to modern, experimental writings and to French classics, but his most important work as a critic falls into two categories: the books in which he analyses the entire oeuvre of a writer of the past – Michelet, Racine, Sade – and the articles in which he champions an avant-garde writer – Brecht, Robbe-Grillet, Sollers – and energetically promotes a particular conception of literature's contemporary mission.

Barthes was always a master of surprise, and his early book on Michelet displays something of this talent. *Le Degré zéro* celebrates self-conscious, modernist literary projects, and one imagines its author turning next to Camus or to Blanchot – contemporaries attempting to practise the anti-literary literature he had described. Instead he took up Jules Michelet, a prolific, popular historian of the early 19th century, a colourful writer and ardent patriot, admirer of the French Revolution and of a picturesque, mysterious Middle Ages, which he chronicled in numerous volumes of imaginative history. Michelet's writing shows none of the self-conscious restraint Barthes claims to admire, but he seems to be one of Barthes's great loves, along with Proust and Sade. While in the sanatorium, Barthes reports, he read all Michelet's works – a herculean task – and copied out all the sentences that pleased him or repeated something striking. 'In arranging these cards, a bit as one might amuse oneself with a deck of playing cards, I couldn't avoid coming up with an account of themes' ('Réponses', p. 94).

This account became *Michelet par lui-même* (1954), a book concerned with what Barthes calls *style* in *Le Degré zéro*: 'the organized network of obsessions' manifested in Michelet's imaginative world. He dismisses Michelet's ideas in favour of what he calls an 'existential thematics', his writing's intense investment in various substances and qualities: blood, warmth, dryness, fecundity, smoothness, liquefaction (a famous passage on the French Revolution contrasts the dryness and sterility of Robespierre with the vital warmth of the mob). 'Strip Michelet of his existential thematics', Barthes writes, 'and there remains only a petit-bourgeois', unworthy of attention (p. 88/95).

Where *Le Degré zéro* stressed the ideological implications of literary form, *Michelet* turns away from such questions to describe a universe of contrasting qualities and substances. Barthes thus produced a work that was closely in touch with current developments in French criticism, where a model for discussing the importance of material substances for poetic and non-poetic thinking had emerged from Gaston Bachelard's 'psychoanalysis' of the four elements, earth, air, fire, and water. Barthes claimed not to have read Bachelard, which is quite possible; but Barthes's work was seen as a contribution to the growing body of phenomenological criticism which treated literary works not as artefacts to be analysed but as manifestations of consciousness: a consciousness or experience of the world in which readers are invited to participate. Georges Poulet's *Études sur le temps humain* (1950) and *La Distance intérieure* (1952) had recently appeared; Jean Starobinski had just published *Montesquieu par lui-même* (1953) in the series for which Barthes was writing, and the following year another critic of the so-called 'Geneva School' of phenomenological critics, Albert Béguin, published two further volumes in this collection (on Pascal and

Notes

in bed . . .

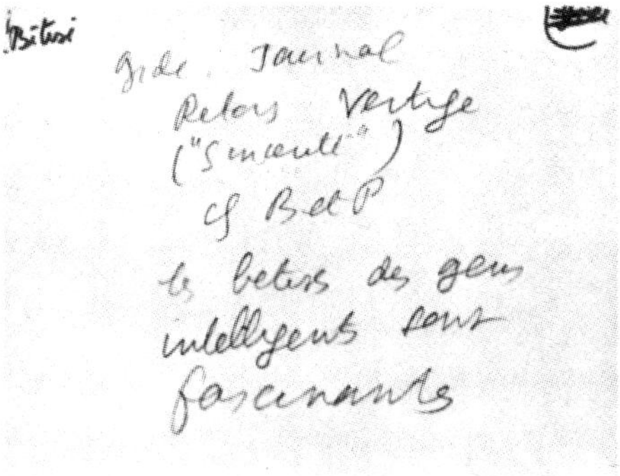

Reversal: of scholarly origin, the note follows the various twists and turns of movement.

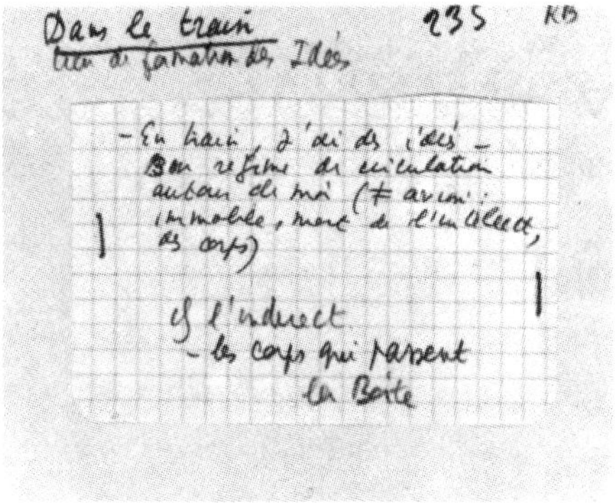

. . . outside . . .

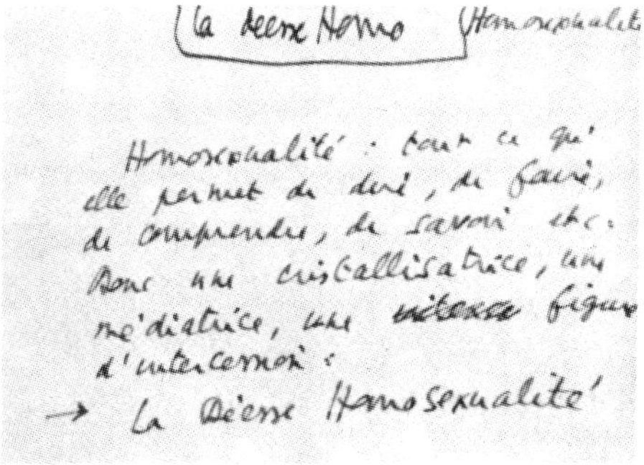

. . . or at a desk

5. Notes.

Bernanos). Most important, perhaps, Jean-Pierre Richard's *Littérature et sensation*, which appeared at the same time, argued explicitly for what seems to be the assumption of Barthes's *Michelet*: 'it is in sensation that everything begins; flesh, objects, moods, compose for the self a primal space,' and it is here, in physical affect, that literary forms, themes, and images are born.

Michelet par lui-même seemed part of the new wave of phenomenological criticism, but in the light of Barthes's later work two things are striking. First, Barthes's method enables him to make Michelet's writing a series of spectacular fragments, associating the interest of writing not with continuity, development, structure – all undeniable qualities of Michelet's work as a historian – but with the pleasure of textual fragments, the pleasure readers can get from odd sentences and their images. Second, this textual pleasure, which leads Barthes to write around and about these texts, is linked to the body. A link is posited between writing and corporeal experiences of space and substance.

Later, Barthes would dwell particularly upon the relation between his own writing and bodily experiences, as if corporeal sensation could serve as origin or ground.[7] Although phenomenological criticism is explicitly concerned with the experience or *appearance* of phenomena (the world as it appears to consciousness), it seems to lead its practitioners to treat the corporeal experience they come to posit as something of a natural foundation. The most highly wrought cultural artifacts are traced back to elementary, pre-reflective sensation, which serves as a natural origin. Barthes's most incisive and productive work combats the mystification that translates culture into nature; and in considering his later works, which strategically ground writing in the body, we shall have to ask whether this is not a mystification of the same genre. *Michelet par lui-même*, apparently so out of keeping with Barthes's literary and political commitments of 1954, explores positions that will reappear.

Sur Racine resembles *Michelet* in its concentration on an imaginative world, but it is neither a fascinated writing out of sentences and fragments, as *Michelet* is, nor a phenomenological description focused on substance and qualities. Less interested in Racine's language and imagination than in the tragic universe that imprisons his characters, Barthes undertakes what he calls an 'anthropology of Racinean man' in a 'mildly psychoanalytic language'. Asking what sort of creature inhabits this tragic universe, he superposes the plays, treating them as variant realizations of the system of Racinean tragedy and attempting to identify the fundamental relations that produce its situations and its characters. He puts special emphasis on a combination of three relations, of authority, of rivalry, and of love, that are found in the myth of the primal horde, as told by Freud and others: after banding together to kill the father who has dominated them and prevented them from taking wives, the sons eventually create a social order (and incest taboo) to control their rivalry. 'This story, even if it is a fiction, is the whole of Racine's theatre' (p. 20/8). Put together all the plays to form a single tragedy and 'you discover the figures and the actions of this primeval horde. . . . The Racinean theatre finds its coherence only on the level of this ancient fable.' Beneath the surface, 'the archaic bedrock is there, close at hand,' and the characters receive their qualities from their place in this general configuration of forces.

In *Essais critiques* Barthes claims that the writer produces 'presumptions of meaning, forms, as it were, and it is the world which fills them' (p. 9/xi). This would make criticism the art of filling; or perhaps we should say, in keeping with Barthes's notion of the writer as public experimenter, that the critic experiments with fillings, trying out on an author or a work the languages and contexts that are available. This is how Barthes presents *Sur Racine*: 'let us try out on Racine, in virtue of his very silence, all the languages our century suggests' (p. 12/x). Racine is 'silent' because he created forms that presume but do not determine meaning. His plays are 'an empty site eternally open to signification', and if he is the greatest French author, 'his genius is to be located in none of the virtues that have successively made his fortune but rather in an unrivalled art of availability, which permits him to remain eternally within the field of any critical language' (p. 11/ix).

To call the great French classic 'an empty site' is a calculated piece of rudeness, as is the decision to try out the language of psychoanalysis on this author traditionally regarded as the acme of purity, decorum, and conscious artifice. The result is a provocative, hybrid reading where three approaches Barthes is interested in exploring are uneasily combined: the phenomenological description of an imaginative universe, the structural analysis of a system, and the use of a contemporary 'language' to produce new thematic interpretations of individual works. As it happens, the description of an imaginative world loses much of its phenomenological character when the account of the 'archaic bedrock' becomes structural and seeks not qualities but differences and relations; and the structuralist attempt to treat the plays as the products of a system of formal rules is deflected by the attempt to produce surprising thematic readings of each play by drawing upon the language of myth and psychoanalysis. *Sur Racine* is a provocative book from which every reader takes a range of ideas about Racine, and it showed a wide public that works of literary criticism (or at least products of *la nouvelle critique*, as theoretically inspired criticism came to be called) could be fascinating reading, but it is not a model to which Barthes or others would return.

In *Sade/Fourier/Loyola*, where Barthes again treats a writer's work as a system, two aspects of *Sur Racine* are accentuated and transformed. The idea, taken from linguistics, that one could produce a 'grammar' of an author's work, discovering its basic elements and their rules of combination, had seemed a relatively unimportant manifestation of the reductive impulse behind *Sur Racine*. In *Sade/Fourier/Loyola* the linguistic analogy comes fully into its own: these three writers are treated as 'logothetes', or creators of special 'languages'. Sade's exhaustive narratives of sexual adventures, Fourier's invention of a utopian society, and Loyola's prescriptions for spiritual exercises all display the same proclivity to distinguish, order, and classify; they elaborate systems which, like languages, generate signification in the domain they articulate.

'There is an erotic grammar in Sade', Barthes writes, '(a porno-grammar) – with its erotemes and rules of combination' (p. 169/165), for Sadian eroticism seeks to 'combine according to precise rules the specific actions of vice, so as to make from these series and groups of actions a new "language", no longer spoken but acted, a language of crime, or a new code of love, as elaborate as the code of courtly love' (p. 32/27). The minimal unit of the erotic code is the *posture*, 'the smallest possible combination, since it unites only an action and its bodily point of application'. In addition to sexual poses, there are various 'operators' such as family ties, social rank, and physiological variables. Postures can be combined to form 'operations' or composite erotic tableaux, and when operations are given a temporal development, they become 'episodes'. 'All these units,' Barthes continues,

> are subject to rules of combination or composition. These rules would easily permit a formalization of the erotic language analogous to the 'tree structures' used by linguists. . . . In the Sadean grammar there are two principal rules; these are, as it were, regular procedures by which the narrator mobilizes the units of his 'lexicon' (postures, figures, episodes). The first is a rule of exhaustivity: in an 'operation' the greatest possible number of postures should be accomplished simultaneously. . . . The second is a rule of reciprocity . . . all functions can be exchanged, everyone can and should be in turn agent and victim, flagellator and flagellated, coprophagist and coprophagee, etc. This rule is central, first because it makes Sadean eroticism truly a formal language, in which there are only classes of actions and not groups of individuals, which greatly simplifies the grammar, and second because it prevents us from dividing Sadean society according to sexual roles.
>
> pp. 34–5/29–30

In addition to discovering a fuller critical role for the linguistic model, *Sade/Fourier/Loyola* transforms a second aspect of *Sur Racine*. There, Barthes's application of sexual or psychoanalytic language to Racine and his characters might have seemed an attempt to shock a French public instilled with a belief in Racinean decorum, but in *Sade/Fourier/Loyola* Barthes shows that he is especially interested in the effects produced by bringing discordant languages into contact, as when the technical terms of linguistics grate against the violent content of Sade's sexual vision. This is not mockery of cultural monuments so much as an exploration of the effects of combining languages.[8]

Sade/Fourier/Loyola, like *Michelet* and *Sur Racine*, shows that trying out one's century's languages on an author is not an attempt to make his works 'relevant' by showing that they have something to say about current problems. That would be a thematic enterprise, emphasizing Racine's psychology of love or Michelet's political views. On the contrary, Barthes's trying out of contemporary languages generally accentuates the strangeness of the writings he treats – Michelet's obsessions, Racine's claustrophobic universe, Sade, Fourier, and Loyola's classifying manias. None of these last three, he writes, 'is bearable [*respirable*]; each makes pleasure, happiness, communication, dependent upon an inflexible order or, worse still, on a system of combinations' (p. 7/3). Barthes's writing about these oeuvres does not discover relevant themes but seeks instead to 'unglue the text' from its vision and purpose – 'socialism, faith, evil', in Fourier, Loyola, and Sade, respectively – and *steal* its language, 'to fragment the old text of culture, knowledge, literature, and scatter its features in unrecognizable formulations, as one disguises stolen goods' (p. 15/10). An unusual programme for criticism, certainly; one which sees interest in strangeness rather than familiarity and finds pleasure in fragments. Barthes is strikingly unconcerned to describe the contours or construction of individual works. In stealing the language of writers of the past, he seeks to elucidate practices of writing and their implications for meaning and order rather than to interpret and evaluate finished works.

This is also apparent in Barthes's other main activity as critic, his promotion of certain avant-garde literary practices His first cause is a theatrical *écriture*, a social use of literary form he discovered in Brecht in the 1950s. At university Barthes had founded a group for the performance of Greek plays, and after the war he helped to establish the magazine *Théâtre populaire*, which attacked commercial drama of the day and argued for a theatre that would treat social and political issues. Sartre had succeeded in creating political drama, but Barthes sought to imagine a political theatre that was not wedded to a simplistic view of language and form. In 1954, when Brecht brought his Berliner Ensemble troupe to Paris, Barthes found his man. He was, he reports, 'literally set on fire' (*incendié*) by the performance of *Mother Courage* and by a passage from Brecht's writing on the theatre printed in the programme (*Le Grain de la voix*, p. 212/225). 'Brecht is still extremely important for me,' he wrote in 1971, 'the more so since he is not fashionable and has not yet succeeded in becoming part of the avant-garde one takes for granted. What makes him exemplary for me is properly speaking neither his Marxism nor his aesthetic (although both are very important) but the conjunction of the two: namely of Marxist analysis and thinking about meaning. He was a Marxist who had reflected upon *effects of the sign*: a very rare thing' ('Réponses', p. 95).

Brecht provided the new dramatic practice Barthes had been looking for and a theoretical perspective that helped him explain what was wrong with traditional Western theatre. Even when they do not mention Brecht, Barthes's writings on drama through the years reflect Brecht's notion of *Verfremdung*, or alienation, and his fundamental proposition that effective theatre requires not empathetic identification with major characters but a critical distance that enables us to judge and comprehend their situation. In Brecht's *Mother Courage*, Barthes argues, 'the point is to show those who believe in the fatality of war, like Mother Courage, that war is precisely a human phenomenon, not a fatality . . . because we *see* Mother Courage blind, we *see* what she does not see. . . . We understand, in the grip of this dramatic obviousness which is the most immediate kind of persuasion, that Mother Courage blind is the victim of what she does not see, which is a remediable evil' (*Essais critiques*, pp. 48–9/334).

Another example: the audience's identification with Marlon Brando in Elia Kazan's *On the Waterfront* weakens the political force of this film, for although the corrupt union is defeated and the bosses are presented satirically, at the end we join Brando as he gives himself over to the employers and the system. Barthes writes:

> Here or never is a case where we should apply the method of demystification Brecht proposes and examine the consequences of our identification with the film's leading character . . . it is the *participational* nature of this scene which objectively makes it an episode of mystification. . . . Now it is precisely against the danger of such mechanisms that Brecht proposed his method of alienation. Brecht would have asked Brando to *show* his naïvete, to make us understand that, despite the sympathy we may have for his misfortunes, it is even more important to perceive their causes and their remedies.
>
> *Mythologies*, pp. 68–9/*The Eiffel Tower*, pp. 40–1

Barthes finds three major lessons in Brecht. First, Brecht sees the theatre (and, by implication, literature) in cognitive rather than emotive terms and thus emphasizes the mechanisms of signification. He challenges the notion of a unified spectacle, showing Barthes that 'codes of expression can be detached from one another, pulled free from the sticky organicism in which they are held by the Western theatre' (*Image, Music, Text*, p. 175). 'The responsibility of dramatic art is not so much to express reality as to signify it' (*Essais critiques*, p. 87/74). Sets, costumes, gestures, and staging should not try to be 'naturally expressive'. Better to signify an army with a few banners than to express it with a cast of thousands.

Second, theatre should exploit the arbitrariness of the sign, drawing attention to its own artifice rather than attempting to conceal it. This is Barthes's version of Brecht's principle of *Verfremdung*. Actors and actresses performing Racine should speak their lines as verse instead of attempting to make this formal and highly ordered language seem the natural expression of psychological states. Barthes cites with approval Brecht's idea that the actor should speak his part not as if he were living it and improvising it but 'like a quotation'. He admires a range of theatrical practices that are unabashedly artificial, from the spectacles of professional wrestling described in *Mythologies* to the Kabuki theatre and Bunraku puppet theatre of Japan, celebrated in *L'Empire des signes*. There is, he suggests, a demystificatory political potential in any dramaturgy that abandons a theatre of character and inner psychological states for a theatre of situations and surfaces. Actors, playwrights, and producers should heed Barthes's favourite slogan: *Larvatus prodeo* (I advance pointing to my mask).

Third, 'Brecht *affirmed* meaning but did not *fill* it in' (*Essais critiques*, p. 260/263). His techniques of estrangement were designed to produce 'a theatre of consciousness, not of action', or, more precisely, a theatre of '*consciousness of unconsciousness*, consciousness of the unconsciousness prevailing on stage – that is Brecht's theatre', bringing the audience to an awareness of problems but not propagandistically advocating a solution. Even if this were not true of Brecht's theatre, it is the programme Barthes advocates for literature, which should not try to tell us what things mean but call attention to the way meaning is produced. Barthes articulates this view, when writing on the theatre, in language sustained by some fundamental contrasts: surface versus depth, outside versus inside, lightness versus heaviness, critical distance versus empathetic identification, mask versus character, sign versus reality, discontinuity versus continuity, emptiness or ambiguity versus fullness of meaning, artificiality versus naturalness. Can political efficacy have a light touch? That is the possibility Brecht seems to offer.

At the same time that he was 'set on fire' by Brecht, Barthes became a fervent supporter of novelist Alain Robbe-Grillet, to whom four of the pieces in *Essais critiques* are devoted. 'What has fascinated me all my life', Barthes affirms, 'is the way mankind makes its world intelligible.' Robbe-Grillet's novels explore this process by attempting a heroic but impossible elimination of meaning, thus bringing to our attention the ways we are accustomed to make things intelligible. In *Le Degré zéro* Barthes had argued that the adoption of an *écriture* – 'a way of conceiving literature', 'a social use of literary form' – has political implications and that formal experimentation may be a mode of commitment, as in the attempts to write anti-literary literature and achieve writing degree zero. Camus's revolt against literature did not carry very far, for he made the meaninglessness of the world a *theme*; things still had meaning: they signified 'absurdity', as readers and critics swiftly came to call it. Robbe-Grillet seemed to Barthes to be attempting something more radical, in trying to empty or suspend meaning by frustrating our assumptions about intelligibility and blocking our regular interpretative moves. His detailed, gratuitous descriptions, empty characters and uncertain plots seemed at first unreadable, that is, unintelligible according to traditional assumptions about novels and about the world; but Barthes saw in his 'rejection of story, anecdote, psychology of motivation, and signification of objects' a powerful questioning of our ordering of experience.

> Since . . . things are buried under the assorted meanings with which men, through sensibilities, through poetry, through different uses, have impregnated the name of each object, the novelist's labour is in a sense cathartic: he purges things of the undue meaning men ceaselessly deposit upon them. How? Obviously by description. Robbe-Grillet thus produces descriptions of objects sufficiently geometrical to discourage

any induction of poetic meaning and sufficiently detailed to break the fascination of the narrative.

Essais critiques, p. 199/198

This account stresses two things. First, Barthes sees Robbe-Grillet's writings, with their descriptions that block the induction of meaning, as texts that are all surface. Depth and interiority have traditionally been the domain of the novel, which tries to delve deep into characters and societies, to get at essentials, and selects details accordingly. Readers of Robbe-Grillet who try to imagine a psychology and a motivation for the characters and to interpret details achieve no deep understanding; at best they make these texts banal.

Second, Barthes praises Robbe-Grillet for adopting an *écriture* that 'breaks the fascination of narrative'. Novels usually have stories: to read a novel is to follow a development of some kind. Barthes is surprisingly uninterested in story. He likes Diderot, Brecht, and Eisenstein, for example, because each prefers scene to story, dramatic tableau to narrative development. Barthes likes fragments and devises ways of fragmenting works with narrative continuity. In Robbe-Grillet's novels, however, Barthes found texts that resist narrative ordering. It is often very difficult to piece together a story, to decide, for example, what 'actually happens' and what is memory, hallucination, or narrator's interpolation. A reader struggling to compose a story is made aware of the exigencies of narrative ordering, but if one does actually compose a narrative, one denies the challenge to narrative and misses the point.

These two strategies, of eliminating depth and disrupting narrative, are what especially interest Barthes; and his early articles 'Objective Literature' and 'Literal Literature' did much to promote the notion of a *chosiste* Robbe-Grillet, devoted above all to objective, dehumanized descriptions of things that are simply *there*. But as Robbe-Grillet's novels grew more familiar, it became evident that readers could recuperate them as literature and make sense of them, particularly by imagining a narrator. The most mechanical descriptions, the most confusing repetitions or lacunae, make sense if they are taken as the thoughts of a disturbed narrator. *La Jalousie*, with its repeated geometrical descriptions, can be read as the perceptions of a paranoid and obsessed narrator. *Dans le labyrinthe* can be read as the discourse of a narrator suffering from amnesia. Instead of 'objective literature' we have then a literature of subjectivity, taking place entirely within the mind of a deranged narrator.

When asked to write a preface to a book about Robbe-Grillet which did exactly what Barthes's articles had said should not be done, reconstructing plots, positing narrators, identifying symbolic patterns, and providing thematic interpretations, Barthes took a new position. There are two Robbe-Grillets, he argued in 'Le Point sur Robbe-Grillet?': on the one hand, the objectivist; on the other, the humanist or subjectivist. He can be read either way, 'and finally it is this ambiguity which counts, which concerns us, which bears the historical meaning of an oeuvre that seems peremptorily to reject history. What is this meaning? The very opposite of a meaning, i.e., *a question*. What do things signify? What does the world signify?' (*Essais critiques*, p. 203/202). 'Robbe-Grillet's oeuvre becomes the ordeal of meaning experienced by a certain society,' as illustrated in that society's changing engagement with it.

The task of literature, Barthes writes in the preface to *Essais critiques*, is not, as is often thought, *to express the unexpressible* – this would be a 'literature of the soul' as he disdainfully calls it. Literature should attempt, rather, 'to *unexpress the expressible*', to problematize the meanings we automatically confer or assume. Robbe-Grillet is therefore exemplary for Barthes, and the essays collected in *Sollers écrivain* later cast Philippe Sollers, another creator of avant-garde prose, in the same role of attempting to *unwrite* the world as it is written or written out in prior discourse. The writer struggles 'to detach a secondary language from the slime of primary languages afforded him by the world' (*Essais critiques*, p. 15/xvii). This language – perhaps ordered, perhaps elegant – Barthes imagines light and clean, not weighed down or filled with meaning.

This ethics of language, so central to Barthes's promotion of the avant-garde, may help to account for a puzzling feature of his criticism. Despite his broad literary tastes – he likes modern authors and old-fashioned authors, terse authors, and exuberant authors – he takes no interest in poetry. With the exception of Racine, he never writes about verse, and Racine's verse scarcely detains him. No comprehensive theory of poetry explains his neglect, but various passing comments, and the chapter 'Is There a Poetic *Écriture*?' in *Le Degré zéro*, may shed some light on this curious silence.

Several remarks suggest that Barthes associates poetry with symbols, with plenitude of meaning, with attempts to create motivated rather than arbitrary signs, and thus sees it as the aspect of literariness that such heroes as Brecht, Robbe-Grillet, and Sollers are trying to combat. However, in *Le Degré zéro* he takes a different line, arguing that there is no *écriture poétique* because, on the one hand, classical poetry is not based on a distinctive use of language (it is part of the comprehensive *écriture classique*) and, on the other hand, modern poetry is 'a language in which a violent drive towards autonomy destroys any ethical scope'. One might expect him to take a lively interest in what he calls this 'discourse full of gaps and flashes, full of absences and voracious signs, without fixed and stable intentions', but he goes on to write of modern poetry's attempt to destroy language and reduce discourse to 'words as static things' (pp. 38–9/48–51). And in *Mythologies* he claims that poetry attempts to achieve a pre-semiological state in which it would present the thing itself.

Since Barthes shows no inclination to believe that poetry does present an unmediated reality, and since the questionable ambitions he attributes to it seem to resemble those of a *chosiste* Robbe-Grillet, one is led to suppose that there is something else at stake, that other forces in Barthes's critical practice work to produce this neglect of poetry. Though *Le Degré zéro* set poetry aside by denying that there was an *écriture poétique*, one can contend that there is in fact an *écriture poétique*, whose connotations of richness, density, and depth of meaning are so powerful as to frustrate the most resolutely anti-poetic poetry. When read as poetry, a sentence such as 'Yesterday I went into town and bought a lamp' draws upon symbolic codes (illumination, commerce) and conventional presumptions of meaning to create rich possibilities of signification. (If the poem consists solely of this minimal sentence, one can find meaning in the absence of any further statement.) In *L'Empire des signes* Barthes writes that for the Westerner haiku is a seductive form because you record a single impression and 'your sentence, whatever it may be, will articulate a lesson, release a symbol, you will be profound, effortlessly, your writing will be *full*' (p. 92/70). Our Western *écriture poétique* creates a presumption of symbolic plenitude and leads us to read haiku accordingly (whereas Barthes imagines that in his utopian Japan they remain empty). For the Westerner, it is difficult to escape fullness of signification in poetry, while in long prose forms the pressure of symbolic meaning is less intense. By excluding poetry from his criticism, Barthes attempts to free literature from the richness of meaning associated with it.

Barthes also makes poetry a scapegoat in a different way. At the end of *Mythologies* he remarks, 'by poetry I understand, in a very general way, the search for the inalienable meaning of things' (p. 247/151). He allows poetry mythically to represent for him the quest for a pre-semiological Nature or Truth, so that this project can be cast out of the domain of literature by setting poetry aside. In *What is Literature?* Sartre had distinguished between poetry (playing with language) and prose (using language to discuss the world) so as to exclude linguistic play from consideration by ignoring poetry. The terms of Barthes's distinction are quite different – for him it is *prose* that experiments with language while poetry attempts to transcend or destroy it – but structurally he is

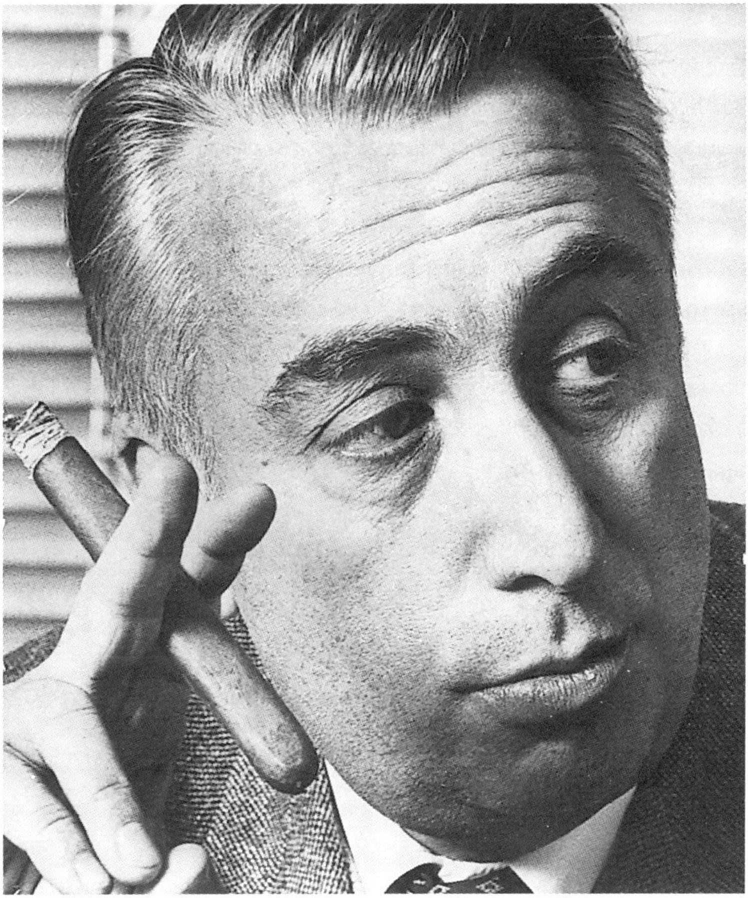

6. Barthes with cigar.

engaged in the same operation: by dubiously identifying some important general aspect of literature with the poetic, he can ignore this quality or project by declining to discuss poetry.

One factor remains. In his inaugural lecture at the Collège de France, Barthes declared, 'By *literature* I understand not a body or a sequence of works, nor even a commercial domain or area of instruction, but the complex inscription of the traces of a practice: the practice of writing' (*Leçon*, p. 16/462). Interested in writing practices rather than achieved forms, he is inclined to neglect sonnets, for example, in favour of interminable prose writings that he can cut to his own liking, creating powerful fragments that can be mobilized in his critical discourse. He does not elucidate tightly constructed forms but celebrates a semiotic activity, which is doubtless why so many of his writings about literature take unorthodox forms.

Chapter 5
Polemicist

In 1963 Barthes published essays on contemporary criticism in the *Times Literary Supplement* and the American journal *Modern Language Notes* informing his readers that there were two sorts of criticism in France, a dreary and positivistic academic criticism (*la critique universitaire*) and a lively, variegated, interpretative criticism (soon baptized '*la nouvelle critique*'), whose practitioners sought not to establish facts about a work but to explore its meaning from a modern theoretical or philosophical standpoint. When these polemical pieces were reprinted in *Essais critiques* the following year, the academy was annoyed. The review in *Le Monde* (16 March 1964) by Raymond Picard, professor at the Sorbonne, ignored the rest of the volume to concentrate on this 'futile and irresponsible defamation', which might give an uninformed foreign audience the wrong idea of the French university.

But it may not have been altogether the wrong idea. To advance as a teacher in the French university system, one had to be making visible progress on a *Doctorat d'État*, a massive scholarly thesis seldom completed in less than ten years, whose goal was solidly documented knowledge. This is not a genre that encourages methodological innovation, theoretical speculation, or unorthodox interpretation, and the critics who have done most to enliven and advance literary studies in France for the most part worked outside the university system, supporting themselves by their writing (Jean-Paul Sartre, Maurice

Blanchot), by teaching abroad (Georges Poulet, René Girard, Louis Marin, Jean-Pierre Richard), or working in special institutions which may use other criteria in their appointments (Barthes, Gérard Genette, Tzvetan Todorov, Lucien Goldmann). After 1968 the situation in universities changed somewhat, but in the early 1960s Barthes's distinction was not altogether inaccurate.

Barthes makes two complaints against academic criticism. While interpretative critics make clear their philosophical or ideological allegiances – to existentialism, Marxism, phenomenology, psychoanalysis, semiotics – academic criticism claims objectivity, pretends to have no ideology. Without theoretical argument, it claims to know the essential nature of literature, and it eclectically accepts or rejects, in the name of common sense, everything offered by ideologically committed criticism. It will reject Freudian or Marxist interpretations as exaggerated or far-fetched (instinctively, Barthes says, it applies the brakes), without granting that this rejection implies an alternative psychology or theory of society that ought to be formulated. The mild-mannered eclecticism of traditional criticism is in fact the most presumptuous ideology of all, since it claims to know under what circumstances every other method might be right and when it is wrong. The concealment of ideology as common sense is what Barthes objects to most strongly.

Second, and this argument will be less familiar to English and American readers, Barthes claims that what academic criticism rejects is immanent interpretation. It wants to explain the work in terms of facts outside the work about the author's world or his sources. Since it sees the literary work as a reproduction of something outside it, it will, under certain conditions, accept psychoanalytic readings as valid but partial views, if they explain the work in terms of the author's past, or admit Marxist readings, if they explain it in terms of historical realities. What it will not accept, Barthes argues, is 'that interpretation and ideology can decide to work in a domain entirely within the work'. Barthes argues that the use of theoretical languages to explore the structure of a work is quite different from approaches that seek causal explanations outside the work. An immanent reading using psychoanalytical concepts to elucidate the dynamics of a work has little in common with the psychoanalytical attempt to explain the work as the product of an author's psyche. Academic criticism in France, says Barthes, is hostile to immanent analysis because it associates knowledge with causal explanation and because it is easier to evaluate students' knowledge than their interpretations. A theory of literature predicated on the importance of knowledge about the author's life and times lends itself to examinations and grading.

Picard may have been equally annoyed by an essay he does not mention, 'Histoire ou littérature' in *Sur Racine*, which astutely discusses the failings of a number of critical books on Racine, including Picard's own doctoral theis, *La Carrière de Jean Racine* – one of many 'admirable' works serving 'a confused cause' (p. 167/172). Professors committed to literary history, Barthes argues, have allowed their fascination with the author and his doings to eclipse the questions that genuinely require historical answers: questions about the history of the literary function or literary institution in Racine's age. For Picard, 'history is still, fatally, the raw material for a portrait.' 'If one wants to write literary history, one must renounce the individual Racine and deliberately move to the level of techniques, rules, rites and collective mentalities', discussing the general pattern of literary careers in the period (pp. 154, 167/159, 172). When critics do concentrate on Racine as the source of his tragedies, which is interpretation rather than history, their inclination is always 'to apply the brakes', as though 'the timidity and banality of the hypothesis were proof of its validity' (p. 160/166). In connecting author and works, they must rely on a psychology, and they are most timid precisely when they should boldly declare the psychology on which they rely.

> Of all the approaches to man, psychology is the most unprovable

> [*improbable*], the most marked by its time. This is because, in fact, *knowledge* of the profound self is illusory: there are only different ways of articulating it. Racine lends himself to several languages – psychoanalytic, existential, tragic, psychological (others can be invented, others will be invented); none is innocent. But to acknowledge this incapacity to *tell the truth* about Racine is precisely to acknowledge, at last, the special status of literature.
>
> p. 166/171

This was what Picard could not accept, as he made clear in the little book *Nouvelle critique ou nouvelle imposture?*, with which he returned to the fray the following year: 'There is a truth about Racine', he declared, 'on which everyone can manage to agree. By relying, in particular, on the certainties of language; the implications of psychological coherence, and the structural requirements of the genre, the patient and modest researcher does succeed in bringing out indisputable facts that in some measure determine zones of objectivity (it is from these that he can – very cautiously – hazard interpretations).'[9] Attacking the interpretative critics Barthes's articles had praised, but especially Barthes's *Sur Racine*, Picard sought to combat the 'dangers' *la nouvelle critique* posed to literary study and to the principles of clarity, coherence, and logic. He develops four charges: (1) that, combining impressionism and ideological dogmatism, Barthes makes irresponsible, unsupportable statements about Racine's plays; (2) that his theory leads to a relativism in which the critic can say anything at all (*n'importe quoi*), since it asks only that the critic admit the subjectivity of his view; (3) that Barthes has the execrable taste to import into the plays an 'obsessive, unbridled and cynical sexuality', such that 'one must reread Racine to persuade oneself that his characters are different from those of D. H. Lawrence'; and (4) that Barthes develops a mystificatory, pseudo-scientific jargon to imply a rigour that is altogether lacking.

Although Picard is convincing in his demonstration that many of

Barthes's claims about Racinean man hold for only a few of the characters in question, what attracted attention and created a great literary quarrel was Picard's spirited defence of the cultural patrimony against irreverent ideologies and their jargon. As far as one could judge from the outpouring of congratulatory articles that greeted *Nouvelle critique ou nouvelle imposture?*, at stake were two deep principles manifested in confused but firmly held beliefs: that the glory of the national cultural heritage depended upon the determinacy of meaning and the truth of the past (the Racine one had studied should not change meaning), and that to contest the artist's conscious control or to ignore intended meaning was to offer a general challenge to subjects' ability to grasp themselves and their world. One writer in *Le Monde* explicitly set forth what Barthes had previously satirized in *Mythologies* as the bourgeois attitude toward criticism (that its task was to declare that Racine is Racine). True criticism, wrote this contributor to the debate, seeks to understand the past for its own sake and 'refuses to revise it. . . . It looks for *Racine* in Racine and not the metamorphoses Racine undergoes in coming into contact with ideologies or jargons.'[10] In 'Racine is Racine' Barthes had observed that while this tautology is illusory, since there are only versions of Racine,

> we understand, at least, what such vacuity in definition affords those who brandish it so proudly: a kind of minor ethical salvation, the satisfaction of having militated for a truth of Racine without having to assume the risks which any actual search inevitably involves. Tautology dispenses us from having ideas, but at the same time prides itself on making this licence into a stern morality; whence its success – laziness promoted to the rank of rigour. Racine is Racine: admirable security of nothingness.
>
> *Mythologies*, p. 98/*The Eiffel Tower*, p. 61

Picard's attack made Barthes the spokesman for *la nouvelle critique*, praised or blamed by all those who volunteered to adjudicate the controversy. In *Critique et vérité* Barthes responded not to Picard's disagreements about Racine but to the general issues that had been raised. His principal argument, of course, is that what Picard cites as foundations (the certainties of language, the implications of psychological coherence, and the structural requirements of the genre) are already interpretations, based on an ideology which academic critics wished to present as reason itself. Barthes claims that the major issue is academic criticism's resistance to the symbolic nature of language, particularly to ambiguity and connotation. Certainly Picard is most vigorously normative when rejecting connotations of various kinds: 'one does not have the *right* to see an evocation of water in the formulation "rentrer dans le port" [come back into harbour], or a precise allusion to the respiratory mechanism in the expression "*respirer à vos pieds*" [to take respite at your feet]' (pp. 66–7/20). Barthes emphasizes that such claims require theoretical substantiation, an argument about literary language and the conventions and purposes of criticism. They cannot be taken for granted, though all the inclinations of *l'ancienne critique* are to appeal to what goes without saying and charge *la nouvelle critique* with going too far.

For Barthes, of course, interpretation should be extravagant. Criticism that remained within received opinion would have no point or savour. Barthes's writing has always fed controversy: its laconic pronouncements irritate those who hold other views. But Barthes seldom takes part in debates he has provoked and in later years he became increasingly 'laxist', as he put it: uncompromising in his own formulations but uninterested in challenging others or in defending his own positions. Buoyed by success, he was able to indulge in what he wryly calls in his inaugural lecture 'a personal inclination to escape an intellectual difficulty by exploring my own pleasure' (*Leçon*, p. 8/458).

In *Critique et vérité*, however, he did, however reluctantly, rise to the occasion of debate to produce in part II his most lucid and convincing programme for literary studies. Suggesting that the task of a nation's criticism might be to 'take up periodically the objects of its past and

7. Distress, boredom.

describe them anew, to discover *what it can make of them*', Barthes distinguishes between *criticism*, which assumes the risk of placing the work in a situation and expounding a meaning, and a *science of literature*, or poetics, which analyses the conditions of meaning, treating the work as an empty form that can be given meaning by the times in which it is read. The critic is a writer attempting to cover the work with his language, to generate a meaning by deriving it from the work. Poetics, on the other hand, does not interpret works but attempts to describe the structures and the conventions of reading that have made them intelligible, enabling them to bear the range of meanings they have borne for readers of different eras and persuasions.

Pressed by Picard, Barthes articulated an eminently logical and defensible position, but he could not live by its central distinction. Given his conviction that literature is a critique of meaning, he does not like to spend his time filling in meaning; yet his interest in trying out languages on works of the past and the present prevents him from restricting himself to investigations of the structures and codes that have made works intelligible. *Critique et vérité* does not give us Barthes's position, but it provides an excellent account of criticism and a lucid programme for a structuralist science of literature, or poetics.

Chapter 6
Semiologist

Semiology, the general science of signs, was proposed by Ferdinand de Saussure, the founder of modern linguistics, in the early years of the 20th century but remained just an idea until the 1960s, when anthropologists, literary critics, and others, impressed by the success of linguistics, sought to profit from its methodological insights and found themselves developing the semiological science that Saussure had postulated.[11] Barthes was an early advocate of semiology and much later, in choosing the title of his chair at the Collège de France, named semiology as his field, though he stressed in his inaugural lecture that his personal semiology was quite tangential, if not inimical, to the growing discipline he had once promoted.

To discuss Barthes as semiologist, then, is both to identify a continuing concern and to focus on the way he values new approaches for their explanatory energy and power of estrangement but rebels as soon as the possibility of orthodoxy arises. The source of his original attraction seems clear. In *Mythologies* he discovered that various linguistic terms could give him a new perspective on cultural phenomena, and he enthusiastically embraced the possibility of studying all human activity as a series of 'languages'. 'It seemed to me that a science of signs could stimulate social criticism and that Sartre, Brecht, and Saussure could join forces in this project' (*Leçon*, p. 32/471). Part of the attraction was the hope that a formal discipline which required one to name signifiers and signifieds would display convincingly the ideological contents of various activities. But the point of a new discipline or new vocabulary was above all to force one to look closely at what goes without saying and to make explicit what one implicitly knows: in order to apply the new terms or perform the new operations one must rethink familiar practices.

New approaches have a *Verfremdungseffekt*, a power of estrangement, that can be lost as the discipline itself becomes an orthodoxy. Barthes could continue to think of himself as a semiologist, it seems, only by defining semiology as a perspective that questions other established disciplines. In *Leçon* he jokes that he hopes to make his Chair of Literary Semiology into a wheelchair, always on the move, 'the wildcard [*joker*] of contemporary knowledge' (p. 38/474). He describes his semiology as the 'undoing' of linguistics, or, more specifically, as the study of all aspects of signification set aside as impure by a scientific linguistics. It is 'the labour that collects the impurity of language, the waste of linguistics, the immediate corruption of any message: nothing less than the desires, fears, expressions, intimidations, advances, blandishments, protests, excuses, aggressions and melodies of which active language is made' (pp. 31–2/470–1). Throughout his career Barthes retains the notion of semiology as a bringing into the open of aspects of meaning ignored by orthodox disciplines. As semiotics becomes an established field, Barthes's semiology changes from a promotion of a science of signs to an activity on its margins.

He did make a brief stab at establishing an orthodoxy himself in *Éléments de sémiologie* (1964), which set forth the basic concepts of a fledgling discipline – the distinctions between *langue* and *parole*, *signifier* and *signified*, and *syntagmatic* and *paradigmatic* relations – and speculated how they might apply to various non-linguistic phenomena. Semiology, he says, must first of all 'try itself out'; playing public experimenter, Barthes tries out linguistic concepts he thinks may prove useful in studying other signifying phenomena.

Most important is Saussure's distinction between *langue* and *parole*. *La langue* is the linguistic system, what one learns when one learns a language, and *parole* is speech, the innumerable utterances, spoken and written, of a language. Linguistics, and by analogy semiology, attempts to describe the underlying system of rules and distinctions that makes possible signifying events. Semiology is based on the premise that insofar as human actions and objects have meaning, there must be a system of distinctions and conventions, conscious or unconscious, that generates that meaning. For a semiologist studying the food system of a culture, for example, *parole* consists of all the events of eating and *langue* is the system of rules underlying these events, rules that define what is edible, what dishes go with or contrast with one another, how they are combined to form meals; in short, all the rules and prescriptions that enable meals to be culturally orthodox or unorthodox. A restaurant menu represents a sample of a society's 'food grammar'. There are 'syntactic' slots (soups, appetizers; entrées, salads, desserts) and paradigm classes of contrasting items that can fill each slot (the soups among which one chooses). There are conventions governing the syntactic ordering of items within a meal (*soup, main course, dessert* is orthodox, while *dessert, main course, soup* is ungrammatical). And the contrasts between dishes within classes, such as *main course* or *dessert*, bear meaning: hamburger and roast pheasant have different second-order meanings. Approaching such material with the linguistic model, the semiologist has a clear task: to reconstruct the system of distinctions and conventions that enable a group of phenomena to have the meaning they do for members of a culture.

A striking feature of Barthes's account is his claim that language is not just the prime example of a semiological system but also the reality on which the semiologist always relies; in effect never studying anything but language. He goes so far as to claim that Saussure was wrong to make linguistics a branch of semiology, and that semiology is really a branch of a comprehensive linguistics: it is the study of how language

8. At the Collège de France, 7 January 1978: Barthes's inaugural lecture.

articulates the world. When semiologists investigate the food system or clothing system of a particular culture and try to discover its signifying units and contrasts, they get their best clues from the language in which clothes or food are discussed, from what this language names and does not name. 'Who can be sure', Barthes asks, 'that in passing from whole-wheat bread to white bread, or from toque to bonnet, we pass from one signified to another? In most cases, the semiologist will have some institutional mediators, or metalanguages, which will supply him with the signifieds he needs for his commutations: the article on gastronomy or the fashion magazine' (*Éléments de sémiologie*, pp. 139–40/66).

Even if language were the only evidence semiologists had, this would not make semiology part of linguistics any more than historians' reliance on written documents makes history a part of linguistics. But semiologists cannot rely on language alone; they cannot assume that everything named is significant and everything unnamed insignificant, especially when studying what-goes-without-saying. For Barthes, however, the evidence of language proved methodologically indispensable in his one large-scale semiological study, *Système de la mode*. Fashion is a system that creates meaning by differentiating garments, endowing details with significance, and establishing links between certain aspects of clothing and worldly activities. '*C'est le sens qui fait vendre*', Barthes writes; it's meaning that sells (p. 10/xii). To describe this system Barthes takes the captions beneath photographs in a year's issues of two fashion magazines, on the assumption that the captions will call attention to the aspects of the garment that make it fashionable and thus enable him to identify the distinctions at work in this sign system.

Barthes discovers three levels of signification, nicely illustrated by a couple of examples: *Les imprimés triomphent aux courses* (Prints win at the races) and *Une petite ganse fait l'élégance* (Slim piping is striking). At the level of what Barthes calls the 'vestimentary code', the code of what is fashionable, *prints* and *piping* are signifiers whose signified is *fashionable*. At a second level, the joining together of prints and races suggests the appropriateness of these dresses in a certain social milieu. Finally, there is 'a new type of sign whose signifier is the fashion utterance in its complete form and whose signified is the image of the world and of fashion that the journal has or wants to convey' (p. 47/36). These captions imply, for example, that piping is not just considered elegant but actually produces elegance (*fait l'élégance)* and that prints are the crucial and active agents of social triumphs (life is a competition which your clothes win or lose for you). Barthes calls the second and third levels the 'rhetorical system' of fashion.

The vestimentary code is important but not especially interesting to read about; Barthes works diligently with a large corpus of fashion captions, analysing the variations on which fashion seems to rely. He encounters some methodological difficulties: in particular, a truly perspicuous analysis would require information about what combinations are impossible or unfashionable.[12] Far more interesting, for both Barthes and his readers, is the rhetorical system, the mythical level of fashion. Fashion obeys the law of myth in its attempt to present its conventions as natural facts. *This summer dresses will be of silk*, the caption tells us, as if announcing an inevitable natural occurrence; *Dresses are becoming longer*, inexorably. The captions announce how useful these garments will be – *Just the thing for cool summer evenings* – but the specificity of some uses is puzzling. Why, for example, *A raincoat for evening strolls along the docks at Calais*? Barthes notes that:

> It is the very preciseness of the reference to the world that makes the function unreal; once again we encounter the paradox of the art of the novel: any function so minutely detailed becomes unreal, but at the same time, the more contingent the function, the more 'natural' it seems. Fashion writing thus comes back to the postulate of realist style, according to which an accumulation of minute and precise details accredits the truth of the thing represented.
>
> p. 268/266

Fashion energetically and resourcefully naturalizes its signs because it must make what it can of small differences, proclaiming the importance of trivial modifications. *Cette année les étoffes velues succèdent aux étoffes poilues* (This year fuzzy fabrics replace shaggy ones). The distinction is what matters, not its content. Fashion 'is the spectacle to which human beings treat themselves of the power they have to make the insignificant signify' (p. 287/288). Or, as Barthes puts it in *Essais critiques*, 'fashion and literature signify strongly, subtly, with all the complexities of an extreme art, but, if you will, they signify "nothing", their being is in the signifying, not in what is signified' (p. 156/152).

Barthes's most systematic semiological study leads to conclusions that are increasingly emphasized in later writings which, paradoxically, reject the idea of a 'science' of signs. 'I passed through a euphoric dream of scientificity', he says dismissively of the early 1960s ('Réponses', p. 97). Defining semiology as attention to everything that makes a science of signification impossible, he associates his rejection of science with the priority of signifying over what is signified, choosing to ignore that this persistent view of meaning emerged from and is substantiated by the systematic perspective he now denigrates. Only by showing fashion or literature to be a system, a mechanism that endlessly elaborates meaning, can Barthes maintain the priority of signifying over what is signified. Taken individually, outside the perspective of a system, fashion statements have meanings that seem more important than any process of signification. Only by convincingly identifying the systematic functioning of a semiological mechanism can one demonstrate the irrelevance of the content of particular fashion captions and give weight to the notion of fashion or literature as systems that undermine or empty the meanings they luxuriantly produce.

Moreover, though Barthes later wished to present his semiology as an attention to all aspects of meaning that resist scientific analysis, what he notices about meaning in his later works is interesting precisely because it suggests general claims about further levels of signification. When he notes that his remark to the woman at the bakery about the beauty of the light bears the marks of a class sensibility, this is certainly not science, but it is interesting and perceptive because it suggests how far an investigation of signs of class membership would have to extend. When he comments that the conventions of academic discussion

9. The history of semiology.

require one to respond to the ostensible content of a question rather than to the underlying attitude it expresses, he is identifying a subject for investigation: the relation between the specific content and the primary force of speech acts and how different conventions direct responses towards one or the other. Secure in his 'wheelchair', Barthes no longer needed to accompany his insights with the call for a science to extend and exploit them; he could speak of his desire to produce a discourse without power, which would not seek to impose itself but rather be a pleasant excursion (*Leçon*, p. 42/476). The interest of his discourse would continue to lie, however, in the potentially systematic reflections on signs and meaning that it provoked. For where there is meaning, there is system. It is Barthes who taught us that.

Chapter 7
Structuralist

The ready answer to the question 'Who is Roland Barthes?' is 'a French structuralist'. Although Barthes's greatest admirers might insist that structuralism was only a moment in his varied career, and not the moment in which he was most truly himself, it is the most important moment: the source of his influence, the fruition of projects and attitudes, and the springboard for future manoeuvres. When structuralism had become a source of authority, Barthes could comfortably take his distance from it, allowing others to see him as a 'post-structuralist', but this produced considerable confusion, for to invent 'post-structuralism' one had to reduce structuralism to a narrow caricature. Much of what was heralded as 'post-structuralist' was in fact already conspicuous in structuralist writings.

In an article of 1967 for the *Times Literary Supplement* Barthes defined structuralism as a way of analysing cultural artefacts that originates in the methods of linguistics (*Le Bruissement de la langue*, p. 13/5). And in *Essais critiques* he explains that he has 'been engaged in a series of structural analyses all of which aim at defining a number of non-linguistic languages' (p. 155/151–2). Treating phenomena as the products of underlying systems of rules and distinctions, structuralism takes from linguistics two cardinal principles: that signifying entities do not have essences but are defined by networks of relations, both internal and external, and that to account for signifying phenomena is to describe the system of norms that makes them possible. Structural explanation does not seek historical antecedents or causes but discusses the structure and significance of particular objects or actions by relating them to the system within which they function.

In the 1960s there seemed no reason to try to distinguish structuralism and semiology. Defining 'the structuralist activity' in *Essais critiques*, Barthes declared that 'serious recourse to the nomenclature of signification' was the mark of structuralism and advised interested readers to 'watch who uses *signifier* and *signified, synchrony* and *diachrony*' (pp. 213–14/214). Eventually, though, semiology (or semiotics) came to be seen as a field of study – the study of sign systems of all sorts – while 'structuralism' came to denote the claims and procedures of French writings of the 1960s that sought to describe the underlying structures of a range of human activities. 'The goal of all structuralist activity,' Barthes wrote, 'whether reflexive or poetic, is to "reconstitute" an object so as to manifest the rules of its functioning.' 'What is new', he concluded, 'is a mode of thought (or a "poetics") which seeks less to assign completed meanings to the objects it discovers than to know how meaning is possible, at what cost and by what means' (p. 218/218). He urges the student of literature

> to take as a moral goal not the decipherment of a work's meaning but the reconstruction of the rules and constraints of that meaning's elaboration. . . . The critic is not responsible for reconstructing the work's message but only its system, just as the linguist is not responsible for deciphering the sentence's meaning but for establishing the formal structure that permits this meaning to be transmitted.
>
> pp. 259–60/256–7

In order to understand the functioning of the most interesting and innovatory literary works, one must reconstruct the systems of norms they parody, resist, or disrupt.

One can distinguish four aspects of the structuralist study of literature. First, there is the attempt to describe the language of literature in linguistic terms so as to capture the distinctiveness of literary structures. Barthes frequently employs linguistic categories in discussing literary discourse; he is particularly interested in Émile Benveniste's distinction between linguistic forms that contain some reference to the situation of enunciation (first and second person pronouns, expressions such as *here, there, yesterday*, and certain verb tenses) and forms that do not. This distinction helps Barthes to analyse some aspects of narrative technique, but he has a piratical approach to linguistics and does not attempt systematic linguistic descriptions as some structuralists do.[13]

The second major project is the development of a 'narratology' that identifies the constituents of narrative and their possible combinations in different narrative techniques. Building on the work of the Russian formalist Vladimir Propp, whose 'grammar' of folktales describes basic motifs and their possibilities of combination, French structuralists

10. Barthes at his desk.

concentrated particularly on plot, asking what its basic elements are, how they combine, what the elementary plot structures are, and how effects of completeness and incompleteness are produced. Barthes wrote a long introduction to a special issue of *Communications* on this subject ('Introduction to the Structural Analysis of Narratives' in *Image, Music, Text*), and his later works emphasize both the role of plot structures in assuring the intelligibility of writing and the effects that can be produced by disrupting narrative expectations. It is impossible to produce a narrative 'without reference to an implicit system of units and rules', he writes (*Image, Music, Text*, p. 81); it is only in relation to conventional narrative expectations that constructions can be excessive or deceptive.

In addition to the systematic study of narrative, structuralists attempt to show how literary meaning depends upon the codes produced by prior discourses of a culture. The most important contribution to this project is Barthes's *S/Z*, which I shall discuss in a moment. Finally, structuralism promotes analysis of the reader's role in producing meaning and of the ways literary works achieve their effects by resisting or complying with readers' expectations. Introduced by Barthes's discussions of Robbe-Grillet, this concern takes two different forms in his later writings. First, there is a claim that words and thus works have meaning only in relation to discursive conventions and habits of reading, which must be studied if one is to understand literary structure. The reader thus becomes important as the repository of conventions, the agent of their application. Poetics focuses on the intelligibility of the work and brings in the reader not as a person or a subjectivity but as a role: the embodiment of the codes that permit reading. 'The "I" that approaches the text', Barthes writes, 'is itself already a plurality of other texts, of codes which are infinite or, more precisely, lost (whose origin is lost). . . . Subjectivity is generally imagined as a plenitude with which I encumber the text, but in fact this faked plenitude is only the wake of all the codes that constitute me, so that ultimately my subjectivity has the generality of stereotypes' (*S/Z*, pp. 16–17/10). This reader also appears in a second claim: that the most interesting or most valuable literature is that which most vigorously exercises the reader, challenging and calling attention to the structuring activity of reading. 'What is at stake in literary work (in literature as work) is making the reader no longer a consumer but a producer of the text' (p. 10/4). Structuralism has presided over the emergence of the reader as a central figure in criticism, and if, as Barthes says, 'the birth of the reader must be requited by the death of the Author,' who is no longer treated as the source and arbiter of meaning, this is a price he is willing to pay (*Le Bruissement de la langue*, p. 69/55).

The structuralist attempt to understand how we make sense of a text leads one to think of literature not as a representation or communication but as a series of forms produced by the institution of literature and the discursive codes of a culture. Structural analysis does not move towards the discovery of secret meanings: a work is like an onion, Barthes writes, 'a construction of layers (or levels, or systems), whose body contains, finally, no heart, no kernel, no secret, no irreducible principle, nothing except the infinity of its own envelopes – which envelop nothing other than the unity of its own surfaces' (*Le Bruissement de la langue*, p. 159/99). A structural analysis does not produce an 'explanation' of a text but begins with an initial view of its content and enters into the play of the codes that are responsible, 'identifying their terms, sketching their sequences, but also postulating other codes, which will appear in the perspective of the first ones.'[14] As he puts it in 'La Mort de l'auteur',

> In the multiplicity of writing, everything is to be *disentangled*, nothing *deciphered*; the structure can be followed, 'run' (like the thread of a stocking) at every point and at every level, but there is nothing beneath: the space of writing is to be ranged over, not pierced; writing ceaselessly posits meaning ceaselessly to evaporate it, carrying out a systematic exemption of meaning. In precisely this way literature (it would be better

> from now on to say *writing*), by refusing to assign a 'secret', an ultimate meaning, to the text (and to the world-as-text), liberates an activity we may call counter-theological, an activity that is truly revolutionary since to refuse to fix meaning is, in the end, to refuse God and his hypostases – reason, science, law.
>
> *Le Bruissement de la langue*, p. 68/53–4

A disentangling which 'runs' threads of meaning: this is the mode of Barthes's most ambitious and sustained structural analysis, *S/Z*, a line-by-line discussion of Balzac's novella *Sarrasine*. Breaking the text into fragments, or 'lexias', as he calls them, he identifies the codes on which they rely. Each code is the accumulated cultural knowledge that enables a reader to recognize details as contributions to a particular function or sequence The *proairetic code*, for example (Barthes often draws upon Greek to create technical terms), is a series of models of action that help readers place details in plot sequences: because we have stereotyped models of 'falling in love', or 'kidnapping', or 'undertaking a perilous mission', we can tentatively place and organize the details we encounter as we read. The *hermeneutic code* governs mystery and suspense, helping us to recognize what counts as an enigma and arrange details as possible contributions to its solution. The *semic code* provides cultural stereotypes (models of personality, for example) that enable readers to gather pieces of information to create characters; and the *symbolic code* guides the extrapolation from textual details to symbolic interpretations. What Barthes calls the *referential code* in *S/Z* is later divided into a series of cultural codes that are most easily thought of as so many manuals providing the cultural information on which texts rely.[15] When Balzac writes that Count Lanty was 'as gloomy as a Spaniard and as boring as a banker', he draws upon cultural stereotypes. When he writes that coming out of the theatre where he has seen Zambinella sing, Sarrasine is 'overcome with an inexplicable sadness', our models of cultural verisimilitude let us read this as a mark of deep involvement. 'Although entirely derived from books, these codes, by a reversal characteristic to bourgeois ideology, which turns culture into nature, serve as the foundation of the real, of "Life"' (*S/Z*, p. 211/206).

In identifying codes and commenting on their functioning in classic and modernist literature, Barthes seeks not to interpret *Sarrasine* but to analyse it as an intertextual construct, the product of various cultural discourses. 'We now know', he writes in 'La Mort de l'auteur', 'that the text is not a line of words releasing a single "theological" meaning (the "message" of an Author-God) but a multi-dimensional space in which a variety of writings, none of them original, blend and clash. The text is a tissue of quotations drawn from innumerable sources of culture' (*Le Bruissement de la langue*, p.67/52–3). Attentive to this citational play of codes, he describes, for example, the ironic strategies of readable literature. Referential codes can easily become boring in their conformism:

> The classic remedy ... is to treat them ironically by superimposing a second code that enunciates them with detachment ... In saying that Sarrasine 'had hoped for a dimly lit room, a jealous rival, death and love, etc.', the discourse mingles three staggered codes ... The Code of Passion establishes what Sarrasine is supposed to be feeling; the Novelistic Code transforms this 'feeling' into literature: it is the code of an innocent author who has no doubt that the novelistic is a *just* (natural) expression of passion. The Ironic Code takes up the 'naïveté' of the first two codes: as the novelist undertakes to speak of the character (code 2), the ironist undertakes to speak of the novelist (code 3) ... it would suffice to produce ... a pastiche of Balzac to take one step further this staggering of codes. The effect of this cantilevering? Constantly going beyond the previous stage and aspiring to infinity, it constitutes writing in all the power of its play.
>
> *S/Z*, p. 145/139

Readable writing allows the reader to determine which is the final code (say, the implication, 'this is ironic'). An author like Flaubert, however,

11. Seminar at the École pratique des hautes études, 1974.

> in wielding an irony fraught with uncertainty, brings about a salutary uneasiness in writing: he refuses to halt the play of codes (or does so badly), with the result that (and this is no doubt the true test of writing) one never knows whether he is responsible for what he writes (whether there is a subject behind his language): for the essence of writing (the meaning of the work which constitutes it) is to prevent any reply to the question: who is speaking?
>
> p. 146/140

Barthes's breaking up of the text in pursuit of codes enables him to do close reading while resisting the presumption of Anglo-American close reading that every detail must be shown to contribute to the aesthetic unity of the whole. Interested in the 'plural' qualities of the work, he refuses to seek an overall unifying structure but asks how each detail works, what codes it relates to, and proves adept at discovering functions.[16] Apparently gratuitous descriptive details, for instance, by their 'failure to relate to any of the codes advancing the plot, revealing character, contributing to suspense, or generating symbolic meaning, produce a 'reality effect': by their very resistance to meaning they signify, 'this is the real.'[17]

The paradox of *S/Z* is that its categories explicitly denigrate classic, readable literature, of which Balzac is the epitome, and yet its analysis endows a Balzacian novella with an intriguing and powerful complexity. *S/Z* is predicated upon a distinction between the readable and the writerly, between classic writing that complies with our expectations and avant-garde writing that we don't know how to read but must in effect compose in our reading. Declaring that 'the writerly is our value,' *S/Z* nonetheless takes up a readerly story, but instead of revealing a boring predictability, the analysis opens the story up, presenting it as an astute and resourceful reflection upon its own codes and the signifying mechanisms of its culture. '*Sarrasine* represents the very confusion of representation, the unbridled (pandemic) circulation of signs, sexes and fortunes' (p. 222/216). By declaring the superiority of disruptive, avant-garde literature, *S/Z* helps to produce an intellectual climate in which lovers of Balzac can try to rescue his novels from an appreciative classical reading and treat his works as writing that explores its own signifying procedures. And Barthes's analysis here is exemplary in its effect: in general, structural analyses predicated upon a distinction between works that comply with conventions and works that violate them end up discovering a radical literary practice in the most unexpected, most traditional places – thus subverting the notion of literary *history* as well as Barthes's initial distinction. This is one of the major accomplishments (and perhaps the secret goal) of Barthes's structuralism.

S/Z is Barthes's *summa* – a compendium of his views on literature and a meeting ground for projects often held to be contradictory. On the one hand, it displays a powerful scientific and metalinguistic drive, breaking the work into its constituents, naming and classifying in a rationalist and scientific spirit. In its attempt to explain how readers make sense of novels, it contributes to the poetics outlined in *Critique et vérité*. Yet *S/Z* opens with what Barthes and others have regarded as a renunciation of the structuralist project: Barthes insists that instead of treating the work as the manifestation of an underlying system he will explore its difference from itself, its unmasterable evasiveness, and the way it outplays the codes on which it seems to be based (p. 9/3). The fact that *S/Z* has been seen as an extreme example of both structuralism and post-structuralism suggests that we ought to regard this distinction with suspicion. From the very beginning, we should remember, structuralist attempts to describe the codes of literary discourse were linked with an exploration of how avant-garde works, such as Robbe-Grillet's, foreground, parody, and violate those conventions.

There is, of course, a contrast between the scientific ambitions of structuralism and, for example, the version of post-structuralism called 'deconstruction',[18] which characteristically shows how discourses undermine the philosophical presuppositions on which they rely; but one may easily make too much of this difference. Structuralist writings repeatedly appeal to linguistic models in order to shift the focus of critical thinking from subjects to discourse, from authors as sources of meaning to systems of convention operating within the discursive systems of a social practice. Meaning is seen as the effect of codes and conventions – sometimes of violating conventions. To describe these conventions, structuralism posits various sciences – a general science of signs, a science of mythology, a science of literature – which serve as the methodological horizon for a range of analytical projects. But within each project attention characteristically focuses on marginal or problematical phenomena which help to identify the conventions that exclude them and whose force depends on these conventions. The notion of a science or complete 'grammar' of forms serves as the methodological horizon for work that focuses in practice on the ungrammatical or the deviant, as in anthropological studies of pollution or taboo or in Michel Foucault's structuralist studies of madness and of incarceration. One might argue that the idea of a comprehensive science plays the same role for structuralism as the notion of a comprehensive putting into question plays for some strains of so-called post-structuralism: neither a complete science nor a complete questioning is a possible accomplishment, but each is an imperative that produces telling analyses of the functioning of discourse. The notion that Barthes's work underwent a radical change in a move from structuralism to a post-structuralism in *S/Z* is an idea he helped to foster, but the concerns of *S/Z* were evident in his work all along. More palpable and significant is the shift that occurs when Barthes proclaims himself a hedonist.

Chapter 8
Hedonist

In 1975, explaining to an interviewer the importance the term *pleasure* had acquired in his work, Barthes spoke of his desire to 'take responsibility for a certain hedonism, the return of a discredited philosophy, repressed for centuries' (*Le Grain de la voix*, p. 195/206). *Le Plaisir du texte* is the primary document in this revival, but pleasure plays a prominent role in Barthes's other writings. 'What is an idea for him if not a *flush of pleasure* [*un empourprement de plaisir*]?' he asks in *Barthes par Barthes* (p. 107/103). 'The text is an object of pleasure,' he declares in *Sade/Fourier/Loyola* (p. 12/7). But pleasure must be *taken.* 'The challenge of literature is how can this work concern us, astonish us, fulfil us?'[19]

Le Plaisir du texte is a theory of textual pleasure, but also a manual and even a confession. 'What I enjoy in a story', Barthes reports, 'is not directly its content, nor even its structure, but the abrasions [*éraflures*] I impose on the fine surface: I speed ahead, I skip, I look up, I dip in again' (p. 22/11–12). Pleasure may come from *drifting* [*la dérive*], which 'occurs whenever *I do not respect the whole*' and he is carried along by language that seems opaque, theatrical, or even excessively precise (p. 32/18). He takes pleasure, for example, in 'exactitude': 'In *Bouvard et Pécuchet* I read this sentence, which gives me pleasure: "Cloths, sheets, napkins, were hanging vertically, attached by wooden clothespins to taut lines." Here I enjoy an excess of precision, a kind of maniacal exactitude of language, a descriptive madness (encountered in texts by Robbe-Grillet)' (p. 44/26). Recounting his pleasure in details of daily life in novels, biographies, or histories, Barthes goes on to imagine an aesthetics based on the pleasure of the consumer and 'a typology of the pleasures of reading – or of the readers of pleasure', in which each reading neurosis finds a particular textual pleasure: the fetishist is a lover of fragments, quotations, turns of phrase; the obsessional an enthusiastic manipulator of metalanguages, glosses, and explications; the paranoid a deep interpreter, seeker of secrets and complications; and the hysteric an enthusiast who abandons all critical detachment to throw himself into the text (pp. 99–100/63).

Discussions of reading and pleasure may seem to promote a mystique of the Text, but 'on the contrary,' Barthes insists, 'the whole effort consists in materializing the pleasure of the text, in making the text *an object of pleasure like any other* . . . The important thing is to equalize the field of pleasure, to abolish the false opposition of practical life and contemplative life. The pleasure of the text is just that: a claim lodged against the separation of the text' and an insistence on the extension of erotic investment to objects of all sorts, including languages and texts (p. 93/58–9).

To bring the text into the field of pleasure, Barthes invokes the body: 'The pleasure of the text is that moment when my body pursues its own ideas' (p. 30/17). Or again:

> Whenever I attempt to 'analyse' a text that has given me pleasure, it is not my 'subjectivity' I encounter but my 'individual', the given which makes my body separate from other bodies and appropriates suffering or pleasure to it: it is my enjoying body [*corps de jouissance*] I encounter. And this enjoying body is also *my historical subject*; for it is at the end of a very complex process combining biographical, historical, sociological and neurotic elements (education, social class, childhood configuration, etc.)

> that I balance the contradictory interplay of (cultural) pleasure and (non-cultural) ecstasy.
>
> pp. 98–9/62

Reference to the body is part of Barthes's general attempt to produce a materialist account of reading and writing, but it has four specific functions. First, the introduction of this unexpected term produces a salutary estrangement, especially in the French tradition, where the self has long been identified with consciousness, as in the Cartesian *cogito*, 'I think; therefore I am.' This self, a consciousness conscious of itself, is not what experiences textual pleasure: *the body* serves as Barthes's name for the entity involved – an entity altogether more opaque and heterogeneous, less in control and accessible to itself than the Cartesian 'mind'.

Second, structuralism has devoted much energy to demonstrating that the conscious subject should not be taken as a given and treated as the source of meaning but should rather be seen as the product of cultural forces and social codes that operate through it. For example, the conscious subject is not master of the language that it speaks. I 'know' English in the sense that my body can speak, write, and understand English, but I cannot bring to consciousness the vast and complex system of norms that constitute my knowledge. Noam Chomsky argues that we should not speak of children 'learning a language', as if this were an act of consciousness, but of language 'growing' in them. He calls language a 'mental organ', relating it to the body so as to stress that much more than consciousness is involved. Other cultural skills too entail much more than conscious knowledge: a connoisseur of wine cannot explain how to distinguish one year from another, but his body knows how to do it. Barthes's use of 'body' suggests considerations of this kind.

Third, given structuralism's treatment of the subject as the product of a host of codes and structural forces, my subjectivity, says Barthes in a passage from *S/Z* cited in Chapter 7, is only a faked plenitude, the wake of all the codes that constitute me – Barthes could not talk about the subject's pleasure without begging numerous questions he had insistently raised, yet he needs a way of speaking that takes account of the empirical fact that an individual can read and enjoy a text and that however stereotyped or generalized his subjectivity, certain experiences are best treated as his. The notion of the *body* permits Barthes to avoid the problem of the subject: appealing to 'the given that separates my body from other bodies and appropriates suffering or pleasure to it', he emphasizes that he is not talking about subjectivity. When a Russian cantor sings, 'the voice is not personal: it expresses nothing of the cantor, his soul; it is not original, and at the same time it is individual: it has us hear a body that has no identity, no "personality", but which is nevertheless a separate body' (*Image, Music, Text*, p. 182). *Le Roland-Barthes sans peine*, the parodic 'grammar' of Roland-Barthes, captures this theme quite nicely when it explains that in Roland-Barthes you recognize that you can't reach an agreement with someone by saying 'No doubt it's because you don't have the same body I do.'[20]

Fourth, replacement of 'mind' by 'body' accords with Barthes's emphasis on the materiality of the signifier as a source of pleasure. When listening to singing he prefers the corporeal 'grain of the voice' to expressiveness, meaning, or articulation. In Japan he delights in the opacity of Japanese culture for a foreigner (who does not see the meaning that would be obvious to a native). Everything he witnesses becomes a delightful display of bodily movement: 'There, the body exists' (*L'Empire des signes*, p. 20/10).

But despite these specific purposes, the appeal to the body seems to carry a constant possibility of mystification. Barthes's own formulations sometimes suggest that what comes from the body is deeper, truer, and above all more natural than anything else. 'I can do everything with my language *but not with my body*. What I hide by my language, my body

Doodling . . .

or the signifier without the signified

12. Doodling.

utters' (*Fragments d'un discours amoureux*, p. 54/44). Listen to a Russian cantor: 'something is there, manifest and stubborn, beyond (or before) the meaning of the words, something which is directly the cantor's *body*, brought into your ears from deep down in the cavities, the muscles, the membranes, the cartilages, and from deep down in the Slavonic language' (*Image, Music, Text*, p. 181). To maintain that an analysis of a text is based on the enjoying body is to claim considerable authenticity for it – more than if it were based on the sceptical mind. *Le Roland-Barthes sans peine* notes that when asked for the authority behind a statement, a speaker of Roland-Barthes should reply, 'I speak from my own body.' Barthes later confirms the astuteness of this analysis by beginning *La Chambre claire* with the question, 'What does my body know of Photography?' (p. 22/9) – a question whose presumption of the superiority of bodily knowledge invites the response, 'Even less than your mind.'

If, as often seems the case in Barthes's usage, 'body' is a stand-in for 'the subject', then the term offers a way of avoiding discussion of the unconscious and engagement with psychoanalysis, without sacrificing the appeal to a Nature more fundamental than conscious thought. When Barthes suggests that with any writer of past ages, 'there is a chance of "avant-garde" whenever it is the body and not ideology that writes' (*Le Grain de la voix*, p. 182/191), the invocation of the body suggests a natural substratum beyond the transient cultural features of a writer's ideas and initiates precisely the sort of mystification Barthes had analysed in 'The Family of Man', the exposition of photographs that tried to locate a Nature in human bodies beyond the superficial differences of cultural conditions and institutions.

Barthes is quite aware of the mystification that can accompany appeals to the body (or to Desire, which also functioned as a new name for Nature in recent French thought). *Image, Music, Text* notes that the notion of organic totality, 'which must be fractured', gains much of its mystificatory power from its implicit reference to the body as the image of a unified totality (p. 174). *Barthes par Barthes* identifies *corps* as his 'mana-word': 'a word whose ardent, complex, ineffable, and somehow sacred signification gives the illusion that this word holds an answer to everything' (p. 133/129). But in his new hedonism, Barthes was unwilling to give up either the term or the implicit reference to Nature that it constantly brought into his writing. He who once mercilessly exposed the bourgeois attempt to substitute Nature for culture, and to eliminate intellect while relying on what is directly 'felt' or goes-without-saying, could now write, for example: 'I can hear with certainty – the certainty of the body, of thrill – that the harpsichord playing of Wanda Landowska comes from her inner body and not from the petty digital scramble of so many harpsichordists (so much so that it is a different instrument)' (*Image, Music, Text*, p. 189). Is this a different Barthes?

In fact, aside from the strategic functions I have mentioned, appeal to the body has little explanatory power. In *La Chambre claire*, asking 'What does my body know of Photography?', Barthes discovers only that certain photographs 'existed for me'. He had then to 'posit a structural rule', which is a rule of contrast: a photograph's *studium*, as he names it, is what one perceives by virtue of one's general culture and understanding of the world – an understanding of what is represented – while its *punctum* is something that punctuates or disturbs that scene, 'that accident which pricks me' (pp. 44–9/23–7). 'I had to grant', Barthes concludes, 'that my desire was an imperfect mediator, and that a subjectivity reduced to its hedonistic project could not recognize the universal' (p. 95/60). (In the second part of the book he goes on to relate photography to the general forces of love and death.)

Le Plaisir du texte, despite its repeated reference to corporeal pleasure, is also a theoretical work. It transforms *S/Z's* distinction between the readerly and the writerly into an asymmetrical opposition between two kinds of pleasure, *plaisir* and *jouissance*. Sometimes *pleasure* is the general term for reading pleasures of all sorts. 'On the one hand, I need a general "pleasure" whenever I must refer to an excess of the text . . .

and on the other hand, I need a particular "pleasure", a simple part of Pleasure as a whole, whenever I need to distinguish euphoria, fulfillment, comfort (the feeling of repletion when culture penetrates freely), from shock, disruption, even loss, which are proper to ecstasy' (p. 34/19). At times, Barthes insists upon the distinction: the text of pleasure is the readerly text, one we know how to read; the text of ecstasy (*jouissance*, unfortunately rendered as 'bliss' by the translator) is 'the text that imposes a state of loss, that discomforts (perhaps to the point of a certain boredom), unsettles the reader's historical, cultural, psychological assumptions, the consistency of his tastes, values, memories, brings to a crisis his relation with language' (pp. 25–6/14).

The book explores the relations (historical, psychological; typological) between these two sorts of text or aspects of texts and, while maintaining the importance of a distinction, seems frequently to suggest that textual pleasure and textual effects depend upon the possibility of finding ecstatic moments in the comfortable texts of pleasure or of making ecstatic post-modern writing sufficiently readable that its disruptive, violent, orgasmic effects can be generated. 'Neither culture nor its destruction is erotic,' Barthes writes, 'it is the gap between them that becomes so . . . it is not violence that impresses pleasure; destruction does not interest it; what it desires is the site of a loss, a seam, a cut, a deflation, the *dissolve* that seizes the reader at the moment of ecstasy' (p. 15/7). A naked body is less erotic than the spot 'where the garment leaves gaps' (p. 19/9). Avant-garde techniques, or disruptions of traditional expectations, are more pleasurably startling as gaps in a readable discourse: Flaubert, for example, has 'a way of cutting, of perforating discourse, without rendering it meaningless' (p. 18/8). 'The text needs its shadow, a *bit* of ideology, a *bit* of representation, a *bit* of subject: ghosts, pockets, traces, necessary clouds: subversion must produce its own *chiaroscuro*' (p. 53/32). Even so, discontinuities, dissolves, indeterminacies, and moments of unreadability imply, Barthes says, a certain boredom. 'Boredom is not far from ecstasy,' he suggests, 'it is ecstasy viewed from the shores of pleasure' (p. 43/25–6). 'There is no *sincere* boredom' – it is only ecstasy approached with other requirements.

This maxim on boredom illustrates what Barthes is doing in *Le Plaisir du texte*. We usually think of boredom as an immediate affective experience, but it is a major theoretical category with a role in any theory of reading. If one reads intently every word of a Zola novel, one becomes bored, as one does if one tries to skim through *Finnegans Wake* for the plot. To reflect on boredom is to think about texts and the strategies of reading they require, an enterprise more theoretical than confessional. If *Le Plaisir du texte* seems not to take itself seriously as theory, self-consciously avoiding continuity, this does not mean that readers should not take it seriously, as fragments of a continuing theoretical enterprise.

Barthes's revival of hedonism may be his most difficult project to assess, for it seems to indulge in some of the mystifications he had effectively exposed, yet it continues to challenge intellectual orthodoxy. Talk of pleasure had been set aside as irrelevant by the most powerful intellectual enterprises of the day, especially those he had encouraged, so that his promotion of hedonism was a radical step. But his celebrations of the pleasure of the text seemed to point literary criticism towards values the traditionalists had never abandoned, and his references to bodily pleasures created for many a new Barthes, less forbiddingly scientific or intellectual. His distinctive revolt against an intellectual climate he had helped to create made him in certain ways palatable to a broad public, who could now see in him a familiar figure: the sensitive, self-indulgent man of letters, who writes about his own interests and pleasures without in any way challenging fundamental ways of thinking. Strategic and radical in certain ways, Barthes's hedonism repeatedly exposes him to charges of complacency. *Sollers écrivain* speaks of the central pleasure afforded by 'the passage of sensual objects into discourse', which may save the most severe writing from boredom. Sollers's work '*H* is a forest of words, within which I seek

13. Roland Barthes with Marie-France Pisier, playing the role of Thackeray in André Téchiné's film *Les Sœurs Brontë*.

what will *touch* me (when we were children we used to hunt in the countryside for chocolate eggs that had been hidden there) . . . I await the fragment that will concern me and establish *meaning for me*' (p. 58/77). That parenthesis, in all its sentimental bathos, may be one of Barthes's most daring moments as a writer, but it is one readers should approach with some wariness.

Chapter 9
Writer

When Barthes looks back on his work in *Barthes par Barthes*, he sees not a critic nor a semiologist but a writer. He does not weigh the validity of the concepts he has stressed but notes their efficacy as tactics of writing: they 'make the text go', they 'permit him to say something'. The death of his mother made him want to write about her, and his final course of lectures at the Collège de France, on 'Preparation for the Novel', showed a surprising interest in details of writers' lives: how they organized their time, their work spaces, and their social lives while writing. In interviews and in *Barthes par Barthes*, he discussed his own 'relation with the instruments of writing' (fountain pen preferred to ballpoint or typewriter) and the organization of his desk and daily schedule – discussions nicely parodied in *Le Roland-Barthes sans peine*. For the true writer, he had once declared, *to write* is an intransitive verb: one does not write *something*, one simply writes.[21] Now, he presents his own work in these terms: his vocation is not analysing particular sorts of phenomena but *writing. Barthes par Barthes* is not criticism of his past works: 'I abandon the exhausting pursuit of an old piece of myself, I do not try to *restore* myself (as we say of a monument). I do not say: "I am going to describe myself"; but: "I am writing a text, and I call it R.B."' (p. 60/56). He suggests that all his work may be a clandestine attempt to revive the Gidean journal, a literary form whose fragments self-reflexively explore the writer's engagement with writing.

Even at the time when he was proposing new sciences, he gave himself the writer's licence to steal and exploit the language of other disciplines. 'Myth Today' in *Mythologies* tells us in its first paragraph that Myth is 'a type of speech', 'a system of communication', 'a message', and 'a mode of signification', blithely disregarding the important distinctions among these terms in linguistics. Later, his writerly relation to concepts becomes more pronounced and a subject for comment. *La Chambre claire*, he says, starts from 'a vague, casual, even cynical phenomenology, so readily did it agree to distort or to evade its principles according to the whim of my analysis' (p. 40/20). A fragment of *Barthes par Barthes* describes this propensity in different terms:

> In relation to the systems which surround him, what is he? Say an echo chamber: he reproduces the thoughts badly, he follows the words, he pays his visits, i.e., his respects, to vocabularies, he *invokes* notions, he rehearses them under a name; he makes use of this name as of an emblem (thereby practising a kind of philosophical ideography) and this emblem dispenses him from following to its conclusion the system of which it is the signifier (which simply makes a sign to him). Coming from psychoanalysis and seeming to remain there, '*transference*' nonetheless readily leaves the Oedipal situation. The Lacanian '*image-repertory*' [*imaginaire*] extends to the borders of the classical 'self-love' [*amour-propre*] . . . '*Bourgeois*' receives the whole Marxist accent, but keeps overflowing toward the aesthetic and the ethical. In this way, no doubt, words are shifted, systems communicate, modernity is tried (the way one tries all the push buttons on a radio one doesn't know how to work), but the intertext thereby created is literally *superficial*: one adheres *loosely*: the name (philosophic, psychoanalytic, political, scientific) retains with its original system a line which is not cut but remains: tenacious and floating. No doubt the reason for this is that one cannot at one and the same time desire a word and take it to its conclusion: in him the desire for the word prevails, but this pleasure is partly constituted by a kind of doctrinal vibration.
>
> p. 78/74

Whatever the pleasures of liberating a term from its original system, the 'doctrinal vibration' has been important to the success of Barthes's writings, and when he gives that up by inventing his own terms, abandoning the suggestive support of another body of discourse, the effects are quite different. Always a lover of classifications, he used to draw upon technical terms or Greek coinages. In *Sur Racine* he maintained that there were three sorts of literary history: a history of literary signifieds, a history of literary signifiers, and a history of literary signification. The use of terms that belong together and are sustained by a system of thought gives the typology a logic and a plausibility, even if the terms are applied figuratively. Consider by contrast a typology from *Sollers écrivain*, where Barthes suggests that there are five ways of reading Sollers: '*en piqué*', '*en prisé*', '*en déroulé*', '*en rase-mottes*', and '*en plein-ciel*', which might be crudely rendered as 'in spearing', 'in savouring', 'in unrolling', 'in nose-to-the-ground', and 'in full-horizon' (pp. 75–6/89–90). This typology is doubly figurative: the categories are presented as if they were modes or keys (a reading '*in* full-horizon'), and they are drawn from quite different areas of discourse. They have little in common and apply in oblique ways to reading. To read 'in the spearing mode' is to pick out flavourful phrases here and there; to read 'in the savouring mode' is to take in fully a particular development; to read 'in the unrolling mode' is to proceed swiftly and evenly, while a 'nose-to-the-ground reading' progresses word by word, and a 'full-horizon' reading takes overviews, seeing the text as an object in context. This is what one might call a disposable typology: suggestive, perhaps witty, but with no theoretical claims and little chance that others will try to integrate it in a theory of reading. Barthes continued to make theoretical statements but increasingly found ways of presenting them that undermine their theoretical status.

As a writer he is distinctive and formidable: a master of French prose who forged a new and livelier language for intellectual discussion. Opting for an unusually loose, appositional syntax which strings together phrases or clauses that come at a phenomenon from different angles, he manages to give a sensuous concreteness to abstract concepts. The basis of his art is the application of a term and suggestions of its usual context to a quite different context, perhaps most noticeable in the metaphors where the transported context is made explicit: 'I do not restore myself (as we say of a monument)'; 'exempt from meaning (as one is from military service)'. Barthes describes his imagination as 'homological' rather than metaphorical, given to comparing systems rather than particular objects (*Barthes par Barthes*, p. 62/58). This is both a feature of his style and a general analytical strategy, as when he treats some activity as a language and seeks out the possible constituents and distinctions this entails.

L'Empire des signes is his first work not tied to a critical, analytical project. Japan, he observed, 'liberated me considerably on the plane of writing' (*Le Grain de la voix*, p. 217/229). He found before him in daily life objects and practices which provoked euphoric writing, a happy *Mythologies* of a civilization contrary to our own. Instead of imagining a fictional utopia, he wrote, '[I can] without claiming in any way to depict or analyse any reality whatsoever, select from somewhere in the world a number of features (a graphic and linguistic term) and from them form a system. It is this system that I shall call "Japan" ' (p. 93/71). Twenty-six long fragments reflecting on some aspect of this culture – food, theatre, faces, elaborate packages with nothing of consequence inside, haiku, slot machines – sketch Barthes's utopia, where artifice reigns, forms are emptied of meaning, and all is surface. The capitalist Japan of economic miracles and technological supremacy makes no appearance, but Barthes knew what a transgression he was committing in idealizing Japan at a time when his friends at the journal *Tel Quel* were promoting Mao Zedong and China's Cultural Revolution. Whatever its reality, Japan put Barthes '*en situation d'écriture*' (in a writing situation).

Barthes par Barthes is perhaps this writer's most remarkable performance. A collection of fragments alphabetically arranged, some in the first person and some in the third, and with rather contingent titles that may have been added afterwards to suggest an arbitrary order, this is 'not the book of his ideas' but 'the book of his resistance to his own ideas' (p. 123/119). Seductive in its imaginative self-deprecation, it tempts one to use it as an authoritative guide, especially since it denies its own authority: 'What I write about myself is never *the last word*: the more "sincere" I am, the more interpretable I am . . . my texts are disjointed, no one of them caps any other; the latter is nothing but a *further* text, the last of the series, not the ultimate in meaning: *text upon text*, which never illuminates anything' (p. 124/120).

He resists his ideas and he talks about 'R.B.', not analysing himself but 'staging an image-system' – moving around images of himself like flats on a stage, bringing some in from the wings, moving others back, arranging them. He offers childhood memories, more positive and nostalgic than his previous remarks about his life lead one to expect. He does not hesitate to sketch the peaceful, middle-class existence that he leads, especially when vacationing in the country, and suggests that 'it is certainly when I divulge my private life the most that I expose myself the most', for by the *Doxa* of a left-wing intelligentsia, what is truly 'private', disreputable, 'is trivial actions, the traces of bourgeois ideology confessed by the subject' (p. 85/82). In these terms he does indeed take risks, though the book is surprisingly reticent on other matters. He writes of his mother but never even mentions his half-brother, whom some obscure motive systematically excludes from his writing, as though his imagination required that the mother be there for him alone. And this proponent of the body commits no sexual indiscretions. A fragment on 'The Goddess H.' remarks that 'the pleasure potential of a perversion (in this case, that of the two H.s, homosexuality and hashish) is always underestimated' (p. 68/63), but no avowal or anecdote indicates what his sexual life had been. It remained for posthumous texts, particularly *Incidents*, to reveal an unhappy homosexual existence: hours of thinking about young men but declining to act; disappointment in those encounters that are reported. In 'writing the self, in collecting the image system, I tie it up in order to protect myself and at the same time to offer myself' (p. 166/162). The proportions are carefully calculated.

Barthes's qualities may be best displayed in fragments like the following, a self-conscious reflection upon writing:

> An aphoristic tone hangs about this book (*we, one, always*). Now the maxim is complicitous with an essentialist notion of human nature; it is linked to classical ideology: it is the most arrogant (often the stupidest) of the forms of language. Why then not reject it? The reason is, as always, emotive: I write maxims (or I sketch their movement) *in order to reassure myself*: when some disturbance arises, I attenuate it by confiding myself to a fixity which exceeds my powers: 'Actually, it's always like that': and the maxim is born. The maxim is a sort of *sentence-name*, and to name is to pacify. Moreover, this too is a maxim: it attenuates my fear of seeking extravagance by writing maxims.
>
> *Barthes par Barthes*, p. 181/17

The force of such reflections depends on their identification of emotional causes for intellectual constructions: they appeal as though seeking an explanation of the world. But since what seduces is a forceful explanation – an intellectual construct – the reader, like the author himself, is trapped in a discursive circle. The more credence one gives to this reflection, the more one must suspect it. Such entrapments are the effects of powerful writing.

Barthes's most popular and unusual performance as a writer is *Fragments d'un discours amoureux*, a writing out of the discourse of love. This language – primarily the complaints and reflections of the lover when alone, not exchanges of a lover with his or her partner – is unfashionable. Though it is spoken by millions of people, diffused in our popular romances and television programmes as well as in serious literature, there is no institution that explores, maintains, modifies, judges, repeats, and otherwise assumes responsibility for this discourse.

14. 'Peter is completely fictitious, but he's extremely well written.'

Taking on something of this role, Barthes finds in it a way of producing 'the novelistic': the novel minus plot and characters. Under headings alphabetically arranged, from *s'abîmer* (to be engulfed) to *vouloir-saisir* (will-to-possess), Barthes puts together discourse of various kinds: quotations and paraphrases from literary works, especially Goethe's *The Sorrows of Young Werther*, first-person statements in which an unnamed lover reflects on and gives voice to his situation, and ruminations suggested by various theoretical writings (Plato, Nietzsche, Lacan). The series of fragments or 'figures', as he calls them ('figures' in the sense of 'poses'), presents the material for a novel, a multitude of scenes and passionate or reflective utterances, and there are tantalizing hints of a personal love story, but there is no development or continuity, no plot or progress in a love relation, and, instead of developing characters, only the generalized roles of the lover and the loved one.

The headings are the names of amorous 'numbers' or 'turns':

> If there is such a figure as 'Anxiety', it is because the subject sometimes exclaims (without any concern for the clinical sense of the word): 'Je suis angoissé' (I am having an anxiety attack!) *'Angoscia!'* Callas sings somewhere. The figure is a kind of operatic aria; just as this aria is identified, memorized and manipulated through its *incipit* ('When I am laid', *'Pleurez, mes yeux'*, *'Lucevan le stelle'*, *'Piangerò la mia sorte')*, so the figure takes its departure from a turn of phrase, a kind of verse, refrain or cantillation, which articulates it in the darkness.
>
> p. 9/5

'I want to understand . . .', 'What is to be done . . .?', 'When my finger accidentally . . .', 'This can't go on . . .' are some of the *incipits* of Barthes's amorous figures, introducing fragments which, he says, we will *recognize*. 'Figures take shape insofar as we can recognize, in passing discourse, something that has been read, heard, felt' (p. 8/4). As a grammar of a language is a description of native speakers' linguistic competence and seeks to capture what is grammatically acceptable to speakers of the language, so Barthes attempts to capture what is acceptable, recognizable, according to the codes and stereotypes of our culture, as a lover's complaint. Goethe's *Werther* he takes as a reference point since it has served as a model of amorous attitudes for so much of European culture and provides a rich lode of this complex sentimental, neglected rhetoric.

Barthes proposes to simulate this discourse, not to analyse it, but moments of analysis frequently emerge, and the simulated lover proves himself to be a skilled analyst, reflecting intensely on his condition and on the signs that surround him. Consider 'Quand mon doigt par mégarde . . .' (When my finger accidentally . . .). 'The figure refers to any interior discourse provoked by furtive contact with the body (and more precisely the skin) of the desired being.' One might expect the lover to concentrate on the physical delight of bodily contact, but he is in love: he creates meaning everywhere, out of nothing, and it is meaning that thrills him: he is in the crucible of meaning. Every contact, for the lover, raises the question of the response: the skin is asked to reply.

(A squeeze of the hand – an immense dossier of information – a tiny gesture within the palm, a knee which doesn't move away, an arm extended, as if quite naturally, along the back of a sofa and against which the other's head gradually comes to rest – this is the paradisic realm of subtle and clandestine signs: like a festival, not of the senses but of meaning.)

p. 81/67

The lover lives in a universe of signs: nothing involving the beloved is without meaning, and he can spend hours classifying and interpreting the details of behaviour. 'The incident is trivial (it is always trivial) but it will attract to it whatever language I possess' (p. 83/69).

Barthes is resourceful and convincing in describing the lover's semiotic deliberations. Frequently, a lover finds himself caught up in the 'deliberative figure' of 'What is to be done?':

My anxieties about behaviour are futile, ever more so, to infinity. If the other, incidentally or negligently, gives the telephone number of a place where he or she can be reached at certain times, I immediately grow baffled: should I telephone or shouldn't I? (It would do no good to tell me that I *can* telephone – that is the objective, reasonable meaning of the message – for it is precisely this *permission* I don't know how to handle.)

. . . for me, an amorous subject, everything that is new, everything that disturbs, is received not as a fact but as a sign that must be interpreted. From the lover's point of view, the fact becomes consequential because it is immediately transformed into a sign: it is the sign, not the fact, that is consequential (by its reverberations). If the other has given me this new telephone number, what was that the sign of? Was it an invitation to telephone *right away*, for the pleasure of the call, or only *should the occasion arise*, out of necessity? My answer itself will be a sign, which the other will inevitably interpret, thereby releasing, between us, a tumultuous manoeuvring of images. *Everything signifies*: by this proposition, I entrap myself, I bind myself in calculations, I keep myself from enjoyment.

Sometimes, by dint of deliberating about 'nothing' (as the world sees it), I exhaust myself; then I try, in reaction, to return – like a drowning man who stamps on the floor of the sea – to a *spontaneous* decision (spontaneity: the great dream: paradise, power, ecstasy): *go on, telephone, since you want to!* But such recourse is futile: amorous time does not permit the subject to align impulse and action, to make them coincide: I am not the man of mere 'acting out' – my madness is tempered, it is not seen; it is *right away* that I fear consequences, any consequence: it is my fear – my deliberation – which is 'spontaneous'.

pp. 75–6/62–3

Such novelistic fragments not only portray recognizable figures of lovers' thought but vividly display mechanisms of signification and their entrammelling complications. What distinguishes the lover, obsessive interpreter and clear-sighted analyst of his interpretive predicament, from the semiologist or mythologist is the sentimentality of his discourse: he mistakes conventional signs for motivated signs, investing the trivial objects that surround him with special meaning seen as inherent, intrinsic.[22] This sentimentality, 'discredited by modern opinion', makes love unfashionable, even 'obscene', a topic not to be discussed in polite company – unlike sex, which is accepted as an important subject of current discourse. '(Historical reversal: it is no longer the *sexual* which is indecent, it is the *sentimental* – censured in the name of what is finally only *another morality*)' (p. 209/177). But the true 'obscenity' of love's sentimentality lies in the fact that one cannot, by publishing sentimentality, commit a dramatic transgression, so that it remains completely beyond the pale. 'The obscenity of love is extreme. Nothing can redeem it, bestow upon it the positive value of a transgression . . . The amorous text (scarcely a text at all) consists of petty narcissisms, psychological paltrinesses; it is without grandeur: or its grandeur . . . is to be unable to attain grandeur' (p. 211/178–9).

Barthes, promoter of the Marquis de Sade, had worked to create an intellectual climate attuned to transgression. To bring back the sentimentality of ordinary love, he suggests, is a transgression of transgression, a violation of the orthodoxy that values radical transgression. Writing out the figures of a neglected discourse, Barthes surprises us in *Fragments* by making love, in its most absurd and sentimental forms, not only engaging in a novelistic way but an object of considerable semiological interest.

Chapter 10
Man of letters

'I have no biography,' Barthes declares. 'Or, rather, since the time of the first line I wrote, I no longer see myself.' He can and does recall his childhood and recount his adolescence, but since then, 'everything happens through writing' (*Le Grain de la voix*, p. 245/259). His acute, self-deprecatory reflections on the self present him as a miscellany of ideas, declarations, and propositions, an unstable collection of fragments with no unity or centre: 'the subject that I am is not unified' (p. 283/304). *Barthes par Barthes* alternates between two views. On the one hand, it complains that 'writing the self' threatens to displace the self by fictions. 'Freewheeling in language, I have nothing to compare myself to; . . . the symbol becomes literally *immediate*; essential danger for the life of the subject: to write on oneself may seem a pretentious idea; but it is also a simple idea: simple as the idea of suicide' (p. 62/56). But on the other hand, these fragments also conclude that there is nothing behind these fictions: the self is a discursive construction; 'the subject is merely an effect of language,' a self of letters (p. 82/79). 'Do I not know that, *in the field of the subject, there is no referent?* . . . I am the story which happens to me' (p. 60/56). For himself, as for us, Barthes is a collection of writings, whose contrasts or contradictions cannot be eliminated by determining which formulations or propositions are truly 'Barthes's' – except insofar as 'Barthes' is itself a construction formed to order these fragments.

Barthes is a man of letters in the sense that his life is a life of writing, an adventure with language; but by the end of his life he had come to occupy the role of man of letters in a traditional sense. He seemed to have become an embodiment of 'literary values': a love for language, particularly the well-turned phrase or richly suggestive image, a sensitivity to the psychological suggestiveness of objects and events, an interest in cultural productions of all sorts, and a commitment to the primacy of the mental life. He was not just a critic, but a literary figure whose pronouncements on cultural issues represented, for his contemporaries, a cultured, aesthetic attitude. When he spoke to a reporter about laziness – one of his last interviews was entitled 'Dare to be Lazy!' – he could be relied on to provide elegant, unorthodox formulations, enlivened by a theoretical perspective, with insightful discriminations and a concern for spiritual values. He regularly wrote prefaces to new books or exhibition catalogues, discussed food, going to the opera, playing the piano, remembering childhood.[23] In *Leçon* he claims that 'the myth of the Great French Writer, the sacred depositary of all higher values, has crumbled,' and a new type has appeared, 'whom we no longer know – or do not yet know – how to name: writer? intellectual? scriptor? In any event, literary *mastery* is disappearing. The writer is no longer centre stage' (p. 40/475). Barthes might be this new type, achieving authority through his relinquishment of mastery, proposing 'excursions': fragments that explore, through the theoretical languages of our day, experiences of thinking and living.

La Chambre claire, his last book, shows him in the role of cultural commentator. Eschewing technical knowledge and thus emphasizing that he brings to his reflection on photographs only his literary culture, his sensitivity, and his human experience, he decides to 'derive all photography' from one photograph of his mother which, for him, represents her 'changed into herself'. Positing photography's connections with love and death, he eloquently and sensitively explores his responses to his mother's recent death: 'For what I have lost is not a Figure (the Mother), but a being, and not a being but a *quality* (a soul):

not the indispensable, but the irreplaceable. I could live without the Mother (as we all do, sooner or later); but what life remained would be absolutely and entirely *unqualifiable* (without qualities)' (p. 118/75).

Photographs, he concludes, say 'this has been'; 'the photograph's essence is to ratify what it represents' (p. 133/85). The appeal of this mode of writing, in which Barthes embodies in an unthreatening way the 'wisdom' or insight a literary sensibility might achieve, emerges in the review in *Newsweek*, which praises the lyrical humanism of this 'great book': 'Barthes takes the reader on an exquisitely rendered, lyrical journey into the heart of his own life and the medium he came to love, a medium that flirts constantly with the "intractable reality" of the human condition.'

How did Roland Barthes, the critic of bourgeois myth, reach this point? In *Barthes par Barthes* he describes a mechanism and proposes a trajectory:

> Reactive formations: a *Doxa* (a popular opinion) is posited, intolerable; to free myself from it, I postulate a paradox; then this paradox turns bad, becomes a new concretion, itself becomes a new *Doxa*, and I must seek further for a new paradox.
>
> Let us follow this trajectory. At the work's source, the opacity of social relations, a false Nature; the first thrust, then, is to demystify (*Mythologies*); then, when the demystification is immobilized in repetition, it must be displaced: semiological *science* (then postulated) tries to stir, to vivify, to arm the mythological gesture, or pose, by endowing it with a method; this science is encumbered in its turn by a whole repertoire of images: the goal of a semiological science is replaced by the (often very grim) science of the semiologists; hence, one must sever oneself from that, must introduce into this rational image-repertoire the texture of desire, the claims of the body: this, then, is the

15. Barthes at piano.

Text, the theory of the Text. But again the Text risks paralysis: it repeats itself, counterfeits itself in lustreless texts ... the Text tends to degenerate into prattle (*Babil*). Where to go next? That is where I am now.

p. 75/71

In a first stage, he seeks to reform signs: *Larvatus prodeo* (I advance pointing to my mask) is repeatedly proposed (three times in *Le Degré zéro* alone) as the ideal motto for signifying activities. A science of signs seems the way to bring together what he sees as the most interesting strands of contemporary research: 'psychoanalysis, structuralism, eidetic psychology, some new types of literary criticism of which Bachelard has given the first examples, are no longer concerned with facts except inasmuch as they are endowed with significance. Now to postulate a signification is to have recourse to semiology' (*Mythologies*, pp. 195–6/111). But once the programme for a semiology is established, Barthes's reaction made his work something of an 'unwriting' of

Intertext	*Genre*	*Works*
(Gide)	(desire to write)	–
Sartre Marx Brecht	social mythology	*Writing Degree Zero* Writings on theater *Mythologies*
Saussure	semiology	*Elements of Semiology* *Système de la mode*
Sollers, Kristeva Derrida, Lacan	textuality	*S/Z* *Sade, Fourier, Loyola* *L'Empire des signes*
(Nietzsche)	morality	*The Pleasure of the Text* *Roland Barthes by Roland Barthes*

16. Intertext/Genre/Works diagram.

science. The metalanguages he had sought to establish were now treated as givens; to 'loosen' theory he takes over their terms, severing them from all but a few of their defining distinctions, encouraging them to drift into other relations. The *text*, one of his 'mana-words', came to represent an unmasterable object, an endless perspective of signifying relations. Woven of prior discourses, the text is ultimately related to all of culture. The notion of the reader joined that of the text to form an unmasterable couple: against any attempt to master the text through analysis, one could emphasize the vital role of the reader – no meaning or structure except what the reader produces. But against any attempt to make the reader the object of a (psychological) science, one could emphasize that texts have the resources to disrupt readers' most assured presumptions and to disappoint their most authoritative strategies.

A striking feature of Barthes's accounts of literature since *S/Z* is how easily reader and text switch places in the stories he tells: the story of the reader structuring a text flips over into a story of the text manipulating the reader. In the entry on 'Texte, theorie du' for the *Encyclopaedia universalis*, he writes that 'the signifier belongs to everyone,' but, he quickly continues, 'it is the text which works untiringly, not the artist or the consumer'. On the next page he reverts to the first position: 'the theory of the text removes all limits to the freedom of reading (authorizing the reading of a past work from an entirely modern standpoint . . .) but it also insists greatly on the productive equivalence of reading and writing'. Celebration of the reader as the producer of the text is matched by description of the text as the controlling force in these encounters. The result is to focus attention on this interaction while preventing the adoption of a point of view that would encourage systematic investigation.[24]

The turn in Barthes's writing to the body and to the pleasures of daily life seems a significant displacement. At the very least, the subjects and mode of writing of this new phase made Barthes newly palatable to the bourgeoisie he had once attacked. The new words 'pleasure', 'charm' and 'wisdom' made intelligence less threatening, and the new topics – the sorrows of love, childhood memories, maternal devotion and scenes of provincial life – encouraged the French public to discover Barthes as a writer. Who would have imagined that the Roland Barthes who had presided over 'the death of the author', as he called it, would now lecture at the Collège de France on the habits of classic French authors (Balzac's dressing gown, Flaubert's notebooks, Proust's cork-lined room), and would describe his own works not as contributions to this or that general enterprise, but as manifestations of his own desire? We might reach for his favourite figure, the spiral, to describe this strange recurrence: attitudes previously rejected reappear in his writing, but in another place, at a different level. As he declares his opposition to all systems, he strangely resembles the literary traditionalists who spurned the young Roland Barthes as an insensitive reductionist. In *La Chambre claire* he declares that 'the only sure thing in me is 'a desperate resistance to any reductive system' (p. 21/8) and seems to forget the strategic function of systems in preventing one from falling back into the unperceived, 'natural' stereotypes of one's culture.

Barthes, of course, notes his bringing back of topics and attitudes dear to the cultural tradition he had once tried to alter, but he sees this as another transgression, a disruption of intellectuals' orthodoxy. 'To reintroduce into the domain of politico-sexual discourse that has been opened up, recognized, liberated, explored . . . a *touch of sentimentality*: would that not be the ultimate transgression?' (*Barthes par Barthes*, p. 70/66). One can indeed view Barthes's work as creating a climate in which it can then reintroduce the traditional as an avant-garde transgression, but there are several problems that encourage scepticism about the radical nature of his final phase.

First, there is the ease with which Nature slips back into his writing: above all in the guise of the body, but also as the 'intractable referent' in photography, what is simply *there*, authoritative and indubitable. Barthes's critical and analytical work repeatedly exposed attempts to posit a Nature beneath culture and to adduce a natural ground for one's actions and interpretations. In later years, though, he falls increasingly prey to what seems to be a law of discourse: when you expose Nature as culture and banish it from one place, it reappears elsewhere.

Secondly, Barthes profits from the systematic endeavours he renounces, and one could accept these renunciations with better grace if he were more ready to recognize his profits. His success as a writer of fragments could not have occurred if his brief reflections were not connected in myriad ways – by their vocabulary, by their explicit topics – with the systematic enterprises that had made his reputation. The reflections in *Barthes par Barthes* are provocative precisely because familiar terms are being used in new ways – to loosen the theories they once helped to build. Barthes's work has always been incomplete: he offers projects, outlines, visions. He is irritating when he presents incompleteness as a virtue, as in *S/Z*, where further investigation of codes would in fact strengthen a Barthesian analysis. The dislike of system in the late works is certainly a resistance to authority but can also be interpreted as self-serving and complacent – as if his account of laziness as resistance to authority had led him to follow his own advice: 'Dare to be lazy!'

Thirdly, Barthes's writings increasingly promote what seems a powerful myth, the myth of 'exemption from meaning'. In *Barthes par Barthes* he writes, 'Obviously he dreams of a world which would be *exempt from meaning* (as one is exempt from military service). This began with *Writing Degree Zero*, which imagines "the absence of every sign"; subsequently, a thousand affirmations incidental to this dream (apropos of the avant-garde text, of Japan, of music, of the alexandrine, etc.)' (p. 90/87). Always there is the dream not of meaninglessness but of forms with empty meaning. As a critical notion, this has a crucial strategic role – among other things, it encourages a poetics that seeks to understand forms rather than a hermeneutics that seeks meaning – but in Barthes's later works he begins to present as a transgression what could easily be taken as a reaffirmation of quite regressive, pre-semiological notions. Photographs, he claims, simply represent what has been: he recalls a photograph of a slave in which 'slavery was given without mediation, the fact was established without method' (p. 125/80). This is precisely the alibi of another photograph analysed in *Mythologies*, the photograph of the black soldier saluting the French flag, whose pretence of unmediated representation (the *alibi* that in fact black soldiers who salute the French flag do exist) Barthes was swift to dismiss and whose insertion in the ideological systems of French culture he easily demonstrated.

Barthes senses that there is a problem here. The fragment 'Exemption from Meaning' continues, 'Curious that in public opinion, precisely, there should be a version of this dream; the Doxa, too, has no love for meaning . . . it counters the invasion of meaning (for which intellectuals are responsible) with the *concrete*; the concrete is what is supposed to resist meaning.' But perhaps this is not so curious; perhaps it is much the same myth in both cases, despite the eloquent expression it acquires as it spirals back in Barthes's work. He maintains that he is not repeating this myth: he does not seek a condition *prior* to meaning but imagines one *beyond* meaning (an *après-sens*): 'one must traverse, as though the length of an initiatic way, the whole meaning, in order to be able to extenuate it, to exempt it.' This difference is marked in most of his writings about literature, but when he turns to photography he imagines not an emptying out of meaning or a disturbance of cultural codes, but states that are simply *there*, prior to meaning. Defying all the most convincing work on meaning, including and perhaps especially his own, he reaffirms the powerful myth he taught us to resist. Perhaps, though, we should not be surprised that the semiologist who showed us that we never escape meaning should be increasingly tempted to find some natural spot that escapes cultural codes.

Among the many things that return, but in another place, is traditional literature of the 19th century. Barthes began as the champion of experimental literature – Flaubert, Camus, Robbe-Grillet – but the comfortable, intelligible literature that he set aside for its failure to experiment with language or take a critical stance to the codes on which it relies returned as his first love and as the main subject of his teaching at the Collège de France. His whole project might even be conceived as a roundabout way of breaking the academy's hold on 19th-century literature, so that it could be brought back, not as an object of knowledge or of study, but as an object of pleasure, as a source of transgressions without grandeur. By taking avant-garde literature as the model, *S/Z* and *Le Plaisir du texte* elaborate a practice of reading which can reveal the excesses, the complications, and the subversions of Balzac, Chateaubriand, Proust. *Fragments d'un discours amoureux* makes the sentimental and unfashionable discourse of *Werther* an object of contemporary interest. This is no mean accomplishment, and is made possible by the theoretical arguments that broke traditional criticism's hold on literature. An eloquent passage of *Leçon*, worth citing in French, explains:

> *Les valeurs anciennes ne se transmettent plus, ne circulent plus, n'impressionnent plus; la littérature est désacralisée, les institutions sont impuissantes à la protéger et à l'imposer comme le modèle implicite de l'humain. Ce n'est pas, si l'on veut, que la littérature soit détruite; c'est qu'elle n'est plus gardée: c'est donc le moment d'y aller. La sémiologie littéraire serait ce voyage qui permet de débarquer dans un paysage libre par déshérence: ni anges ni dragons ne sont plus là pour le défendre; le regard peut alors se porter, non sans perversité; sur des choses anciennes et belles, dont le signifié est abstrait, périmé: moment à la fois decadent et prophétique, moment d'apocalypse douce, moment historique de la plus grande jouissance.*
>
> pp. 40–1

> The old values are no longer transmitted, no longer circulate, no longer impress; literature is desacralized, institutions are impotent to defend

17. Left-handed.

> and impose it as the implicit model of the human. It is not, if you will, that literature is destroyed; rather *it is no longer protected*: so this is the moment to go there. Literary semiology is, as it were, that journey that lands us in a country free by default; angels and dragons are no longer there to defend it. Our gaze can fall, not without perversity, upon certain old and lovely things, whose signified is abstract, out of date. It is a moment at once decadent and prophetic, a moment of gentle apocalypse, a historical moment of the greatest possible pleasure.
>
> pp. 475–6

No single enterprise, but only Barthes's succession of disparate projects, could provide the intelligibility of this strangest moment, when what has been denigrated returns; only these disparate writings could create such possibilities of pleasure, of understanding, and renewal.

Chapter 11
Barthes after Barthes

What has happened to Barthes since his death? There have been at least three events of note. In 1987 François Wahl, who had taken on the role of Barthes's literary executor, brought out under Barthes's name a slim volume entitled *Incidents*. It consists of two very short texts and two somewhat longer ones, which share, Wahl claims, writing's effort to grasp the immediate ('se saisir de l'immédiat') (p. 7).[25] Wahl's decision to create this book provoked a good deal of controversy because the two longer texts, 'Incidents' and 'Soirées de Paris', articulate what Barthes even in his most autobiographical writings had preferred not to announce: his homosexuality. 'Incidents' itself offers snapshots of encounters in Morocco in 1968 and 1969 – most of them only a couple of sentences – in which Moroccan boys figure prominently. Loosely influenced by André Gide's journal, which had narrated homosexual encounters in North Africa, Barthes's text avoids narrative and presupposes rather than describes homosexual encounters in laconic fragments: 'Mustafa is in love with his cap. "My cap – I love it." He won't take it off to make love' (*Incidents*, p. 30/19). *Barthes par Barthes* had described the project of a book entitled '*Incidents* (mini-texts, one-liners, haiku, notations, puns, everything that falls, like a leaf)', to which this text is certainly related (p. 153/150). But precisely because 'Incidents' is so lacking in events, puns, jokes, or notations with a formal resemblance to haiku, attention is drawn to the sexual situations that might lie behind its laconic observations.

Greater interest, and greater dismay, was provoked by the journal sequence Wahl published entitled 'Soirées de Paris' but which Barthes refers to as 'Vaines soirées' (Pointless Evenings). These pages from the summer before Barthes's death recount evenings in Paris in which nothing much happens: he dines with friends, looks for a film to go to, hangs out in cafés, indecisively pursues young men, or else finds their approaches annoying, wishing he might be left alone to read his newspaper in peace. Barthes had previously reflected on the journal form in an essay entitled 'Deliberation': should I keep a journal with a view to publishing it? He runs through the disadvantages: the journal has no 'mission', no necessity; it forces the writer to strike poses, and in its triviality, inessentiality, and factitiousness incessantly opens the comic question, 'Am I?' (*Le Bruissement de la langue*, pp. 435–8/369–72). But these very disadvantages seem to attract Barthes to the journal. The notation of non-events becomes an 'almost impossible' form of writing, attractive in all the things it refuses: meaning, continuity, plot, architectonics.

In practice, though, 'Soirées de Paris' tantalizes by the half-concealment (behind initials) of friends, who were subsequently annoyed to find that evenings Barthes had spent with them qualified as 'empty'. Above all it seduces by its admission of aimlessness. The pathetic spectacle of the famous intellectual bored with his Parisian evenings and half-heartedly seeking sexual partners ends on a sombre note:

> A sort of despair overcame me, I felt like crying. How clearly I saw that I would have to give up boys, because none of them felt any desire for me, and I was either too scrupulous or too clumsy to impose my desire on them; that this is an unavoidable fact, averred by all my efforts at flirting, that I have a melancholy life, that, finally, I am bored to death by it, and that I must divest my life of this interest, or this hope. . . . Nothing will be left for me but hustlers. (But then what would I do when I go out? I keep noticing young men, immediately wanting to be in love with them. What will the spectacle of my world come to be?) – I played the piano a little

> for O [a young friend Olivier he had brought home], after he asked me to, knowing at that very moment that I had given him up; how lovely his eyes were then, and his gentle face, made gentler by his long hair: a delicate but inaccessible and enigmatic creature, sweet-natured yet remote. Then I sent him away, saying I had work to do, knowing it was over, and that more than Olivier was over: the love of *one* boy.
>
> pp. 115–16/73

This is how the book concludes: not 'no more boys' but no more possibility of love *for* or the love *of* any single boy.

If François Wahl was thought to have made a dubious decision in publishing these texts, which altered the image of Barthes, he was less forthcoming in other respects: he did not give Louis-Jean Calvet, author of a well-researched and informative biography, permission to quote from Barthes's extensive correspondence, and he refused to allow Barthes's lectures at the Collège de France to be published, even though they were completely written out and had been widely attended. When Laurent Dispot published extracts from the courses in the journal *La Règle du jeu* in 1991, the journal was sued by the heirs determined to protect the rights of this author who had declared the death of the author – an act that provoked an outpouring of support for the indicted journal from Parisian intellectuals, including Philippe Sollers and Julia Kristeva.[26]

It is frustrating, especially for those who had not been able to attend the lectures, to know that these texts on subjects Barthes had not treated in his publications are being withheld. One series, 'How to live together: novelistic simulations of some spaces of daily life' (1977), bore on novelistic representations of spaces of daily living and conventions for the organization of life, from Robinson Crusoe's hut to the hotel of *The Magic Mountain* and Zola's bourgeois apartment building. Another series treated 'le Neutre' (1978) – the neuter or neutral, the neutralizing, transcendence, or evasion of binary oppositions – which had been the

18. At the École pratique des hautes études 1973.

subject of brief ruminations in *Barthes par Barthes*. The third and fourth series both focused on 'Preparation for the novel': 'from life to work' (1978–9) and 'the work as volition' (1979–80), approaching literary creation not from the perspective of the reader but from that of the writer.[27] The first year of this course concentrated on the haiku as a form of notation of minor affect; the second, on the wish to write and the rituals it can induce, included reflections on Proust's cork-lined room, Balzac's dressing gown and inordinate consumption of coffee – particularly piquant coming from the pen of one who had previously announced that the death of the author was the price to be paid for the birth of the reader, as the agency through which one could best understand the operation of literature. One may hope that Wahl will eventually release these texts, in an attempt to stimulate continuing interest in Barthes, as has happened with the gradual, still incomplete publication of Lacan's seminars.

What has Barthes become, 20 years after his death? The simplest answer is that he has become a writer. His *Œuvres complètes* – three massive volumes of over a thousand pages each – were brought out by his longtime publisher, Éditions du Seuil (this is the third editorial event I mentioned). The main effect of this edition is to submerge the individual books by which Barthes had made his reputation in a sea of other writings: essays, prefaces, responses to interviewers' questions, lectures and précis of lectures, and many short journalistic pieces. The three volumes display a continuing production and focus attention on the thinker, the man of letters, but above all the writer who is their common source. These volumes also suggest how much Barthes liked the stimulus of a particular assignment. Though he was bad at saying 'no' and apparently always complained about the many obligations he had taken on, requests and assignments provoked him to say something interesting about a given topic and led to a production that is stylish, elegant, and resistant to received opinion – the *Doxa*.

The *Œuvres complètes* reinforced the image of Barthes as a writer by bringing together pieces that had been scattered in all sorts of publications, in France and abroad: *Le Monde*, *L'Almanacco Bompiani*, *Ça*, *Photo*, *Art Press*, *Playboy*, *Zoom*, *Nuova revista musicale italiana*, *Vogue-Homme*, not to mention numerous museum and exposition catalogues. They display very broad cultural interests, in the visual arts, music, and contemporary literature. And yet Barthes never wrote negative reviews; he does not play cultural arbiter. In fact, he is the most unpolemical of men, though he allows himself remarks that generate polemics in others. (Being forced into polemics by Picard's attack on *Sur Racine* had been a great source of unhappiness to him.) Because these writings cannot be encompassed in even the most broadly defined project, even that of cultural arbiter, they become the work of a writer.

If one had to give a name to the project, one might say that it is an anthropology of contemporary life. Barthes was interested in all sorts of practices and cultural creations, as had earlier emerged in his articles for

Mythologies in the 1950s, only subsequently his articles were not accompanied as those were by an essay outlining a theoretical programme. One of his interviews for *Playboy*, published the month of his death, discusses dieting as a religious phenomenon, with its conversions, bibles, lapses into sin, and returns to the prescribed path. 'The regimen mobilizes a keen sense of guilt, the threat of sin, which is there at every moment of the day. Only when you are sleeping are you sure of not sinning.' A book should be written, he says, 'about the phenomenon and the mythology of dieting'.[28] There is still a critical edge, but the target is more likely to be assumptions and habits of Americans (as in the dieting interview) or possibly of French intellectuals than of the French bourgeoisie, as had been the case in the days of *Mythologies*. Barthes writes that for a long time he believed that intellectuals should fight to demystify culture, and while he still fights from time to time, his heart isn't in it ('au fond je n'y crois guère'). Power is everywhere and it's the fate of the contemporary subject to be

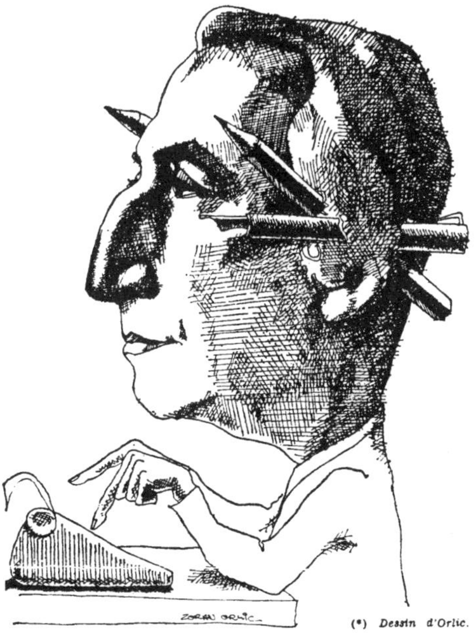

19. *Le Monde*, 14 February 1975.

recuperated. 'The only resort would be to make heard a voice that is off to one side, elsewhere, without relation.'[29] But to be without relation is a utopian wish.

For three and a half months, in 1978–9, Barthes wrote a brief weekly chronicle in the *Nouvel Observateur*, on something that had struck him – from the availability of cherries in the winter or the phenomenon of excessive packaging to a demonstration of solidarity with an imprisoned writer. He explains, as he is breaking off the experiment, that these are not another version of *Mythologies* but an experiment in writing, the quest for a form, for the recording of incidents that strike him but do not rise to the status of events. They are attempts to 'give voice to the very diverse voices that compose me'.[30] One detects the same preoccupation as in *Incidents* and in 'Preparation for the Novel': the interest in minor articulations of daily life which do not form a plot but which provide the texture of meaning. 'In the country I like to piss outside in the garden', he records. 'I would like to know what this means.'

In 1978 Barthes gave a powerful and eloquent lecture in both Paris and New York entitled 'Longtemps, je me suis couché de bonne heure'. This title is the opening line of Proust's *Remembrance of Things Past*, 'Time was, I went to bed early'. That repeating of Proust's sentence illustrates Barthes's decision to identify with Proust – not 'with the prestigious author of a monumental work but with the worker: now tormented, now exalted, in any case modest – who wanted to undertake a task upon which, from the very start of his project, he conferred an absolute character' (*Le Bruissement de la langue*, p. 334/277–8). Well into his thirties, Proust was hesitating between the novel and the essay but suddenly – we don't know why – in the summer of 1909, everything fell into place; he hit upon a 'third form' that would 'abolish the contradiction between Novel and Essay' through its handling of time and its invention of the narrator who recounts his desire to write (p. 336–40/280–4). Barthes conjectures that the event which precipitated for Proust the need for a new practice of writing was the death of his mother, and Barthes, who has just lost his own mother, presents himself as similarly situated, ready for a 'vita nova' ('You knew you were mortal; suddenly you feel mortal.'). Seeing himself condemned to repetition until death (another article, another lecture course), he writes, 'I must emerge from that shadowy state (medieval theory called it *acedia*) to which the attrition of repeated tasks and mourning dispose me. Now, for the subject who writes, who has chosen to write, there can be no "new life", it seems to me, except in the discovery of a new practice of writing' (p. 342/286).

Proust was seeking, and found, 'a form which will accommodate suffering and transcend it' (p. 335/279). Barthes finds in the episode of the death of the narrator's grandmother in Proust's *Recherche* and that of the death of Prince Bolkonsky in Tolstoy's *War and Peace* two 'moments of truth' where 'suddenly literature coincides absolutely with an emotional landslide, a "cry" in the body of the reader who suffers, in memory or anticipation, radical separation from the beloved person, a transcendence is posited: what Lucifer created *at the same time* love and death?' (p. 343/287). Though pathos is scorned today, the novel 'is precisely the form which, by delegating the discourse of affect to characters, permits saying that affect openly: here the pathetic can be said' (p. 345/289). The writer is the repository of all the world's losses, and the sentiment which should animate the work is love, or pity or compassion. This is the vision of literature that justifies choosing a *vita nova* that makes literature its all-encompassing horizon.

Does this mean, Barthes concludes, that I am going to write a novel? 'How should I know?' I do know, he says, that 'it is important for me to act *as if* I ought to write this utopian novel'. And this involves henceforth putting himself in the position 'of the subject who makes something and no longer of the subject who speaks about something. I am not studying a product, I assume a production . . . I postulate a novel to be written, whereby I can expect to learn more about the novel than by merely considering it as an object already written by others' (p. 345–6/289–90).

This is one of Barthes's most eloquent, moving, and insightful essays, and it has predictably provoked enthusiasm both for the novel he might have produced and for the 'preparation of the novel', as he put it in his courses. Yet its power is connected with its shrewd analysis of the novels of others, particularly Proust's technical strategies, and with its theory of the novel: for a 'pathetic' theory or history of the novel, he writes – one focusing on the articulation of pathos – we must 'no longer place a book's essence in its structure, but on the contrary acknowledge that the work moves, lives, germinates, through a kind of "collapse" which leaves only certain moments standing, moments which are strictly speaking its summits . . .' (p. 344/287). This is an important though certainly debatable claim about the novel, which prompts one to ask whether the power of these 'summits' does not in various ways depend upon their relations to other parts of the structure. At any rate, this is unmistakably a significant critical claim about the nature of finished masterpieces, not the vision of someone struggling to write. As soon as Barthes sets up an opposition – such as 'assuming a production' rather than 'studying a product' – his practice undermines it.

This compelling essay, with its announcement of a conversion to a new life, a new practice of writing, and a new perspective on writing, gives special poignancy to eight one-page outlines entitled 'Vita Nova' that were found among Barthes's papers and that are published in facsimile as the final documents of the *Œuvres complètes*. Apparently, as the title indicates, this would have been a book exploring the possibility of a conversion to a new life. Beginning with his mourning for his mother (in one version she plays the guide, as Virgil does to Dante), confronting the world as both a spectacle and an object of indifference ('Pointless Evenings' would be included here), detailing his likes and dislikes, he would then recount what he calls 'the decision of April 15, 1978'. We don't know for certain whether there was such a decision (the reduction to a single day makes one suspect a fictional device for the purposes of narrative), though the Proust essay makes the idea of a conversion quite plausible. Eric Marty's note to the transcription of one plan for 'Vita Nova' explains, 'we know nothing precise about this "decision"; it is clear, however, that mythically it is a matter of converting, in a Pascalian way, to a "new life" in which "literature" would be the entire horizon of existence.'[31] Several versions of the plan speak of literature as substitute for love, and propose to proceed to an examination of possible literary modes – essay, journal, novel, fragment, the comic, nostalgia – and their failings. The climax would come with a passage from the exercise of will (necessary to produce literature) to pure idleness or ease, 'l'Oisiveté pure', or a philosophical quietude, also known as the Tao or 'le Neutre'.[32] In one of the plans Barthes refers to Heidegger's opposition between will, which seeks to change nature, and the openness to Being, the acceptance of what is. In another he proposes to take Tolstoy as master: Tolstoy had championed a Taoist and Christian quietude which neutralizes evil by absorbing it rather than struggling against it, and Barthes speculates in a late interview, 'Dare to be Lazy!', about the virtues of this unfashionable attitude, wondering whether we don't have the right to be lazy in the face of evil.[33] The work of writing is opposed to philosophic idleness, which Barthes proposes to incarnate in the figure of the Moroccan boy – an enigmatical reference explained by a fragment in 'Incidents':

> A boy sitting on a low wall, at the side of the road, which he ignores – sitting there as though for eternity, sitting there in order to be sitting, *without equivocation*:
>
> 'Seated peaceably, doing nothing,
> Spring comes and the grass grows of its own accord.'
>
> p. 57/38[34]

Would the Moroccan boy be the final emblem of a peace with the world and the self achieved through the abandonment of will, a neutrality that erases the codes, the internal dialogue and equivocation that constitutes us? If so, we would seem to have a very ambitious project with a didactic narrative, a structure with an ending! But the penultimate sketch of 'Vita Nova' notes at the end, 'This means that one should abandon the childishness of a Vita nova narrative: these efforts of the frog to puff itself up as big as [the bull].'[35]

Would Barthes have written a novel, had his new life lasted longer than 23 months? Was 'Vita Nova' the great work that Barthes would have written had not death cut him off? The celebration of an idleness defined in opposition to the will that would be required to produce any sustained work certainly complicates the question, as does our knowledge that Barthes avoided structures which signify and preferred those which compile fragments in markedly arbitrary ways – alphabetical lists, for instance. His dislike of what he called 'hysteria' would have kept him away from a plot or a structure with any dramatic character that threatened to signify.

Diana Knight, in the best study of the outlines for 'Vita Nova', argues that we should take Barthes at his word when he says in the Proust lecture that it is important for him to act *as if* he ought to write this utopian novel, not actually to write it. Planning it, sketching some fragments, is one thing. Actually writing it would betray its utopian character as well as the Zen principles to which it proposes to dedicate itself.

These questions surrounding the 'Vita Nova' and Barthes's commitment to a new life are extraordinarily interesting, especially for anyone engaged with Barthes, and a case can be made that the quest for 'le Neutre' – the neutral – is the most unifying strand of Barthes's prolific career. In *Roland Barthes: vers le neutre* Bernard Comment argues that the neutral is 'the attempt to escape the obligations and constraints of the logos, of Discourse'; 'denouncing or relativizing a practice should serve to found or approach the condition of the *Neutre*, understood as a radically Other regime of meaning.'[36] Though we can indeed track this underlying impulse in Barthes's work, it is one that is easy to satirize as escapism, as Philippe Lejeune, an expert on autobiography, does in a chapter of *Moi aussi* that parodies *Barthes par Barthes*. Here is one of a series of alphabetized fragments entitled 'Incoherent?' – like *Barthes par Barthes* describing himself in the third person:

> He began by satirizing the logic of *neither-nor* (*Mythologies*) finally to attain a utopian reverie on *le Neutre* (which is a kind of neither-nor squared).
>
> In his early books he separated language from reality to deprive it of its innocence. Now the same operation permits him to restore to language its innocence and protect it from any criticism. Under the name of *the imaginary* or *the novelistic* he lovingly incubates what he mocked under the name of mythology or ideology. Contradiction? Palinode? This is what opinion in the West too swiftly concludes. Rather, a drifting [*dérive*] beginning from an ambiguous position . . . He is not a turncoat: mythology is the imaginary of the Other (a system of images one does not wholly share), and the imaginary is a happy mythology. For some time in the name of 'purging' himself, he has been proceeding, step by step, through his own foolishness [*bêtise*], exploring it, savoring it, trying to 'say' it; he makes books out of it.[37]

Lejeune also writes 'the bourgeois who has succeeded no longer believes in the class struggle; he loves the *le Neutre*.'[38]

Mockery of *le Neutre* as conclusion reminds us that it must not be separated from the critical work that it inspires, lest one fall into the complacency Lejeune satirizes. It may be more salutary to follow Diana Knight rather than Bernard Comment (though their perspectives are similar), and take the unifying strand in Barthes as the utopian rather than the quest for *le Neutre*: theory and criticism work always through the implicit image of a social or affective utopia, in relation to which realities and discourses are found wanting.[39] The mistake would be to imagine the utopia as attainable.

The changes that the 20 years since Barthes's death have brought may be summed up under five headings.

First, there has been a massive shift in his importance. In 1979, a year before his death, Wayne Booth called Barthes 'the man who may well be the strongest influence on American criticism today'. This was meant, I should stipulate, less as praise of Barthes than as a complaint about the nefarious temptations to which American criticism was seen as succumbing, but still, it is a statement that, read in 2001, brings you up short, reminding you of the importance Barthes had in the 1970s. That importance is hard to describe, and that in itself is interesting. It certainly wasn't the importance of what Foucault calls the founder of a 'discursivity', such as Freud or Marx, where attempts to advance thought take the form of commentaries on or interpretations of the original texts. Nor was it the importance of the founder of a school, who had established a theoretical framework within which lots of people were working (there weren't in Britain or America 'Barthians' the way there are Lacanians or Althusserians, though there were many people, including me, who had been greatly influenced by Barthes). Nor was it the importance of a discoverer, who is routinely credited with an important insight, the way in which, say, Benedict Anderson is routinely cited for showing us that nations and other large communities are all 'imagined communities'. The mark of the special kind of importance Barthes had was that his authority could serve as a starting point that required no justification: 'Roland Barthes remarks that . . .' was a good way of starting an essay on almost any topic; his importance consisted precisely in the fact that no one would say 'so what?'

This is an authority that in literary studies Walter Benjamin has subsequently acquired (with the difference that Benjamin also represents a textual corpus that people devote themselves to explicating). This authority of the uncontested reference point, as one might call it, makes someone a major thinker and cultural figure, but Barthes has to a large extent lost this strange sort of authority. He is no longer someone you can just cite to get things underway. Today, one needs to say why one reads or quotes him.

Second, it was easy to see Barthes as above all a theorist in the heyday of what was called just 'theory' for short, but now that 'high theory' is no longer new, no longer so feared and admired, Barthes can easily take on importance as one who resisted theory – especially his own theories – and sought to evade or outplay it. I shall return to this issue shortly.

Third, Barthes's admirers are less likely today to celebrate restlessness or change as the constant of his work: more constants have appeared, despite the protean evolution, whether they are the utopian impulse (Knight), the quest for *le Neutre* (Comment), or the attempt to make knowledge literary (Philippe Roger). But do these constants capture what is most interesting about Barthes?

Fourth, Barthes's interest in writing the body can now be seen as belonging, D. A. Miller writes, to the 'gay male cultural project of resurrecting the flesh, to which it adds (or in which it brings out) certain valuable nuances', especially the willingness to 'conceive of this body in its most embarrassed state, devoid of anything that might be called "finish" '.[40] The process of claiming Barthes for a gay aesthetic is barely underway.

Finally, and most important perhaps, this once radical figure, the threat to the values of French culture, has become an icon for many of the values he once seemed most to threaten. In June 2000, an article in *Télérama* (a cross between *TV Guide* and the *New York Times Book Review*) entitled 'The Emperor of Signs' recalled him with this heading:

'Lover of language, idolater of the sentence, this writer used sociology and psychoanalysis but above all an uncommon subtlety, to illuminate French literature,'[41] No trace here of the champion of the avant-garde, critic of bourgeois myths, bête noir of the Sorbonne, scandalmonger who proclaimed the death of the author. Also elided here is semiology, replaced by sociology; and this is not just a mistake, as one sees later when semiology is mentioned as something he abandoned. Barthes is 'un amoureux fou de notre langue, un possedé de ses finesses' (head-over-heels in love with our language, obsessed by its finer points), which is quite a respectable thing to be in France, only a bit comical, certainly not outrageous or dangerous.

Barthes has become a cultural icon whose passage through other supposedly radical phases to the love of the French language and its subtleties makes him all the more valuable as a confirmation that culture resides essentially in the relation of the individual subject to a patrimony best represented by the mother tongue. 'Having abandoned the scientific illusions of hard-line structuralism, rid of the slogans of political and cultural militancies, our semiologist began a new life of writing. Barthes henceforth lets Roland speak, bringing to the forefront the desiring subject, his singular self, unabashed lover of language and style.'

I cite this not because it is contemptible, but because it is at once typical and easily justified by the trajectory of Barthes's writings. As we have seen, the late writings chide his 'euphoric dream of scientificity'. The metalanguage of binary oppositions that had played crucial roles in earlier analyses even as they were being put into question – *denotation* versus *connotation*, *metaphor* versus *metonymy*, *readerly* versus *writerly* – are mocked in *Barthes par Barthes* as 'forgeries', 'figures of production', or 'textual operators' stolen from other discourses and used as part of the 'machine of writing', to 'make the text go' (p. 95/92). 'Hence the work proceeds by conceptual infatuations, successive enthusiasms, perishable manias' (p. 114/110).

20. Jacket photo from Louis-Jean Calvet's biography *Roland Barthes*.

It is tempting to adopt this posture of knowingness, and celebrate the superior insight of the writer rather than the delusions of the would-be theorist. This posture is very seductive, especially today, when the prestige of theory has worn off and to be a savvy critic of the pretensions of theory seems a more winning posture. But precisely because of the seductiveness of this view, the thinking reader needs to reflect on its implications – a reflection that might take two possible directions. First, one might ask, as I have done earlier, whether Barthes's apparent demystification of his past work is not a remystification, a stylish evasion. Given the difficulty of assessing one's past concepts, how tempting to declare them infatuations or manifestations of an underlying desire to write that might link one with other authors. No theory here, just writing! Barthes's mocking of his past concepts may work to create, precisely, a Barthian myth, the myth of the writer, the author.

This is not to say that Barthes wasn't a writer: he is an extraordinarily distinctive one: elegant, idiosyncratic, boldly undefensive. But just as he argued that wine is objectively good but the goodness of wine is a myth, one should aver that while Barthes is objectively a great writer, Barthes the writer is a myth – an ideological construction whose effect is precisely to discourage one from picking up and testing his formulations, using them to see what they do with the cultural objects and practices we are interested in analysing. Barthes wanted to write, he declared, not *write about*, but the greatness and interest of his writing is inseparable from the claims it makes about the cultural objects he addresses, and this is just as true in the superb late essay on Proust, where he declares his conversion from writing on subjects to just *writing*, as it is in earlier works (which also frequently embraced the idea of production).

The denigration of past concepts or theorizations and the celebration of Barthes as writer are thus two sides of the same coin, and it is important to reflect on their consequences for the value of Barthes today. Why should one read him? To heighten one's suspicion that theoretical discourse is really just a dubious form of self-aggrandizement? Then the value of Barthes would depend upon there being a powerful presence of theory which one needed to learn to resist, which is scarcely the case. On the contrary, Barthes's work serves better to alert us to the adventures of thought and to encourage the attempt to think outside of received opinion.

I would contend that the value, nay, the genius of Barthes lies not in the blend of knowingness or sentimentality of the late work but in the early work, which tries out possible sciences. In *Essais critiques* he calls the writer a public experimenter, who tries out ideas in public, for the public (p. 10/xii). In *Barthes par Barthes* he reverts to this idea: he [Barthes] 'invokes notions; modernity is tried (the way one tries all the buttons on a radio one doesn't know how to work)' (p. 78/74).

An essential feature of Barthes's genius is to have discovered the heuristic function of systematicity and of the requirement of explicitness. It is precisely when he was trying to produce a systematic theory or analysis of something that he was led, by this procedure, to take on problems, topics, elements in discourse that are usually passed over. The semiotic model, in positing that where there is meaning there is system and that one must identify the different levels of signification and the signifiers and signifieds for every level of signification, required him to think, for instance, about the function of every element in fashion captions and about how, say, social class is reflected in remarks about the weather. In the case of literature, the step-by-step procedure of *S/Z* forced him to reflect explicitly on how details, both the most apparently insignificant as well as the most telling, are picked up, assimilated, organized, according to what models or codes.

Systematicity is, first and foremost, a means of estrangement, *Verfremdung*. You have to look at things in new pieces, new ways, and come up with something to say. So whether or not a genuine theory takes shape, the systematizing drive is crucial for Barthes, and when he turns against it, he risks lapsing into the bourgeois and sentimental forms of mythifying whose mechanisms he had analysed.

An instance of the virtues of systematicity is the very simple and accessible line of reflection (now a staple in the French educational system) on what Barthes called 'l'effet de réel' (the reality effect). He starts from a barometer hanging on the wall in the Aubains' house in Flaubert's 'Un cœur simple': 'Underneath a barometer, an old piano bore a pyramid-shaped pile of boxes and cartons.' What of the barometer? Barthes asks. 'If analysis seeks to be exhaustive', he writes, '(and what would any method be worth which did not account for the totality of its object, i.e. in this case of the entire surface of the narrative fabric?) . . . it inevitably encounters notations which no function (not even the most indirect) can justify . . .' (*Le Bruissement de la langue*, pp. 179–80/141). They involve a kind of banal excess, a 'luxe' of narration. There arises here, Barthes writes, a question which has the greatest importance for the structural analysis of narrative: 'Is everything in narrative significant and, if not, if insignificant stretches subsist in the narrative syntagm, what is ultimately, so to speak, the significance of this insignificance?' (p. 181/143). Details that do not contribute to plot, suspense, character, atmosphere, or symbolic meaning, nevertheless have a signifying function, he concludes: by their very absence of meaning they signify, 'we are the real', since in Western ideology there is an opposition between meaning and reality, 'a great mythic opposition of the true-to-life and the intelligible'. 'The irreducible residues of functional analysis have this in common; they denote what is ordinarily called "concrete reality" ' (p. 184/146). This very important function in semiotic systems had not been theorized, not conceived as a connotative function, yet it is crucial both to works of the realist tradition and the avant-garde, as Barthes theorized it in Robbe-Grillet in particular, where description purges meaning (through an excess of detail and objectivity) and breaks the fascination of narrative.

It is the semiological commitment that enables Barthes to identify the constant struggle between meaning and its evacuation in literature, fashion, and other signifying systems, where it is all too easy for a humanistic criticism to presume the presence of sufficient meaning without worrying about the millions of signs that gesture toward meaning while failing to deliver what is expected.

The task of literature, Barthes writes in the preface to *Essais critiques*, is not as is often thought 'to express the unexpressible' – this would be a literature of the soul – but 'to unexpress the expressible' (*inexprimer l'exprimable*), to problematize the meanings our cultural codes otherwise confer, and thus to unwrite the world as it is written by prior discursive practices (p. 15/xvii). Thus there is a link between the goals of the champion of the avant-garde, of cultural transformation, and that euphoric dream of scientificity that led the younger Barthes to attempt a systematic semiology and to attend in particular to whatever we take for granted or treat as unimportant. It would be a pity if this Barthes were forever lost in the image of the 'unabashed lover of language and of style' promoted by Barthes's modern admirers, who want to forget the theorist for the writer. The theorist, one should say rather, is the writer whose ideas one takes seriously. This much Barthes surely deserves.

Notes and references

1 Wayne Booth, *Critical Understanding* (University of Chicago Press, 1979), p. 69.
2 John Sturrock, 'Roland Barthes', in *Structuralism and Since* (Oxford University Press, 1979), p. 52.
3 Jean-Paul Sartre, *Qu'est-ce que la littérature?* (Gallimard, 1948), pp. 334, 345, 341; *What is Literature?* (Methuen, 1970), pp. 206, 212–13, 210.
4 In *Essais critiques* Barthes replaces Sartre's distinction between poet and prose writer by a distinction between *écrivain* and *écrivant*. The *écrivain* is engaged in an exploration of language, while the *écrivant* uses it to write up or write out his message. For Barthes, all interesting writers are *écrivains*.
5 In a 1971 interview ('Réponses', pp. 92–3) Barthes says he was attempting in *Le Degré zéro* to 'Marxianize the Sartrean commitment'. Unfortunately, one cannot wholly trust his recollections here, since he also claims that in 1953 he had never heard of Maurice Blanchot, who in fact appears prominently in *Le Degré zéro*: a statement of his on Kafka is quoted and his work on Mallarmé is cited as the source of Barthes's own views.
6 Barthes, 'Maîtres et esclaves', *Lettres nouvelles* (March 1953), p. 108.
7 Barthes speaks of his love for 'scription', the act of writing: 'Writing is the hand and thus the body: its impulses, controlling mechanisms, rhythms, weighings, slidings, complications,

evasions – in short, not the *soul* but the subject ballasted by its desire and its unconscious' (*Le Grain de la voix*, p. 184/193). He also says that in writers of earlier periods there is 'a chance of avant-garde' 'whenever it's the body that writes and not ideology' (p. 182/191). For further discussion, see Chapter 8.

8 See *Le Plaisir du texte*, which explains that the reader accedes to *jouissance* (the pleasure offered by the radical text) through the *cohabitation* of languages working side by side (p. 10/4). Barthes notes that he had already discovered this cohabitation in Sade: 'antipathetic codes (the noble and the trivial, for example) come into contact, pompous and ridiculous neologisms are created; pornographic messages are embodied in sentences so pure that they might be used as grammatical models' (p. 14/6). Barthes's reading, adding its own language, accentuates these effects of collision.

9 Raymond Picard, *Nouvelle critique ou nouvelle imposture?* (Pauvert, 1965), p. 69; *New Criticism or New Fraud?*, tr. Frank Towne (Washington State University Press, 1969), p. 21.

10 Édouard Guitton, 'M. Barthes et la critique universitaire', *Le Monde*, 28 March 1964, p. 9.

11 For discussion of Saussure's theory of language and his proposals for semiology, see my *Saussure* (Fontana, 1976); revised edition: *Ferdinand de Saussure* (Cornell University Press, 1986).

12 See my *Structuralist Poetics: Structuralism, Linguistics, and the Study of Literature* (Cornell University Press, 1975), pp. 34–8.

13 For general discussion of the use of linguistics in structuralist literary studies, see my *Structuralist Poetics*, part 1. For Barthes's use of Benveniste's distinction, see pp. 197–200.

14 Barthes, 'Par où commencer?', in *Le Degré zéro, suivi de Nouveaux essais critiques*, p. 155/*New Critical Essays*, p. 89. This essay is Barthes's nearest approximation to instructions for undertaking a structural analysis.

15 See Barthes's 'Analyse textuelle d'un conte d'Edgar Poe', in *L'Aventure sémiologique*.

16 In a brilliant discussion contrasting Barthes's 'anti-constructionist' approach to *Sarrasine* with a 'deconstructionist' reading, Barbara Johnson argues that his refusal to reorder or reconstruct the text leads him to miss ways in which the work undermines the presuppositions of the readerly mode to which it supposedly belongs. See her essay 'The Critical Difference: BartheS/BalZac', in *The Critical Difference* (Johns Hopkins Press, 1981).

17 See Barthes's 'L'Effet de réel,' *Le Bruissement de la langue*, pp. 185–6/146–7.

18 For an explanation of deconstruction, see my *On Deconstruction: Theory and Criticism after Structuralism* (Cornell University Press, 1982).

19 Preface to Chateaubriand's *Vie de Rancé*, in *Le Degré zéro de l'écriture, suivi de Nouveaux essais critiques*, p. 106/*New Critical Essays*, p. 41.

20 Michel-Antoine Burnier and Patrick Rambaud, *Le Roland-Barthes sans peine* (Ballard, 1978), p. 41.

21 'To Write: an Intransitive Verb', *Le Bruissement de la langue*, pp. 21–31/11–21.

22 For a semiotic discussion of the sentimental, see my *Flaubert: The Uses of Uncertainty* (Cornell University Press, 1974), pp. 225–8.

23 Particularly interesting are 'The Wisdom of Art', introduction to *Cy Twombly, Paintings and Drawings, 1954–1977*, catalogue of an exhibition at the Whitney Museum of American Art (New York, 1979), collected in *The Responsibility of Forms*, pp. 157–76, and 'Lecture de Brillat-Savarin', preface to a re-edition of Brillat-Savarin's *La Physiologie du goût* (Hermann, 1975), in *The Rustle of Language*, pp. 250–70.

24 For discussion of this problem, see my *On Deconstruction* (Cornell University Press, 1982), chapter 1.

25 François Wahl's preface does not appear in the English translation.

26 See *La Règle du jeu* 5 (1991). Statements of support are published in 6 (1992). See also *L'Infini* 37 (1992).

27 For brief summaries of three of these lecture series, see *Œuvres*

complètes, vol. 3 (Seuil, 1995): 'Comment vivre ensemble', p. 744, 'Le Neutre', p. 887, 'La Préparation du roman (1): de la vie à l'œuvre', p. 1059. The topic of 'le neutre', as a goal which gives coherence to the diversity of Barthes's writing, is ably explored in Bernard Comment, *Roland Barthes: vers le neutre* (Christian Bourgois, 1991).

28 'Entretien', *Œuvres complètes*, vol. 3, p. 1241. For such a book, see Richard Klein, *Eat Fat* (Pantheon, 1996).

29 'Démystifier', La Chronique, *Œuvres complètes*, vol. 3, p. 988.

30 'Pause', La Chronique, *Œuvres complètes*, vol. 3, pp. 990–1.

31 'Vita Nova', *Œuvres complètes*, vol. 3, p. 1300, note 2.

32 Ibid., p. 1301.

33 Ibid., p. 1302. See also 'Osons être paresseux!' *Œuvres complètes*, vol. 3, p. 1085.

34 Diana Knight, in the best discussion of 'Vita Nova', explains the Moroccan boy by identifying this passage in 'Incidents' and the Zen poem here quoted, from the *Zenrin Kushu*, which Barthes takes from Alan Watts's *The Way of Zen*. Eric Marty in the *Œuvres complètes* wrongly transcribes Barthes's reference to 'Moroccan boy of the Zenzin poem', and then explains in a note that this must refer to a poem from Moroccan oral tradition. In fact, the Zen poem is also cited from Watts at the end of *A Lover's Discourse*. See Diana Knight, 'Idle Thoughts: Barthes's *Vita Nova*', *Nottingham French Studies* (spring 1997), pp. 94–5.

35 'Vita Nova', *Œuvres complètes*, vol. 3, p. 1306. The allusion is to La Fontaine's fable of 'The Frog who Wanted to Make Himself as Big as the Bull' (I, 3).

36 Bernard Comment, *Roland Barthes: vers le neutre* (Christian Bourgois, 1991), pp. 14, 27.

37 Philippe Lejeune, *Moi aussi* (Seuil, 1986), p. 107. The parodic chapter 'Le Roland-Barthes sans peine' is pp. 103–16.

38 Ibid., p. 108.

39 Diana Knight, *Barthes and Utopia: Space, Travel, Writing* (Oxford University Press, 1997).

40 D. A. Miller, *Bringing out Roland Barthes* (University of California Press, 1992), pp. 31–2.

41 Gilles Macassar, 'L'Empereur des signes', *Télérama* 2631 (14 June 2000), p. 62.

Further reading

Works by Roland Barthes

Here I list only books and one important interview. For bibliographies of Barthes's numerous articles, now collected in his *Œuvres complètes*, see *Communications* 36 (1982); Sanford Freedman and Carol Anne Taylor, *Roland Barthes: A Bibliographical Reader's Guide* (Garland, 1983); and Gilles Philippe, *Roland Barthes, Bibliographie des écrivains de France* (Memini, 1996). Philippe's excellent bibliography, while hard to find, is particularly thorough in describing writings about Barthes.

Barthes's *Œuvres complètes*, in three volumes, edited by Eric Marty, were published by Seuil in 1993, 1994, and 1995. All of the works listed below can be found in them, but my page references in this book are to the earlier individual volumes: the first to the French original, the second to the English translation. (I give page references to the English translations published in the United States, mostly by Hill and Wang, but many of these have also been issued in England by Jonathan Cape.) Entries marked with an asterisk are collections published after Barthes's death.

* *A Barthes Reader*, ed. Susan Sontag (Hill and Wang, 1982)

* *L'Aventure sémiologique* (Seuil, 1985). *The Semiotic Challenge*, tr. Richard Howard (Hill and Wang, 1988)

* *Le Bruissement de la langue* (Seuil, 1984). *The Rustle of Language*, tr. Richard Howard (Hill and Wang, 1986)
La Chambre claire: note sur la photographie (Gallimard and Seuil, 1980). *Camera Lucida: Reflections on Photography*, tr. Richard Howard (Hill and Wang, 1981)
Critique et vérité (Seuil, 1966). *Criticism and Truth*, tr. Katrine Kueneman (University of Minnesota Press, 1987)
Le Degré zéro de l'écriture (1953), with *Nouveaux essais critiques* (Seuil, 1972). *Writing Degree Zero*, tr. Annette Lavers and Colin Smith (Hill and Wang, 1968); *New Critical Essays*, tr. Richard Howard (Hill and Wang, 1980)
Éléments de sémiologie (1964), in *Le Degré zéro de l'écriture, suivi de Éléments de sémiologie* (Seuil, 1965). *Elements of Semiology*, tr. Annette Lavers and Colin Smith (Hill and Wang, 1968)
L'Empire des signes (Skira, 1970). *Empire of Signs*, tr. Richard Howard (Hill and Wang, 1982)
Essais critiques (Seuil, 1964). *Critical Essays*, tr. Richard Howard (Northwestern University Press, 1972)
Fragments d'un discours amoureux (Seuil, 1977). *A Lover's Discourse: Fragments*, tr. Richard Howard (Hill and Wang, 1978)
* *Le Grain de la voix: Entretiens 1962–1980* (Seuil, 1981). *The Grain of the Voice: Interviews 1962–1980*, tr. Linda Coverdale (Hill and Wang, 1985)
Image, Music, Text, essays selected and tr. Stephen Heath (Hill and Wang, 1977)
* *Incidents* (Seuil, 1987). *Incidents*, tr. Richard Howard (University of California Press, 1992)
Leçon: Leçon inaugurale de la chaire de sémiologie littéraire du Collège de France, prononcée le 7 janvier 1977 (Seuil, 1978). 'Inaugural Lecture', tr. Richard Howard, in *A Barthes Reader*, ed. Susan Sontag (Hill and Wang, 1982)
Michelet par lui-même (Seuil, 1954). *Michelet*, tr. Richard Howard (Blackwell, 1987)
Mythologies (1957) (Seuil, 1970). Partial translation: *Mythologies*, tr.

Annette Lavers (Hill and Wang, 1973). Translation of remaining essays: *The Eiffel Tower and Other Mythologies*, tr. Richard Howard (Hill and Wang, 1979)

Nouveaux essais critiques, published with *Le Degré zéro de l'écriture* (Paris, Seuil, 1972). *New Critical Essays*, tr. Richard Howard (Hill and Wang, 1980)

* *L'Obvie et l'obtus* (Seuil, 1982). *The Responsibility of Forms*, tr. Richard Howard (Hill and Wang, 1986)

Le Plaisir du texte (Seuil, 1973). *The Pleasure of the Text*, tr. Richard Miller (Hill and Wang, 1975)

'Réponses' (interview), *Tel Quel* 47 (autumn 1971), pp. 89–107

Roland Barthes par Roland Barthes (Seuil, 1975). *Roland Barthes by Roland Barthes*, tr. Richard Howard (Hill and Wang, 1977)

S/Z (Seuil, 1970). *S/Z*, tr. Richard Miller (Hill and Wang, 1975)

Sade/Fourier/Loyola (Seuil, 1971). *Sade/Fourier/Loyola*, tr. Richard Miller (New York, Hill and Wang, 1976)

Sollers écrivain (Seuil, 1979). *Sollers Writer*, tr. Philip Thody (Athlone Press, 1987)

Sur Racine (Seuil, 1963). *On Racine*, tr. Richard Howard (Hill and Wang, 1964)

Système de la mode (Seuil, 1967). *The Fashion System*, tr. Matthew Ward and Richard Howard (Hill and Wang, 1983)

Works on Barthes

There are now many books on Barthes. Those mentioned below are just a selection. Louis-Jean Calvet's *Roland Barthes* (Flammarion, 1990), translated by Sarah Wykes, *Roland Barthes, A Biography* (Indiana University Press, 1995), is a lively biography with lots of information about Barthes's friendships and opinions but which treats theories as feeble attempts to rationalize feelings.

Books in English

Annette Lavers' early *Roland Barthes: Structuralism and After* (Harvard University Press, 1982) can be supplemented by Michael Moriarty's

Roland Barthes (Polity Press, 1991), a clear overview, especially helpful on Barthes's dealings with Brecht and with narrative, and Stephen Ungar's *Roland Barthes: The Professor of Desire* (University of Nebraska Press, 1983), which shrewdly charts Barthes's shifting commitments and his appeal. More specialized are Andrew Brown's *Roland Barthes: The Figures of Writing* (Oxford University Press, 1992), a study of major concerns and operations in Barthes's writing; Armine Kotin Mortimer, *The Gentlest Law: Roland Barthes's 'The Pleasure of the Text'*, an exemplary, multi-dimensional reading of this book; and Diana Knight's *Barthes and Utopia: Space, Travel, Writing* (Oxford University Press, 1997), a subtle exploration of the forms of the important utopian impulse in Barthes's writing. D. A. Miller's *Bringing out Barthes* (University of California Press, 1992) obliquely but boldly evokes the gay Barthes that might have been.

Books in French

Stephen Heath's early *Vertige du déplacement: Lecture de Barthes* (Fayard, 1974) is still smart and pertinent. Philippe Roger's *Roland Barthes: roman* (Grasset, 1986) is a life and works particularly strong on Barthes's formative experiences. It is devoted to the proposition that from the outset Barthes sought to make knowledge literary. Vincent Jouve's *La Littérature selon Barthes* (Minuit, 1986) is an attempt at theoretical synthesis of Barthes's account of literature. Bernard Comment's excellent *Roland Barthes: vers le neutre* (Christian Bourgois, 1991) finds a coherent project in the utopian attempt to escape from constraints of critical as well as orthodox thinking.

Other

Prétexte: Roland Barthes (Union générale d'éditions, 1978) is the proceedings of a conference on Barthes at Cérisy, in which Barthes took an active part. *Paragraph* 11:2 (1988), *Barthes après Barthes*, ed. Cathrine Coquio and Regis Salado (Publications de l'Université de Pau, 1993), and *The Yale Journal of Criticism* (fall 2001) collect papers from other conferences on Barthes.

Numerous journals have devoted special issues to Barthes: *Tel Quel* 47 (autumn 1971), *Critique* 302 (January 1972), *Arc* 56 (1974), *Visible Language* (autumn 1977), *Studies in Twentieth-Century Literature* (spring 1981), *Poétique* 47 (September 1981), *Communications* 63 (1996), and *Nottingham French Studies* (spring 1997).

A parody of Barthes by Michel-Antoine Burnier and Patrick Rambaud, *Le Roland-Barthes sans peine* (Ballard, 1978), has rewarding moments. For further discussion of Barthes in the context of French structuralism, see Jonathan Culler, *Structuralist Poetics: Structuralism, Linguistics and the Study of Literature* (Cornell University Press, 1975).

“牛津通识读本”已出书目

古典哲学的趣味
人生的意义
文学理论入门
大众经济学
历史之源
设计，无处不在
生活中的心理学
政治的历史与边界
哲学的思与惑
资本主义
美国总统制
海德格尔
我们时代的伦理学
卡夫卡是谁
考古学的过去与未来
天文学简史
社会学的意识
康德
尼采
亚里士多德的世界
西方艺术新论
全球化面面观
简明逻辑学
法哲学：价值与事实
政治哲学与幸福根基
选择理论
后殖民主义与世界格局

福柯
缤纷的语言学
达达和超现实主义
佛学概论
维特根斯坦与哲学
科学哲学
印度哲学祛魅
克尔凯郭尔
科学革命
广告
数学
叔本华
笛卡尔
基督教神学
犹太人与犹太教
现代日本
罗兰·巴特
马基雅维里
全球经济史
进化
性存在
量子理论
牛顿新传
国际移民
哈贝马斯
医学伦理
黑格尔

地球
记忆
法律
中国文学
托克维尔
休谟
分子
法国大革命
丝绸之路
民族主义
科幻作品
罗素
美国政党与选举
美国最高法院
纪录片
大萧条与罗斯福新政
领导力
无神论
罗马共和国
美国国会
民主
英格兰文学
现代主义
网络
自闭症
德里达
浪漫主义